名师工程
品牌学校研究系列

"国培计划"优秀成果出版工程
"国培计划"全国优秀研修成果数字出版平台

U0597169

学校文化
建构与践行

XUEXIAO WENHUA
JIANGOU YU JIANXING

张光义 主编

西南师范大学出版社
全国百佳图书出版单位 国家一级出版社

图书在版编目（CIP）数据

学校文化建构与践行/张光义主编. —重庆：西
南师范大学出版社，2015.8
ISBN 978-7-5621-7563-6

Ⅰ.①学…　Ⅱ.①张…　Ⅲ.①校园文化－建设－研究
－中国　Ⅳ.①G47

中国版本图书馆 CIP 数据核字（2015）第 173976 号

名师工程系列丛书

编委会主任：马　立　宋乃庆
总策划：周安平
策　划：李远毅　卢　旭　郑持军　郭德军

学校文化建构与践行

张光义　主编

责任编辑：钟小族　任占弟
文字编辑：张燕妮
封面设计：天之赋设计室
出版发行：西南师范大学出版社
　　　　　　地址：重庆市北碚区天生路 1 号
　　　　　　邮编：400715　市场营销部电话：023-68868624
　　　　　　http://www.xscbs.com
经　销：新华书店
印　刷：香河利华文化发展有限公司
开　本：720mm×1030mm　1/16
印　张：17.25
字　数：282 千字
版　次：2015 年 8 月　第 1 版
印　次：2018 年 11 月　第 3 次
书　号：ISBN 978-7-5621-7563-6

定　价：38.00 元

品牌学校研究系列编委会

序　言

一、建设学校文化的重要意义

学校是寓文化之所、汇文化之地，是人类社会汇集、传递、创新文化的基本所在，是人类社会或一个国家、或某一地域最有文化的地方。学校文化是学校发展的基因，顾明远先生说过，建设学校就是建设学校文化，发展学校就是发展学校文化。

每一所学校都应该具有自己的境界品质、精神高度和文化个性。一所学校的文化个性与品质，是在长期的教育实践中形成的，是由其与众不同的教育思想和价值取向所决定的。学校文化应该内涵丰盈，能够使人彬彬有礼，能够活在学校每一个人的心中，能够表现在学校师生的言行气质之中，能够涌动在学校师生的血液之中。学校文化在教育过程中可以内化于心、外化于物，是可以升华为人格、升华为生命的。

《周易·贲卦·象传》云，"观乎天文，以察时变，观乎人文，以化成天下"。由此可见，"人文"是相对于"天文"而生的。世上有了人，才有了人文，才有了文化，凡"文化"都是与人联系在一起的。也就是说，文化是伴随着人类的诞生及其与之相关的实践活动产生的，文化的主体是人，文化所反映的是人与自然、人与社会、人与人之间的关系。文化的含义首先在于"人文化"，其次就是以人类形成的"人文化"成果去"化人"，去"化成天下"，这正是文化的实质所在。

学校文化是学校师生员工在教育教学以及各种实践活动中创造出来的，其表现形式往往是物质与精神的统一，显性与隐性的统一，理念与实践的统一；其实质往往在于精神，在于育人。也就是说，学校的核心价值观是学校文化的灵魂，学校文化建设的根本就在于形成一种精神、一种氛围、一种强力的磁场效应，形成一种具有学校个性与品位的育人精神、育人氛围和育人环境，使身处其中的每一个个体自然而然地受到影响和熏陶，产生春风化雨、润物无声的教育效应。

应该进一步指出的是，教育的基本特征就在于"化育"，就在于"化人"。教育事业，旨在"化人"；教育过程，即"化人"的始终。教育的本质就在于以人类已有的文明成果去影响、陶冶、教化、化育受教育者，努力将受教育者从"人之初"的"自然人"化成为"文化人"，化成为"社会关系的总和"，化成为合格的公民，化成为全面发展的优秀人才，化成为高尚幸福的人，并进而"化成天下"，建设富强、民主、文明、和谐的国家。

德国哲学家康德说："教育的目的是使人成为人。"即通过人类已有的"人文化"成果去影响人，去使人发生变化，通过"师法之化"，使受教育者成为符合一定目标与标准的社会人。就目前我国教育的实际与现状而言，更应该强调和突出教育春风化雨、和风细雨、自然熏陶、润物无声的功能。正如一位教育家所说，不着痕迹的教育，才是最优秀的教育。所以说，教育是一项教化人、化育人、化成人的事业，它以文化人、以行化人、以情化人、以意化人、以神化人，以德化德、以智化智、以心灵化育心灵。

以文化人，文化育人，已经被越来越多的学校所认识。一流学校做文化。许多学校相继实行"文化兴校"战略，将学校文化建设作为学校发展的新的突破口，作为学校在原有基础上实现新飞跃的重要平台。一流校长做文化。一些有作为、有理想的校长越来越认识到，要成为一名优秀的校长、一名教育家，首先要成为学校先进教育思想、先进文化的代表。

学校文化建设的重要性、必要性之所以被越来越多的学校所认识，还因为学校文化具有重要的功能和作用。一般说来，学校文化对学校的发展和人才培养具有重要的导向、规范、凝聚、激励、辐射、提升等功能。进行学校文化建设，有利于学校确立发展战略，展示学校特色；有利于学校提高管理水平，达到文化管理的高境界；有利于学校内强素质、外树形象，实现内涵发展，提升核心竞争力；有利于学校塑造品牌，提高知名度、美誉度和忠诚度；有利于学校提高教育质量，培养出优秀人才。

二、学校文化的构成要素

学校文化是一个由若干要素构成的有机系统，学校文化建设则是一项系统工程。学校文化系统由诸多要素有机构成，主要有理念文化、制度文化、行为文化、管理文化、服务文化、物质文化、环境文化、课程文化、校长文化、教师文化、学生文化、班级文化、教研文化、德育文化、活动文化、考试文化、宿舍文化、餐厅文化、走廊文化、操场文化等要素。

学校文化具有整体性、弥漫性的特点，内容丰富多样，渗透学校的方方面面，涉及学校的教育、教学、管理、活动、环境、设施等各种要素和细节。陶行知先生曾说："一校之内，从厨房到厕所莫非生活，即莫非教育之所在。"厕所文化虽小，但也不能小瞧，它有利于学生养成文明的生活习惯。

学校文化具有结构性和层次性的特点。我们可以按照一定的依据和标准将学校文化划分为若干层次和类别。例如，有人将学校形象识别子系统和环境文化称作学校文化的表层，将制度文化、管理文化称作学校文化的中层，将学校精神、理念、价值观称作学校文化的深层。学校文化的系统性告诉我们，学校文化建设是一项系统工程，必须处理好整体与部分、系统与要素的关系，使之产生"一加一大于二"的整体效应。

山东大学品牌研究所长期致力于学校文化的理论与实践研究，早在2003年就借鉴企业文化建设的CIS系统，研究开发了学校文化建设的"SIS"系统，并且陆续与全国各地的数百所学校进行了学校文化的共研共建。学校文化"SIS"系统是学校文化识别系统的简称，它主要包括学校理念识别系统（MIS）、学校视觉形象识别系统（VIS）、学校行为识别系统（BIS）、学校环境识别系统（EIS）四个子系统。

学校理念识别系统（MIS）主要指学校的价值观体系，是学校文化的中枢神经系统。其基本内容包括学校核心理念、办学宗旨、学校精神、学校发展愿景、办学策略、培养目标、校训、校风、教风、学风以及学校的发展观、管理观、服务观、用人观、口号誓词等。学校核心价值观是学校文化的灵魂，是学校形象定位与传播的基点，是学校师生员工为实现学校发展愿景而奋斗的价值追求。学校理念文化的最高形态是形成学校的育人哲学或校长哲学。

学校视觉形象识别系统（VIS）指的是学校在人们认识中的视觉形象特征体系，是学校文化中外在、直观的部分。学校视觉形象识别系统包括以标准字、标准色、标准图形为主要内容的基础要素和辅助、应用要素，即从学校的校徽到学校的指示、展示，办公、教学，生活、运动，宣传、服饰等。学校视觉形象识别系统规定了学校的基本形象追求，体现了学校的历史发展、核心理念和个性特征，是学校基本精神和基本形象的综合展现，是学校向社会公众展示和传播优秀形象、提升学校核心竞争力的符号系统。

学校行为识别系统（BIS）指的是学校的行为特征体系，是对学校师生员工的行为进行的引领与规范。学校行为识别系统主要包括学校组织及师生员工的行为方式、管理方式，各种主题活动、庆典活动、礼仪活动以及各种制度规范等。学校行为识别系统指出要十分注意核心理念的统领作用和制度、机制的规范作用，努力使社会公众通过师生员工的行为和活动特征感受到学校的形象和个性，感受到学校的精神和灵魂。

学校环境识别系统（EIS）主要指校园文化，是学校校园环境文化的特征体系。主要包括学校校园环境的整体规划设计和校园文化氛围的营造。例如，学校各主要功能区的主题定位，学校楼房、道路的命名，学校文化广场、文化园林、主题雕塑的规划设计，学校墙体文化、景观文化、廊道文化的创意设计及布置等。

20世纪90年代以来，许多学校建设了新校园。新校园占地广，建筑现代气派，设施配套齐全，空间布局宏伟，功能区划分明确，非常需要进行统一的校园环境规划设计。环境识别系统应该充分体现学校的核心理念和基本精神，应该透出浓郁厚重的学校文化气息，形成良好的育人氛围。

三、建设学校文化的注意事项

正是因为有了长期的对学校文化理论的研究，有了在全国各地对数百所学校进行学校文化策划、设计、建设、实践经验的积累，我们才组织了对《学校文化建构与践行》一书的编写。

一般说来，每所学校都具有自己的文化积淀，都具有自己的办学个性，都不缺少文化。但是，他们往往缺少对学校文化的发现、总结、提炼和升华，往往缺少对自己学校文化的自觉认识、整合与完善。我们编写此书，一个重要的目的就是告诉大家学校文化的内容系统及其系统的脉络与建立，开启学校师生员工建设学校文化的自觉与自信。

学校文化建设的关键在于学校领导及其教师、学生对自己学校文化的自觉和自信。我们认为只要大家具备了一定的文化自觉性和文化自信心，就一定能够不断地发现、总结、升华自己的学校文化，不断形成、强化学校的核心价值观，不断提升学校文化的竞争力，真正使学校文化成为展示学校形象、凝聚学校成员心志、推动学校创造性发展的巨大源泉和动力。

一所学校的文化建设，尤其是学校核心理念的形成，常常决定着一所学校发展的长度、宽度和高度。所以，我们应该特别重视学校文化建设，既要重视学校文化的系统建构与塑造，又应该重视学校文化的传播与践行；既要采取多种载体和适当的形式把学校的核心文化展示出来、传播出去，又要把学校的核心文化贯彻到学校的教育教学实践之中，贯彻到学校的各项活动之中，还要把学校的核心文化融入学校工作的方方面面，融入学校工作的各个环节，并在不断的实践过程中创出业绩，结出硕果。

在学校文化建设的过程中，我们既要善于依靠校内力量，又要善于借用外力。学校文化是学校师生员工在教育、教学以及各种实践活动中创造的。学校文化的建设要重视学校成员的积极参与，充分调动学校师生员工参与的主动性和创造性，既要注意领导层的参与，又要注意全体师生员工的参与，并使他们在参与的过程中逐步形成对学校文化的认同感和归属感。

目前我们的社会已经进入了"谋""断"分离的时代。对于学校文化建设来说，出谋划策尤其应该注意借用外力。聘请专业机构和专家进行学校文化建设的策划和规划设计，以使学校文化建设提升水平、提高效率，尽快形成学校文化的鲜明主题与核心、鲜明个性与品质，并进入传播、践行与创新阶段，促进学校提高教育质量，实现内涵发展，培养出优秀人才。

山东大学品牌学校研究所　张光义

山东大学品牌学校研究所简介

山东大学品牌学校研究所是隶属于山东大学的教育科研机构，学术力量雄厚，各类规划设计人才齐全。研究领域主要包括品牌学校构建与传播、学校文化建构与践行、中华优秀传统文化体验教育等。研究所秉持"为学校谋品牌、做教育思考者"的核心理念，充分强化教育智库职能，目前已与全国各地600余所学校进行了学校文化建构与践行等方面的共研共建，取得了理论与实践研究的丰硕成果。

目　　录

第一章　学校文化概述 ………………………………………………… 1

第一节　文化、学校与学校文化 ………………………………………… 3

第二节　学校文化的实质与特点 ………………………………………… 8

第三节　学校文化的功能与作用 ………………………………………… 12

第四节　学校文化的形成与发展 ………………………………………… 18

第五节　现代学校的文化自觉与文化自信 ……………………………… 22

第二章　学校文化与现代教育 ………………………………………… 33

第一节　学校文化与教育改革发展 ……………………………………… 35

第二节　学校文化与人才培养 …………………………………………… 43

第三节　学校文化与学校发展 …………………………………………… 47

第四节　学校文化与校长教育思想 ……………………………………… 53

第五节　学校文化与教师专业发展 ……………………………………… 55

第三章　学校文化的调研与诊断 ……………………………………… 61

第一节　学校文化的调研 ………………………………………………… 63

第二节　学校文化的诊断 ………………………………………………… 64

第三节　走出认识与实践中的误区 ……………………………………… 70

第四章　学校文化的内容体系 ………………………………………… 75

第一节　学校文化是一个系统 …………………………………………… 77

第二节　学校理念文化系统 ……………………………………………… 79

第三节　学校视觉形象文化系统 ………………………………………… 82

第四节　学校行为文化系统 ……………………………………………… 85

第五节　学校环境文化系统 ………………………………… 89

第六节　学校课程文化系统 ………………………………… 96

第五章　学校文化的系统构建 ……………………… 103

第一节　学校文化构建的意义与指导思想 ………………… 105

第二节　学校文化构建的目标与任务 ……………………… 109

第三节　学校文化构建的定位与原则 ……………………… 112

第四节　学校文化构建的资源与动力 ……………………… 116

第五节　学校文化构建的途径与方法 ……………………… 120

第六节　学校文化构建的过程与步骤 ……………………… 124

第六章　学校文化系统建设方案的规划与设计 …… 127

第一节　学校文化系统建设方案 …………………………… 129

第二节　学校理念文化系统的规划与设计 ………………… 133

第三节　学校视觉形象文化系统的规划与设计 …………… 140

第四节　学校行为文化系统的规划与设计 ………………… 147

第五节　学校环境文化系统的规划与设计 ………………… 153

第六节　学校课程文化系统的规划与设计 ………………… 161

第七章　学校文化建设方案的践行与推进 ………… 167

第一节　学校文化建设方案的论证与决策 ………………… 169

第二节　学校文化建设方案的共识、宣传与执行 ………… 171

第三节　学校文化践行与推进的基本原则 ………………… 174

第四节　学校核心价值观的认同与实践 …………………… 178

第五节　学校文化在德育中的践行与推进 ………………… 181

第六节　学校文化在教学中的践行与推进 ………………… 185

第七节　学校文化在管理服务中的践行与推进 …………… 189

第八节　学校文化的不断优化及与时俱进 ………………… 192

第八章　学校文化的展示与传播 …………………… 197

第一节　学校文化形象的定位 ……………………………… 199

学
校
文
化
建
构
与
践
行

第二节　学校文化品牌的塑造 ·························· 203

第三节　学校文化的氛围营造与展示 ················ 207

第四节　学校文化的影响力与传播推广 ············ 211

第九章　学校文化的管理与评价 ················ 219

第一节　学校文化管理的内涵与策略 ············ 221

第二节　学校文化管理的主体与原则 ············ 225

第三节　学校文化评价的意义与作用 ············ 231

第四节　学校文化评价的模式与渠道 ············ 234

第五节　学校文化评价机制的建立与完善 ······ 237

第十章　学校文化的研究与发展 ················ 243

第一节　学校文化研究的目的与意义 ············ 245

第二节　学校文化研究的原则与方法 ············ 250

第三节　学校文化研究的创新与发展 ············ 253

参考文献 ······················· 258

第一章

Chapter 1

学 校 文 化 概 述

　　学校因文化而驰名，文化经学校以流传。学校文化是学校发展的核心与灵魂，是学校凝聚力和创造力的源泉，是学校焕发青春、昂扬向上的支柱。它虽无形，却无处不在，惠泽学校方方面面；虽无言，却掷地有声，浸润师生点点滴滴。学校要发展，必须立之于品牌，兴之于文化。近些年来，我国大、中、小学各类学校的学校文化有了很大发展，一股气势磅礴的学校文化"热"正在兴起。学校文化以不同于企业文化、社区文化和家庭文化现象的特征，引起了学校教育工作者和思想政治教育工作者的极大兴趣。学校文化为深化教育改革提供了新的思路，在学校教育中发挥着越来越重要的作用。

第一节　文化、学校与学校文化

一、我们所理解的文化

要探讨学校文化，首先要弄清什么是文化。自近代以来，无论是西方还是东方，人们都热衷于对文化问题的探讨。但是，由于理论的差异、切入角度的不同，衍生出数百种关于文化的定义。据克罗博和克拉康 1952 年所作《文化——有关概念和定义的回顾》一书的统计，"文化"的定义已有 200 余种。而在这之后，关于"文化"的定义还在不断地产生。

"文化"一词在中国语言系统中古已有之。"文"的本义，指各色交错的纹理。《周易·系辞下》："物相亲，故曰文。"《礼记·乐记》："五色成文而不乱。"《说文解字》："文错画也，象交文。"上引三条材料中的"文"均含有纹理、纹饰、文采、文章之义。在此基础上，"文"又可引申为包括语言文字在内的各种象征性符号以及文物典籍、礼仪制度等。"化"的本义，即为变易、生成、造化。《庄子·逍遥游》："化而为鸟，其名为鹏。"《周易·贲卦·象传》："观乎天文，以察时变，观乎人文，以化成天下。天下成其礼俗，乃圣人用贲之道也。"《礼记·中庸》："可以赞天地之化育。"上述三条材料中的"化"，均指事物形态或性质的改变，亦可释为改造、教化、培育等。

"文"与"化"连缀为一个词，是西汉以后的事。刘向《说苑·指武》中说："圣人之治天下也，先文德而后武力。凡武之兴，谓不服也，文化不改，然后加诛。"在"文化"一词的早期用法中，与"武力""武功"并举，取其文明、文雅、文治教化之义；与"神理"并举，取其相近的精神教化之义。诸多义项组合起来，便构成与天道自然（天文）相对的社会人伦（人文）。

实际上，"文化"一词在中国古代并不是很流行。"文化"作为一个内涵丰富、外延宽广的概念，是由近代欧洲人开创的。1871 年，英国人类学家泰勒在《原始文化》一书中对文化做了系统的阐释，他将"文化"界定为"是包括全部知识、信仰、艺术、道德、法律、习俗以及作为社会成员的人所掌握和接受的任何其他的才能和习惯的复合体"。泰勒强调了"文化"在精神层面的含义，与中国语言系统的"文化"有相通之处。

我国著名文化学家梁漱溟指出："文化，就是吾人生活所依靠之一切。……文化之本义，应在经济、政治，乃至一切无所不包。"广义的文化，着眼于人与自然的本质区别，着眼于人类的社会实践以及由此实践所导致的人与自然关系的变化，也就是人们常说的"自然的人化"。人生活于自然之中，人类将自己的才智、情感、创造力、想象力注入自然，使自然逐渐变得能被人理解、与人沟通并为人所用。人类正是在认识、适应、利用、改造自然的过程中创造了自己的文化，也创造了人自身。

中国文化学者田汝康亦从狭义（小文化）立场来界定文化的内涵，指出"文化"一词有三个层面的含义："一是指一个国家或民族长期积累下来的精神财富——实际指的就是思想史；二是指与物质文明相对的精神文明——简言之也就是教养问题，包括了语言、社会风气、道德规范等；三是指区别于经济、科技、教育的文化艺术活动。"

本书理解的"文化"，建立在广义（大文化）的基础之上。而对"学校文化"方方面面的阐释和介绍，则大体限定在狭义文化（小文化）的范围之内。

二、学校是文化育人的场所

学校是一种教育社区，是传承文化、培育人才的主要场所。学校与文化具有天然的联系，二者之间相互包含、相互依存，而且互为手段与目的。一方面，学校对文化的发展具有重要作用，它不仅能够传递与选择文化，还能够创造与更新文化；另一方面，学校更离不开文化的滋养，文化为学校提供灵魂和血脉支撑。学校的教育过程从根本上说就是一个以文化人的过程，教书育人、管理育人、服务育人、环境育人，归根结底都是文化育人。因此，可以说，学校是文化育人的场所。

综观当前的学校教育，各个学校在文化育人上的偏重点表现不一，但归纳起来，不外乎以下三个方面。其一，重知识传播，轻人文关怀。很多学校把智育作为教育的唯一价值取向，片面地将教学作为衡量教育质量的核心标准，把培养学生狭隘地理解为知识灌输，将掌握知识的多少当作评判人才的

学校文化建构与践行

唯一标准。在这种情况下，对学生的人文精神、人文素质的培养也就被束之高阁了。其二，重制度约束，轻人格建构。在对学生的教育与管理中，学校往往注重制定种种规章制度来约束学生，没有把学生当作鲜活的生命个体，没有营造出一种和谐奋进的文化育人氛围，只告诉学生不该做什么，而不引导学生应该如何做。其三，重课堂教学，轻行为养成。在这种强力导向的左右下，学生课堂之外、校园之外的活动便淡出了教育者的视野，尤其是学生的行为习惯、社会公德的养成教育普遍缺失，这种现实不能不令我们深刻反思。

当前，学校应该从战略的高度理解文化育人的教育思想，深刻认识到文化育人才是学校的主要功能，把文化育人作为办学理念的重要内容，贯穿于教育教学活动的全过程。

（一）多种文化形态相融合

学校在教育教学活动中，要注重发挥社会主义先进文化、传统文化、地方文化和学校文化的作用。文化育人的首要任务就是要坚持社会主义先进文化的前进方向，用先进文化占领思想文化阵地，用社会主义核心价值观教育学生，充分发挥其引领、示范和提升的作用。中国优秀传统文化是中华民族五千年文明历史的结晶，应该成为学校办学的文化基础和思想底蕴。地方文化具有很强的地域性、独特性和亲和力，与地方学校鲜明办学特色的形成具有密切的关系，对于培养人才有着不可忽视的作用和良好的效果。优秀的、特点鲜明的学校文化能够对学生进行思想引导、情感熏陶、境界提升和人格塑造，在学生的成长中发挥独特的教育和影响作用。

（二）多种文化板块相贯通

在实施文化育人过程中，要善于把握并充分发挥精神文化、制度文化、物质（环境）文化等不同文化层面的长处，使它们形成合力，共同对学生的心灵产生影响。学校具有精神文化传播和创造的独特优势，要发掘、利用优秀的精神文化资源来培养学生，采取课内和课外多种途径，促使他们形成理想人格。学校建设先进的制度文化，一方面能够保障学校教育教学活动的有序开展、育人目标的顺利实现，另一方面可以培养学生的法纪观念、集体意识和理性思维。在物质文化层面，学校要特别重视物质环境文化对学生的熏陶和影响作用。

(三) 文化意识与文化实践相衔接

通过多种形式的教育教学活动来传播文化，帮助学生树立正确的文化观念、构建合理的知识结构，是学校文化育人的重要任务，但这远远不是文化育人的全部内涵。学校文化育人的过程，应该是文化意识与文化实践紧密衔接、相互渗透的过程。通过正确理论指导下的丰富实践，通过知行合一的行为文化建设，学生就能对自身获取的总体认知、理想追求和价值取向等进行充分"内化""主体化"，从而形成个性鲜明的文化心理、文化人格，养成良好的德行与操守。文化育人不是理论与知识的灌输，而是在日常教育与影响的点点滴滴和校内外开展的各种活动中，引导学生将学到的理论知识内化为支配自身行动的文化自觉。

学校实施文化育人是一个系统工程，需要学校与社会达成共识、多方配合、共同努力。大到党的教育方针的贯彻执行，小到教师的课堂教学，全社会均应增强文化育人的自觉与自信，让学校真正成为文化育人的场所。

三、学校文化是一种组织文化

文化作为一种活动成果，就其表现的形态结构或内容性质来看，可以分为物质文化、制度文化、精神文化和行为文化。

学校文化作为社会大文化的子系统，具备了作为文化的四个组成要素，即学校物质文化，主要包括各种教学、科研、生产和生活资料以及学校环境文化；学校制度文化，主要包括各种规章制度，教学、科研、生产和生活的模式，群体行为规范、习俗等；学校精神文化，主要包括学校文化观念、历史传统，为学校大多数主体认可、遵循的共同思想意识、价值观；学校行为文化，主要包括学校成员的各种文化活动，以及在此基础上形成的群体心理行为倾向——校风、教风、学风和班风，核心是学风。

学校文化的这四个组成要素并不是孤立存在的。首先，任何物质文化的创造，都是在一定的观念支配下采用一定的行为方式而实现的。其次，一种精神文化总是体现在一定的个体或群体的行为之中，并对其存在的物质环境产生某种文化影响力。同样，任何一种行为文化的形成，总是伴随着一定的价值观、生活信念和行为规范，并且行为的指向必须存在于一定的物质环境之中。最后，无论物质文化的创造、精神文化的孕育，还是行为方式的选择，都无不打上社会关系的烙印——制度规范的要求。因此，准确地说，学校文化应当是物质文化、精神文化、制度文化、行为文化组成的不可分割的有机整体。

以上是基于学校文化内容及结构的分析。从学校文化的外延及范畴来看，学校文化是社会文化中的亚文化，是一种存在于特定组织（学校）内，具有公共性、集体性及共享性的意义系统，可为组织提供一个历史的诊断框架，用以有效处理组织内外的问题的组织文化。

组织文化的基本属性便是知识性。知识是社会文化产生与继承、发扬的基础，制约着组织文化的形成。知识通过影响社会文化、组织的创始人及其主要领导者的价值观、组织惯例以及个性文化制约着组织文化的形成。知识的应用决定了组织文化的演化。因为知识的应用会导致管理思想的变化，而管理思想的变化则会使得组织文化发生演化。

作为一种有别于整体文化和其他文化现象的组织文化，学校文化向人们揭示了教育的重要意义和教育与文化之间的密切关系，是以知识和学科设置为基础的、独特的组织文化。

作为一种组织文化，一方面，学校文化是文化大家庭中的一员，是社会文化的一个重要子系统，它的形成、发展与整个社会文化息息相关。另一方面，学校文化作为特定群体拥有的文化还具有独特的属性。就前者而言，作为人类文化宝库中的重要部分，学校文化代表了人类在教育方面的成就，是学校主体精神世界的集中反映；就后者而言，学校文化作为教育教学的背景条件，又是学校教育教学过程中重要的教育资源，是一个隐性的教育构成要素。

学校文化是一种组织文化，体现了如下含义：第一，学校文化是以学校为载体所形成的文化，而不是以其他组织结构为载体所形成的文化；第二，学校文化的主体是学校成员——教师、学生以及其他员工；第三，学校文化的形成与发展是一个历史的筛选、积淀过程，也是一个承前启后、废旧布新的过程。

第二节 学校文化的实质与特点

一、学校文化的实质

学校文化是学校所特有的文化现象，主要包含作为核心的师生价值观（学生为主体、教师为主导）以及承载这些价值观的活动形式和物质形态。它包括学校的教育目标、校园环境、办学思想、校风、教风、学风以及以学校教育为特点的文化生活、教育设施、学生社团组织、学校传统习惯和学校的制度规范、人财物管理等内容。但学校文化的主要内容是指学校在长期的办学过程中所形成的共同的价值观念，对此，我们应该有清醒的认识。在这个定义里，教育、教学活动首先被视为一种文化活动，它不仅传授知识技能，更重要的是还传播社会文化规范和价值体系，塑造着人的心灵。

沃勒对于学校文化的实质，做了下列五项分析说明。

（一）学校文化是一种次级文化

一种次级文化的存在，一方面反映社会的文化，另一方面则又有独特性。学校文化在本质上接受、选择、批判并传递社会的文化，所以学校文化与社会的文化密切相关。同时，学校文化受两种因素的影响，显示出它的独特性：一是受教育功能因素的影响，学校教育功能的滞后性使它必须着眼于未来而不能完全认同眼前的全部社会文化；二是受年青一代文化因素的影响，年青一代总有他不同于成人的文化系统，在社会蜕变时期尤其突出。毫无疑问，学校文化代表一种次级文化，而且这种次级文化可能包括多类文化，如校长文化、教师文化、学生文化、行政人员文化……

（二）学校文化是一种综合性的文化

学校文化是一种综合性的文化。学校文化的综合性表现在两方面：一是包括世代之间的文化，二是包括校内、校外的文化。就前者而言，学校从事教育工作，教师是教育者，学生是被教育者，在学校社会体系中，永远有教师（教育者）与学生（被教育者）的存在。教师或有新老更替，学生也换了一届又一届，但是教育者与被教育者的关系，在学校社会体系中，永远存在。因此，学校文化中永远是成人文化及年青一代文化的综合。

就后者而言，学校文化包括三类：一是来自校外的，二是校外和校内相结合的，三是来自校内的。第一类是社区文化。不同国家的学校受不同文化的影响，不同社区的学校也受不同文化的影响。一个学校的传统、教学内容及行政措施，深受社区文化价值观念的影响。第二类是教师文化。教师一方面接受社会文化的影响，与其专业团体产生密切的关系；另一方面又附属于学校，与学生团体产生不可分割的关系。教师这种双重的角色，使其价值观念及行为模式既代表校外文化，又代表校内文化。第三类是学生文化。这是在学生同辈团体中形成及流传的文化。学生的社会背景可能不同，但是他们在学校所形成的学生文化，却常有其独特性。社区、教师、学生之间，具有密切的关系，学校文化就成为上述三类文化的综合。

（三）学校文化是一种对立而统一的文化

学校文化是一种对立与统一的文化。学校的主体主要是教师与学生，而二者之间的价值观念与行为模式，甚至内在的期望，都可能不一致。沃勒论师生之间的关系时指出："师生之间的关系，是一种制度化的统治及服从的关系。学校之中师生的原始欲望不同，不论其冲突数量如何减少或隐藏，仍然存在。教师代表成人团体，与儿童团体的自然生活相违。教师代表正式课程，并注意将其传授给学生，学生则较关心自己的生活环境，而非教师所提供的成人生活课程。教师建立并维持学校的社会秩序，学生则可能予以蔑视。师生态度不同，相互对立的情况永远无法完全去除。学生是教师用以形成某种结果的材料，但是他们本身却希望根据自己的生活方式，形成自己的行为结果。如此两相对立，完成任何一方面的目的，便是牺牲另一方面的目的。"

这种教育者与被教育者之间的对立现象，在其他专业文化环境中较少存在。例如，除了年幼的儿童外，病人较少与医师相互对立，原告或被告较少与其辩护律师对立。学校教育的对象为未成熟者，所以这种对立现象较为显著。不过这种表面对立的现象，并不影响学校文化的统整。沃勒分析这种对立的现象时就已指出："权威操在教师手中，教师永远胜利。事实上，教师必须获胜，否则即无法继续担任教师。"教师合理而适当地运用权威，可以使学校文化冲突的现象，改变为文化统整的现象。

（四）学校文化是兼具消极功能与积极功能的文化

学校文化是一种兼具消极功能与积极功能的文化。现在所见到的学校文化均有其历史渊源，但当它形成时，就已经成为一种事实。在这种事实中，有的有利于教育工作的进行，具有积极的功能；有的则无益，甚至不利于教育目的的达成，具有消极的功能。学校是一个教育机构，学校文化体现出来的积极功能很容易被人了解，但其体现出来的消极功能也不可忽视。因此，教师要发挥主观能动性，尽力使学校文化的积极功能发挥到最大限度，而尽可能地抑制其消极功能。

（五）学校文化是可以有意安排形成的文化

学校文化是一种可以有意安排或引导发展方向的文化，是一种存在于学校的既成事实。这种事实可以分为两类，一是自然形成的文化，二是教育工作人员有意安排所形成的文化。一方面，在本质上，学校文化可以有意安排，具有可塑性。另一方面，无论是自然形成的文化或有意安排所形成的文化，都可能不完全符合教育的需求，而应加以改变。事实上，这种改变是可能的，因为无论物质文化、制度文化，或精神文化，人们都可引导其发展方向。学校内外的人都可能批评学校文化，但其批评的根据可能是个人主观的意见，而非具体的学校事实。如果想改变学校文化，应该先去除个人主观的见解，了解学校文化中的具体事实，然后针对学校中惯常的行为或价值，设计系统的方法，予以改变。根据实际的工作经验，这种改变是可能的。

二、学校文化的特点

以下从文化学和教育学两个角度分析学校文化呈现出来的特点。

（一）从文化学角度来看，学校文化呈现出以下特点

地域性与超地域性。学校地域的相对稳定性决定了学校文化是一种地域文化，学校文化必然印有某一地域的痕迹。这种现象在高等院校尤为明显。不同地区的政治、经济、文化的格局，必然会对校园的精神文化生活产生渲染和潜化作用。如长期以来，我国的北方多为政治中心，而南方则侧重于经济，导致北方的大学的校园政治文化重于经济文化；南方的大学则相反，其校园经济文化明显重于政治文化。

同时，由于校际、社会、国际间文化交流以及文化传播媒介的多样性，

学校文化又是超地域的文化。随着科学技术的不断发展和运用，如网络信息技术等，学校文化的这种超地域性必将更加明显。

开放性与选择性。学校文化的开放性是由学校办学目的和文化知识的纵横连贯决定的。学校既然要传授并发展知识，必然涉及古今中外的各种文化。学校师生通过彼此之间的思想交流、校园内与校园外的思想交流，通过各种文化传播媒介获得许多新信息、新思想，学校文化便在这种氛围中存在，并更新、沉淀与发展。

超前性与传统性。学校文化的超前性，是指学校生产的知识与精神必然是指向未知领域的，或者说是对未来社会产生影响的。当然，知识与精神生产的社会效应有两种截然不同的结果：其正效应会推动社会历史进步，促进人类知识发展；其负效应则阻碍人类社会向前发展，并带来许多社会问题。然而，不管怎样，学校文化总是最易接近前沿文化，一方面在一定程度上能超前于社会现实，另一方面又对社会现实更多地采取批判的态度，去推动人类社会向前进步。一所学校的文化一经形成，就具有一定的"惯性"，使得这种文化一代代地传下去，此谓学校文化的传统性。学校文化的超前性必然依赖于传统性，根植于传统理念之中，也就是说，其超前性是对传统文化的深层结构给予重构的结果。

创造性与实验性。在学校文化的建设过程中，自然离不开学校成员的主体能动性。学校成员只有变被动接受传播知识的方式为主动地运用知识、开拓新的知识领域的新做法，才能使校园知识、校园文明、文化层次得以提高和发展。学校文化的实验性在于，校园内所产生的许多新的观点、思想、形式，还必须经过实验，通过实际操作来检验其理论在校园特定条件下的现实可行性。如果这种理论向外扩推到社会，还必须经过校园与社会的边界条件的实验，以及完全的社会实验两个环节才能被社会接受并发挥出应有的作用。

（二）从教育学角度来看，学校文化呈现出以下特点

教育性。任何文化都或隐或显、或多或少地具有教育性。学校文化与其他文化形态在教育性上的区别主要表现为，学校文化的教育性是有意识的，具有明确的目的性。学校文化自从产生的那天起，便担负了教育学校主体的职能。

示范性。学校文化的示范性体现在它对学校文化主体、社会文化系统和

其他亚文化系统的三重示范作用上。示范性是由教育对文化的选择性决定的。正是这种选择性，使学校文化在其发展过程中能够有意识地根据社会生活的需要，以居高临下之势，使历史的文化和现实的文化展现在学校文化主体所开展的各种相互关联的文化活动中，展现在整个社会大文化系统的核心部位，展现在那些直接或间接地与学校文化发生关联的亚文化系统面前，并以潜移默化的方式感染着每个有意无意地参与其中的学校成员。与此同时，学校文化能够及时地反映和总结当代社会最新文化成果，并根据这种最新文化创造出相应的物质成果、精神成果、行为成果，以及进行文化创造活动应当遵循的规则和规范。正是这种选择性，使学校文化较多地继承了人类文化中的优秀成果，从而对整个社会文化起着一种鲜明的示范和导航作用。

批判性。学校文化的批判性保证了学校文化的形成、维持和发展。学校作为一种培养人才的特殊的社会组织形式，必然要提倡符合统治阶级意志的文化内容和形式，排斥和批判有碍于其阶级意志的文化内容和形式。批判性是学校文化的必然特征，也是其教育性和示范性得以发挥的前提条件。失去了批判性，学校文化的影响力就会大大降低。

相对独立性。学校文化的相对独立性不仅体现在特定的环境中，特定的创造主体、创造方式等记录文化成果的手段中，还体现在它与社会文化或其他亚文化系统的交流过程中。正是这种独立性，使学校文化自成系统，具有自己独特的形式、演化和继承的规律、自身的存在方式和历史渊源。

可塑性。学校文化的形成，固然要受到传统文化、民族心理、社会思潮、学校的历史与社会地位等诸因素的影响，但从根本上说，它更易受到学校教育的职能、特定的文化主体，尤其是教育者的教育、教学和行为方式的支配。从某种意义上说，学校的一切教育都是学校文化建设的主要矛盾。

第三节　学校文化的功能与作用

一、学校文化的功能

学校是向青少年传播科学文化知识和精神文明的基地，其固有的、特殊的文化氛围是校园生活的主要特征。人创造了环境，环境又影响着人。由师生员工共同创造的学校文化，为学生的成长和教职员工的工作、学习提供了良好的外部条件，人们生活其中经常受到熏陶，唤起对美好事物和理想的追求，进而激发起创造更美好环境的热情和行动中。因此，学校文化对学校成员的心理、行为、意识等具有不容忽视的功能。

（一）教育功能

学校文化有显性的教育功能，大多数研究者都意识到了这一点。他们认为，这种教育功能主要表现在它的潜移默化、熏陶性和渗透性上，不同于以教师教、学生学的单向育人为主的课堂教育。生活在校园之中的人，会不知不觉地接受学校文化的教育，并内化成风尚、习惯、规范，从而带上学校文化的烙印。人们所谓的"近朱者赤、近墨者黑"，就形象地说明了学校文化的教育功能。

学校文化的教育功能，大致可以分为以下四种。

陶冶功能。学校教育的本质，就是进行文化传递，使学生通过对文化价值的认知，获得人生的全面体验，进而陶冶自己的人格。在这方面，学校文化比起正规的教育科学更具有独特的功能。

凝聚功能。学校文化关系着一所学校的生存发展。这是因为，学校文化，特别是作为学校文化内核的校园精神与校园价值体系，是学校的凝聚力、向心力所在。良好的学校文化会把学校全体成员的力量凝聚成合力，使个人按照学校整体目标而行动，同时，良好的学校文化还可使人身居校园而感受到集体的温暖，感受到团结友爱、公正平等，获得成才的机会，有一种令人振奋、催人向上的力量。

导向功能。所谓导向功能，就是把学校成员的业余文化活动引导到正确方向上来。青少年学生处于生理、心理发育的关键时期，好奇心比较强，容易接受新鲜事物，易被环境所影响，思想观点、政治态度、道德观念均含有极大的不稳定性和模糊性。因此，面对社会开放形势下出现的各种现象，他们缺乏基本的辨别筛选能力，特别是易受到"从众""模仿"等社会心理的支配，致使他们产生思想上的盲目、行动上的盲从，甚至有人误入歧途。良好的学校文化环境，会通过陶冶、凝聚等力量，给学生的成长提供良好的精神土壤，使他们在校园文化的导向下，正确选择社会信息，接受先进思想，逐步健康地成长起来。

自我教育功能。学校文化环境承载了学校成员的全部生活，贯穿于师生员工校园生活的各个方面。学校文化对学生潜移默化地产生影响，使他们不知不觉地接受教育。这其中，无疑也包括自我教育。开展学校文化的过程，实际上就是学生自我表现、自我教育、自我管理、自我提升的不断社会化的过程。

（二）社会功能

学校文化的社会功能主要体现在同化功能和辐射功能两方面。

社会同化功能。所谓"同化"，是指个人自愿地接受他人的观点、情感、态度和行为，使自己的态度与之相接近。学校文化的社会同化功能，其实就是学校成员（尤其是学生）社会化的过程。心理学家认为，人的社会化过程是通过人的整个一生完成的，个体从婴儿期开始，经过童年、少年、青年、中年以至老年，都在不断地进行着个体的社会化过程。青少年时期是一个人生理、智力发展的黄金时期，学校教育的影响是促进个体社会化的主要因素。现行的学校教育，其目标之一就是促进学校成员的个体社会化。而这种个体社会化的内容与要求，是和学校文化的"教化"目标一脉相承的。

社会辐射功能。"辐射"，原是物理学上的概念，在这里是指当学校文化的文化态势高于社区乃至社会的总体文化态势时，学校文化就要对这种总体的文化态势产生影响。

学校是传播精神文明的场所，其文化层次和品位较周围地区相对要高。从个体而言，一个人求学、深造的结果，除获取各种社会知识和专业知识外，还接受了精神文明的熏陶，具有良好的思想文化素质和文明行为，一旦步入社会势必会对他人产生影响。从群体而言，一所学校就是一个整体，它综合了每个个体的素质，在文化层次上达到了社会文化的制高点。由于学校坐落于一定区域之内（如城市、集镇、乡村、矿区等），因此，它对周围社会文化场所的辐射影响既有高度又有深度，而且具有其他文化不能比拟的功能优势。

（三）情感功能

情感是人的一种复杂的心理现象。人的情感是文化情感赖以产生的基础，没有人的情感，也不可能有文化情感。列宁曾经指出："没有人的情感，就从来没有也不可能有对真理的追求。"这说明，人的情感可以使人认识真理，追求真理。文化情感也是如此，学校文化可以渗透到人的情感世界，通过人的情感作用产生较大的影响。

目前人们在论证学校文化的功能时，对情感功能不够重视，这是一个较大的缺憾。如果从教育学、社会学的角度去认识学校文化的功能，就只能抓到学校文化影响学校成员成长的共同性，而不能抓住其特殊性。因此，对学校文化的功能固然可以从教育学、社会学的角度去研究，但任何舍弃文化情感的研究，都不能真正找到学校文化的功能。既然学校文化对人的情感发生作用，我们就必须从心理学的角度进行研究，找出学校文化的功能系统。

我们认为，学校文化的情感功能包含激励、娱乐、审美这三项。

激励功能。学校文化的激励功能，又叫动力功能。所谓"激励"，就是激发和鼓励的意思，就是通过某种刺激因素，促使主体某种思想、愿望和行为产生的心理过程。在校园中，学生受到文化氛围的激发是一种普遍现象。学生每天都要接收各种文化信息，在心理和精神上出现了大量的需要，这些需要的不断"膨胀"，就成了一种激励因素，促使学生产生各种情感体验。因此，作为学校文化，只要它内容健康、情感健康，不管是物质形态的，还是精神形态的，都能起到激励学生前进的情感作用。

娱乐功能。过去，我们在认识学校文化时，往往想到"教育"或"教化"功能，对其娱乐功能重视不够。娱乐功能，也称消遣功能，或称调适功能。对于学校成员的生活来说，学校文化是一种很好的调节剂。业余文化生活作为学校文化的一部分，不仅可以作为紧张学习、工作之余的体力、脑力恢复的调节剂，而且可以进一步作为人们娱乐、享受、愉悦身心的调节剂。如文学、书法、音乐、舞蹈、演讲、集邮、棋类、摄影、竞赛等，在校园生活中始终是人们喜闻乐见的娱乐形式。这些形式近似一种消遣，但从生理和心理的需要来看，通过身体放松、竞技、欣赏艺术、亲近大自然等，能很好地丰富学校成员的精神文化生活。

审美功能。审美功能可以说是推动人类发展的一种内驱力。学校文化的审美功能是看不见摸不着的，它内化在学校成员的情感体验之中。校园到处充满情感，学校文化的丰富充实了人们的精神世界，同时也提高了人们的精神境界。如果没有情感的熏陶、审美的内化，学生的精神世界将会贫乏、平淡、单调，校园里的生活也就不会有光彩和美感。因此，要让学生的生活变得美丽、充实、多姿，就必须重视学校文化的情感功能，通过情感和美感的力量使他们茁壮成长。

马克思说:"人是按照美的规律来塑造物体的。"人追求美是人追求自己本质力量的丰富性的体现。在学校文化中,那些内容健康、形式多样、情调高雅的各种精神文化活动,可使学校成员以此为兴趣和起点,努力学习和培养正确的审美意识、审美理想、审美观点,特别是对美的感受、欣赏、判断和创造能力。对学生来说,丰富而健康的精神文化活动,为他们充分地表现爱美的天性提供了机会和条件,让他们以各自的审美情趣美化生活,从小得到多样化的体验,并努力按照美的规律塑造自己。因此,在引导和鼓励学生追求仪表美的同时,我们应注重教育学生对自然美、艺术美、社会美的向往与追求,帮助学生抵制那些低级、腐朽的,毒害青少年健康成长的,并与社会主义精神文明格格不入的审美价值观,从而培养他们高尚的道德情感和审美情趣,以推动社会主义精神文明建设,推动社会和谐发展。

总之,学校文化的功能,大都是潜移默化地发生的,其对学校成员的影响既深刻又广阔。研究学校文化功能,目的在于通过它去认识学校文化的本质,进而为建设具有中国特色的社会主义的学校文化提供理论依据。

二、学校文化的作用

作为一种特殊的文化现象,学校文化有特殊的作用,并依靠这些作用对学校及社会产生一定的影响。认清学校文化的作用是学校文化建设的一项基本要求。作为观念形态、行为方式以及物质体现的学校文化,渗透于学校教育实践的各个方面、各个环节,渗透于学校德、智、体、美各个方面的活动或行为。因此,学校文化在学校的德育、智育、体育、美育各方面都可发挥自身所特有的教育作用。

深化品德教育。学校文化对于坚定学生对马列主义、毛泽东思想、邓小平理论的信念,学习并践行社会主义核心价值观具有重要的教育导向功能。德育的根本任务是立德树人,学校文化建设也同样为完成这样的任务而服务。学校文化建设的根本目的是教育、引导广大师生员工,以社会主义核心价值观为引领,提高师生员工的思想道德素质和科学文化素质,努力培养更多的德、智、体、美全面发展的社会主义事业的建设者和接班人。

提升智育水平。智育是教师有目的、有计划、有组织地向学生传授系统的科学文化知识,培养基本的技能技巧,发展学生智力的教育活动。智育担负着传授知识、培养技能、发展智力的重任，它对人的全面发展和社会的文明进步都具有重要的意义。学校文化本身包含着较强的智育功能。学校文化的部分活动属于课堂教学。课堂教学直接传授系统的科学文化知识和技能。在这一过程中，根据教学相长的原则，师生双方通过课堂教学的形式，巩固和传播着人类的知识文明。此外，学校文化的丰富性和灵活性为兴趣不同、爱好广泛的同学提供了学习的场所和施展才能的机会，使他们的直接经验与间接经验得以结合，思维能力得以锻炼，使学有余力者能够按照自己的成长目标学习新的知识，发挥自己的优势和专长，弥补课堂教学的不足。

促进体育发展。学校文化中所包含的体育运动是增强学生体质的基本途径。学校按照教学大纲的要求及青少年生长发育的特点，科学设置了一定的体育运动课程，安排固定的时间、场地、器材，配备专任的教师，有针对性地对学生进行系统的体能训练。首先，这既增强了学生的体质，又教会了学生体育技能及运动训练的方法，对学生的身心发展起到了不可替代的作用。其次，学校文化的文体活动为学生的身心健康发展提供了愉悦舒畅的环境。紧张的学习求知过程对学生的身心发展来说是沉重的负担。过分紧张的学习必然影响青少年学生的身心健康，如果让他们在紧张学习之余适当地参加学校文体活动，可以使他们快速解除疲劳，始终以旺盛的精力投入学习。可见，积极组织学生开展校园文体活动，科学地调节学生的生理及心理，使他们妥善地处理学习与健康的矛盾，才是正确贯彻落实党的教育方针的有效途径。此外，学校文化的愉悦作用能较好地调节师生的心理健康。近几年来，师生员工因心理障碍产生的悲剧时有发生。组织丰富多彩的校园文化娱乐活动，吸引师生主动参与其中，使他们在集体活动的欢乐中体验和享受师生之间、同学之间的真情与友谊，从而缓解疲劳及紧张情绪，消除心理障碍，促进工作与学习，同时还能够陶冶性情，愉悦身心。

让美育更完美。美育是全面发展教育的重要组成部分，它以美学作为理论指导，以教育作为载体。所谓美育，通常亦称审美教育或者美感教育，它是运用艺术美、自然美和社会生活美培养受教育者的审美观点和感受美、鉴赏美、创造美的能力的教育。学校文化活动作为美育的重要途径，具有突出的美育功能，如它可以引导受教育者的审美活动，满足他们的审美需要，促进他们形成心灵、语言、行为、形体的美，提高他们的审美意识、审美能力，使他们为维护和创造美好的事物而做出不懈的努力。

学校文化中的行为文化作为校园文化的动态层面，包括教学科研活动、组织管理工作、课外文化活动及后勤服务等，体现着学校文化的独特风貌，成为实施美育的最佳渠道。首先，课堂文化教学是进行美育的重要渠道。课堂上教师传授的科学文化知识，包含着丰富的审美因素，揭示了科学的审美价值。其次，艺术学科教学及课外文艺活动是美育的主要途径。艺术的形式，如音乐、舞蹈、绘画、雕塑、诗歌、散文、小说、戏剧、电影、电视等，是反映客观现实生活而又升华的美，表达了艺术家的审美趣味、审美情感及审美理想。学生通过课内外的艺术学习和鉴赏活动，能够更好地掌握人类的审美经验，受到艺术美的熏陶，发展审美能力。再次，校园日常生活中也体现着对美的追求。学校文化规范师生的日常生活行为，引导师生创造美的生活，从日常小事做起，以生活的美陶冶灵魂的美。

第四节　学校文化的形成与发展

一、学校文化的形成

学校文化作为一种文化现象，与学校的产生是同步的。学校的形成过程中也包含着学校文化形成的过程。内涵丰富的学校文化有利于教育目的的达成，有利于学校专业功能的发挥。

美国学者沃勒在其所著《教学社会学》一书中，描述了学校文化的存在："学校中形成特别的文化。这种文化一方面是由不同年龄的儿童将成人文化变为简单形态，或儿童游戏团体所保留的成人文化所形成，另一方面则是由经教师设计的，以引导某些年龄学生活动的文化所形成。学校中的各种仪式，是校内文化的一部分。学生所认为学校生活中最重要的'活动'，则属于文化模式。年青一代的特殊文化非常真实，而且能满足学生的需要。这种特殊文化的存在，可能是结合不同个体组成学校的最有效因素。"

我国古代很早就有关于学校文化的思想。许多思想家、教育家并没有把教育局限于课堂教学和师生之间，而是十分重视学校环境、文化育人的问题。关于这方面的思想，在孔子、孟子、王充、柳宗元等人的论述中得到了反映。民间传说中的"孟母三迁"就很好地传达了古人对环境、对孩子所处文化氛围的重视。古希腊哲学家柏拉图、亚里士多德也非常注意教育与环境的联系，后期的大教育家夸美纽斯、裴斯泰洛齐等更是重视学校环境气氛的影响力。

中外先人对学校环境的认识以及对学校内各项育人活动的理解，不能说不包括对学校文化的思考。但是，这些思考多是从教育的角度，而不是从文化的角度出发的，因此，很难真正揭示学校文化的本质、规律及其育人功能。具有真正现代意义的狭义的"学校文化"产生于20世纪的20—30年代，经过50—60年代的发展，80年代初才真正以独立的文化形态跻身于文化之林。

学校文化发祥于西方社会。19世纪与20世纪之交，特别是20世纪20—30年代，西方资本主义社会随着自由竞争向垄断过渡的完成，其基本矛盾和阶级矛盾变得极为尖锐。战争的恐惧、失业的阴影、贫穷的呻吟笼罩着西方社会，也笼罩着西方的大学校园，导致成千上万的大学生仿佛看到了世界的末日，无心向学，惶惶不安，绝望颓废。于是，一批又一批玩世不恭的"霹雳狂""摇滚狂""嬉皮士"在学校出现。随着都市的发展，以大学生为代表的青年问题日益成为西方严重的社会问题，因而也日益引起社会各界的重视。1934年，在耶鲁大学召开的美国社会学协会代表会议上，有人提出了研究青年问题的重要性。1942年，R.林顿指出，青年人有其独特的文化形式。1961年，T·S.考里曼把流行音乐认作现代青年文化的主要特征。青年文化作为一种亚文化现象，真正为人们所重视是始于20世纪70年代，并很快形成了许多学派，主要有美国芝加哥的社会生态学派、帕森斯的功能主义学派、迪尔凯姆的异常行为主义学派和D.马查的自然主义学派。但迄今为止，西方尚未有人正式提出学校文化的概念，尽管他们十分重视学校文化的动态。

直至20世纪80年代中期，在中国内地轰轰烈烈的文化建设热潮中，学校文化才正式作为一种区域文化、社会文化的亚文化，首先由高校提出。1986年4月，上海交通大学举行第十二届学代会，几位学生会候选人不约而同地提出了学校文化建设的课题（当时是以"校园文化"的概念出现的）。同年4月8日，华东师范大学举办了首届"校园文化建设日"。而后，上海交通大学、复旦大学、华东化工学院先后举办了旨在推进校园文化建设的文化艺术节，引起了社会各界强烈的反响，并引起了共青团组织的高度重视。1986年5月，共青团上海市委学校部召开了"校园文化理论研讨会"；11月，上海交大发起了"上海市高校校园文化专题研讨会"，并编辑成《文化、校园、人——"校园文化"研讨文集》。同时，学校文化建设在该年举行的全国学联会议上为团中央和学联代表所肯定并被写入正式的会议文件，当时的中宣部和国家教委表示支持，并提出了具体意见。

如此看来，学校文化首先是作为一个实践性命题出现的。人们最初从事的是各种各样的学校文化建设的实践活动，以学校学生会、学生社团等组织的多种类型的文化创造活动为主。通过开展"校园文化建设月"、举办"文化艺术节"等活动方式，举办各种类型的讲座、论辩、演讲、诗会、知识竞赛等来丰富学校文化生活，培养学生兴趣，激发学生求知欲。在学校文化建设的过程中，广大教育工作者越来越认识到，要在学校文化建设中使广大青少年学生的人格得到进一步发展和完善，必须在正确的价值观指导下对他们进行塑造和培养。于是，便有了人们对学校文化的理性思考。从1986年起，《青年研究》《教育研究》等许多杂志，先后发表了一些有关校园文化研究的文章，标志着学校文化的研究与操作进入学科化的本体层面。随之，有关学校文化的研究很快得到教育学、文化学、人类学、社会学、心理学等领域理论界的高度重视，呈现出一派欣欣向荣的景象。

可以说，学校文化的形成来自两方面，一是年青一代的文化，二是成人有意安排的文化。所谓年青一代的文化，是学生团体中的各种习惯、民俗、民德、传统、规章、社会结构所形成的，其形态是成人文化的反映，其内容则与成人文化有别。

二、学校文化的发展

为了使学校文化顺应发展形势的要求，就有必要对其今后的发展提出总体设想，即学校文化发展战略。只有对此进行认真把握，才能使学校文化向健康的方向发展。一般来说，学校文化发展战略包括学校文化发展的指导思想、战略目标、主要任务以及对策措施等内容。

教育改革是学校教育实现"三个面向"任务的必由之路。由于我国教育承袭历史的痕迹太重，新中国成立后，又照搬了苏联的教育模式，这在一定程度上影响了我国教育事业的发展。目前的教育改革是使教育适应社会主义现代化事业发展所不可逾越的阶段，也是建设具有中国特色的学校文化的重要阶段。特别是在一些学校里，与旧教育模式相联系的一些教育观念、社会价值观等仍严重影响着学校所培养人才的质量。要改变这种状况，就必须进行彻底的教育改革，而学校文化作为教育改革的一项重要内容，不仅会使青少年学生的学习生活发生重大变化，而且必然引起他们在思想观念、思维模式、伦理道德、行为规范和生活方式等方面的重大变化。这些变化又涉及课程的设置、课堂教学的组织以及学校的各项规章制度和各项活动等，这就要求学校教育和学校文化建设要有相应的发展，使学校文化为社会主义精神文明建设和物质文明建设服务。

从历史上看，学校文化历来是新文化的发源地和中外文化的汇集点。学校文化对社会文化具有辐射作用，在一定程度上影响社会文化的发展。但是，在相当一个时期里，由于我们对学校文化建设未予以足够的重视，学校中出现了一些不正常的现象，如恋爱热、经商热、出国热、武侠热、麻将扑克热……青少年学生厌学成风，跳舞成瘾，终日游游荡荡，不务正业，作业马马虎虎，检查得过且过，考试60分万岁，教育质量大幅度下降，文化道德素质今不如昔，出现了所谓的"信仰危机""校园无兴趣病"，"读书无用论"又沉渣泛起，青少年犯罪率大幅度提高。这些现象都与现代社会对学校教育的要求极不相符。目前我国学校文化的现状，不但与新时期学校教育的目标不相适应，也直接影响到国家经济发展战略的实施。因此，制定我国学校文化发展战略的任务已经历史性地摆在了我们的面前。

在目前的学校文化研究中，较多地讨论高等学校学校文化方面的问题，这是完全必要的。因为高等学校担负着为社会主义现代化建设培养高级专门人才的任务，在社会经济、文化、科学技术等方面的发展中和维护社会主义制度方面起着关键的作用。所以，高等学校的学校文化建设问题，是一个重要的具有现实意义的大事，理应受到政府、教育行政管理部门和各个高等学校的重视。

在加强高等学校学校文化建设的同时，中小学的学校文化建设也需要提到议事日程上来，这是一个战略眼光问题。在培养有理想、有道德、有文化、有纪律的社会主义建设者和接班人的事业中，中小学教育是基础工程。学校文化建设只有从中小学抓起，才能充分发挥它在培育一代新人中的作用。就中学来说，中学生正处于生理和心理都迅速发展变化的年龄阶段，处在逐步形成人生观和世界观的关键时期，他们在这一时期接受的一些基本思想、基本观点，新形成的基本感情、基本心理活动方式以及行为习惯，往往对其一生都会产生重要影响。现阶段我国实施九年制义务教育，青少年学生中能上大学的只是一部分，多数中学生在毕业后都要进入社会。所以，青少年学生在中学阶段接受教育的状况，在很大程度上决定着我们中华民族的思想道德素质和科学文化素质的水平，影响着社会的精神风貌。从这个意义上说，在中小学加强学校文化建设，实际上是为整个中华民族素质的提高奠定基础的，这是一项直接关系到国家综合实力的艰巨任务。从当前中小学生的社会文化生活状况来看，加强中小学学校文化建设也是迫切和重要的，因此，我们认为，学校文化发展的战略重点应该落实在中小学中，特别是农村的中小学中。

　　总之，学校文化的建设是一项复杂的系统工程。学校文化本身符合青少年学生的思想、心理及行为特点，因而具有顽强的生命力。但是，如果因此而认为学校文化会自然而然地向好的方向发展，那无疑是一种大错特错的观点，如果在学校文化建设中任其自然发展，也不是一种正确的态度。

　　我们认为，要建设良好的学校文化，就要求学校管理的职能部门在加强强制性纪律约束的同时，因势利导，加强预测，设计学校文化进程的蓝图；学校教育相关部门应共同制定学校文化的发展战略，最终形成学校文化发展的最佳模式。我们深信，学校文化的发展是一场深刻的文化革命，新时期刚健质朴的新人类群体必将在这个进程中应运而生。

第五节　现代学校的文化自觉与文化自信

一、现代学校制度与学校文化

　　现代学校制度是伴随着市场经济体制的逐步确立和教育改革的实践而产生的。目前，关于现代学校制度的理论和实践还处于探索阶段，至今还未形成统一的认识。可以说，现代学校制度是一个内涵非常丰富的概念，不同的学者对其内涵的理解也不尽相同。同时，我们还应该注意到，现代学校制度并不是一个孤立的概念，它与政治、经济、文化、法律等都有千丝万缕的联系。

（一）现代学校制度的内涵

现代学校制度至今尚无一个公认的概念，不同的研究者从不同的视角对其进行了分析和探索。基础教育阶段现代学校制度的理论与实践研究总课题组认为，现代学校制度特指在知识社会初见端倪和全面建设小康社会的背景下，能够适应市场经济和建设学习型社会的基本要求，有完善的学校法人制度，以现代教育观念为指导，学校依法办事，管理民主，能够促进学生、教职工与学校所在社区的协调和可持续发展的一整套的制度。可以说，这个概念比较完整地揭示了现代学校制度的内涵，包括时代背景，学校与政府、学校与师生的关系、功能和实质等多个方面。

徐志勇则从经济学和伦理学的角度对现代学校制度进行了阐释。他认为，关于现代学校制度的概念应在以下两个层面上进行分析：第一，现代学校制度是指教育领域的一系列制度安排，它规定着教育资源配置的方式和结果；第二，现代学校制度是一个内涵不断发展的动态概念。所谓现代，并不是纯粹历史学意义上的时间概念。所谓现代学校制度，是一种具有价值倾向性的制度安排，它实质上秉承"先进性"的内涵，而不是以实践论英雄。

褚宏启教授则强调从学校价值的角度对现代学校制度进行解释。此处的"现代"作为一个修饰词，具有"先进的""能适应时代需要的"等类似的含义。现代学校制度这个概念可以被还原为"一个好的、关于学校的规则体系"。总的说来，上述对现代学校制度的理解并不矛盾，只是从不同角度对现代学校制度进行了诠释。

实际上，对于现代学校制度，我们可以简单地把它理解为一种相对于传统学校制度的，体现时代特色的，与时俱进的学校制度。这个概念强调了三点。其一，现代学校制度不同于传统学校制度，它是对传统学校制度的扬弃而非全盘否定。传统学校制度有其优点和长处，我们需要传承和发扬，并加以创新来构建现代学校制度。其二，现代学校制度应彰显时代特色。每种学校制度都是特定时代的产物，都会打上时代的烙印。现代学校制度应是时代特色的代言人，经济全球化、信息网络化、价值多元化、市场经济、教育改革、市场竞争机制、民主管理、和谐社会等富有时代气息的理念都应融入现代学校制度。其三，现代学校制度是一个发展的概念，随着历史的进步，其内涵也在改变。它不仅在时间上是现代的，而且在理念上也是现代的，永远和着时代的节拍，走在时代的前列。

现代学校制度是与时俱进的，富有时代气息的，它应该体现我们这个时代主流的价值观。民主、公平不但是我们这个时代的价值目标，也应该是各个领域的社会活动的价值取向。褚宏启教授认为，现代学校制度作为一个规则体系，应有高品位的价值追求。某种制度是不是现代学校制度，衡量的基本标准是这种制度能不能促进学生充分、全面的发展，能不能增进教育秩序、促进教育公平、提高教育效率。学生发展是中心，秩序、公平和效率是三个基本要点。"一个中心、三个基本点"作为衡量现代学校制度的标准不仅是学校教育制度的内在要求，也是时代赋予现代教育制度的历史重任。谋求教育民主化，倡导公平教育，维持和发展教育秩序，以促进人的充分、全面、协调发展正是教育追求的根本目标，同时也体现了时代最鲜明的特色。

（二）学校文化的内涵

学校是传播人类知识和文化的场所，同时学校自身也创造着文化。对于文化的理解可谓众说纷纭，至今仍然存在着许多歧义。范国睿在考察了古今中外文化内涵的演变后得出了这样的结论：综观各种文化的定义，无论研究者们在何种历史语境下对其加以解说，我们都可以发现，文化其实就是人类社会发展过程中积淀下来的精神成果以及由此具体化的外在表现。简言之，文化是一种人类智力的符号性产物。人们为了实现共同的目标而聚集在一起形成了组织，人们在组织中创造的文化就是组织文化。具体地说，组织文化是组织成员共有的价值观和信念体系，这一体系在很大程度上决定了成员的行动方式。学校文化则指的是学校内的组织文化，它指的是学校在长期教育实践和各种环境要素互动过程中创造和积淀下来的，并为其成员认同和共同遵循的信念、价值、态度、期望、意识等价值观念，体系、制度、程序、仪式、准则、纪律、气氛、教育的行为等行为规范体系，以及学校布局、校园环境、校舍建设、设施、设备、符号、标志物等物质风貌体系。

从上述概念可以看出学校文化由三个大的层面构成，物质文化、精神文化和规范文化。从学校文化设计这个角度讲，这三个层面又可分为四部分，即理念文化、视觉文化、行为文化、环境文化。学校理念文化主要指学校在长期的历史发展过程中积淀下来的为全校师生共同认可的信念和价值观。学校理念文化是学校整个风貌的体现，是学校发展和创新的精神动力，是学校文化的统帅和灵魂。学校视觉文化是以学校标志、标准字体、标准色彩为核心展开的完整而系统的视觉传达体系，属于学校文化建设的表层结构，是学校文化建设中最直观的表现形式。它通过个性化、标准化、系统化的设计方案，对以校徽、标准色、标准字为主的基础要素和160多个应用元素进行规范设计，体现学校的理念文化，为学校的发展营造独特的视觉形象。学校行为文化是指师生行为本身和通过行为表现出来的社会心理、思维方式、思想观念和风俗习惯等文化形态。学校环境文化主要指学校室外景观和室内文化装饰的布置。

（三）现代学校制度与学校文化

现代学校制度是一种具体的规则体系，它具有鲜明的时代特色，具有继承性和先进性等特点。而学校文化则是传统文化与现代文化的融合，既有传统文化的弘扬，又有现代文化的创新，既体现了传统文化的优秀品质，又展示了现代文化的时代特征。可以说，学校文化和现代学校制度在价值观上达到了和谐的统一。构建学校文化是建立现代学校制度的基础，现代学校制度是学校文化的组成部分和外在表现。

现代学校制度是学校文化的重要内容。学校文化包含三个层面：物质文化、精神文化和规范文化。而规范文化则主要包括学校的规章制度和行为方式。现代学校制度是学校规章制度的核心，是整个学校规范运作的基础和框架，它联系着学校的物质文化和精神文化。学校文化是三种文化的统一体，没有现代学校制度的学校文化是不完整的学校文化，缺少了现代学校制度，学校文化就不能体现出其时代特征和先进性。制度是文化的组成部分，它本身就体现了一种文化。现代学校制度实质上反映了一个学校在教育教学方面的价值观、信念和态度。现代学校制度是一种先进的制度文化，它体现了这个时代先进的教育理念，追求民主、平等、和谐、发展是现代学校制度的精神内核。学校文化是现代学校制度的母体，给予其营养和精神力量；现代学校制度则是学校文化的外现，展现了学校文化积极向上的丰富内涵。

建立现代学校制度是学校文化发展的必然要求。学校制度是前进的、变化的，学校文化也是发展的、运动的。文化是一个时代最鲜明的体现，是社会变迁的一个深层次原因。学校作为文化的传播者和缔造者，它势必要成为时代的鼓手，从时代的发展中汲取营养并与传统文化进行整合。学校制度作为学校文化的重要组成部分，是学校教育秩序的有力保障。然而，传统的学校制度由于本身的保守性和惰性日益成为学校发展的障碍，因其失去鲜明的时代特色和先进性而变得落伍和过时，因此，必须予以革除。建立现代学校制度就是为了改革传统学校制度的弊端，恢复学校制度应有的活力，体现时代的特色，展现学校文化的独特魅力。现代学校制度从本质上说是先进的、适合时代发展要求的，学校文化也是发展的、与时俱进的。建立现代学校制度是时代发展的要求，也是学校发展的要求，更是学校文化内在的本质要求。

建设学校文化是建立现代学校制度的重要途径。现代学校制度是随着时代的发展而创生的。当今时代呈现出以下几个显著的特点。其一，市场经济取代计划经济成为主流，经济生活的变革带来了人们价值观念的转变，人们追求自由和公平竞争，追求个性化，反对精神束缚和整齐划一。其二，追求民主平等，反对专制和层级制度。其三，追求多元化，反对一元化。多元化的政治、经济、文化和思想为人的发展提供了广阔的空间，也为文化的创生提供了时代背景。社会人类学家通过对相互迥异的文化形态的研究证明，人类社会的发展离不开文化的演进，正是文化的不断更新才催生了人类社会的蓬勃生命力。反过来，社会的发展又必然反作用于文化，影响文化的进化。社会的发展和时代变迁呼唤新的文化，而新的文化是建立现代学校制度的基础和动力。随着教育改革的深入，制度改革是改革成功的关键已成为人们的共识。然而，制度背后是深层次的文化，即组织成员的内隐规矩和内隐概念。因此，制度改革必须以组织成员的内隐规矩和内隐概念的改革为基础，而内隐规矩和内隐概念实际上就是人们隐含在文化中的信念和价值观。所以，传统学校制度改革和现代学校制度的建立必须以学校文化为突破口和切入点，只有根除传统学校制度中不合时宜的、过时的、陈旧的思想观念和教育理念，才能除旧立新，树立现代教育理念，建立现代学校制度。从这一点来说，建设学校文化是建立现代学校制度的重要途径和必由之路。

现代学校制度是一种新型的学校制度，建立现代学校制度是教育改革的必然趋势，也是学校可持续发展的内在要求。学校文化是一个学校的思想和灵魂，它统帅着学校制度的各个方面。建立现代学校制度不仅要重视学校制度层面的建设，更要注重挖掘学校文化的精神内涵，发挥学校文化精神内核的作用。现代学校制度的建立和健全，可以通过学校形象设计、校园文化建设以及整体推动学习型学校建设等途径来逐步实现。总之，学校文化和现代学校制度是相互影响、相互促进的。现代学校制度有助于更新教育理念，拓宽教育视野，提高学校的核心竞争力，促进学校文化的整合和创新。学校文化反过来又对建立现代学校制度和学校发展起着促进作用。

二、现代学校发展与文化自觉

"文化自觉"是借用我国著名社会学家费孝通先生的观点。它指生活在一定文化历史圈子的人对其文化有自知之明，并对其发展历程和未来有充分的认识。换言之，文化自觉是文化的自我觉醒，自我反省，自我创建。学校文化自觉主张以学校核心价值观的反思和提炼为轴心，展开对学校理念系统、行为系统、视觉系统和环境空间系统的全面反思与建设，创造新型的学校生活。学校的发展与文化自觉是相互促进、相互影响的。因而，要想学校有内涵地、稳定地发展，就应该促进学校的文化自觉。我们认为，主要应该从以下四个方面展开。

首先，建立学校核心价值观体系。

学校文化有其核心价值观。一所学校的核心价值观是学校全体师生对本校发展方向、人才培养规格、教学方式等重要问题所共有的理解与选择，是指导学校日常运作与组织发展的基石和核心。学校核心价值观是理解学校文化的钥匙，它渗透在学校成员的教育观、学生观、教育目的观之中，并决定着学校的制度规定、行为方式和建筑布局，对学校文化产生着全面的辐射与指导作用。

依据当代教育改革的要求，借鉴欧美学校提炼的核心价值观，我们认为，学校核心价值观体系应包括如下基本内容：学校愿景、办学宗旨（培养目标）、核心价值观、校训、校风、学风、教风等。但不能将学校核心价值观局限于这些。

我们建议，在提炼学校的核心价值观时，应该在传统与现代、本土与西方、现实与理想之间寻求适合于本校的定位。完全维护传统教学的思路不会有人采用，而一味追求完美、先进的理念表达，只会给校长和教师带来负担，并且还会因为曲高和寡而沦为"墙上挂挂"的规划。合理的思路，应该是在全面分析社会发展和教育发展需要、本校历史与当地实际情况的基础上，提炼出具有凝聚力和可行性的新型的学校核心价值观。

其次，健全学校制度，确保制度与核心价值观的协调。

观念能否转化为行动，关键在于制度。这里所说的制度，沿用新制度主义的观点，包括正式约束、社会认可的非正式约束及其实施机制，既包括明文规定的制度，也包括通行而没有言明的有时与明文制度恰成对立的"潜规则"。

当前不少学校存在较严重的制度漏洞。我们认为，在提炼了学校核心价值观之后，就要努力在制度层面寻求落实的路径。比如，为了在德育方面强调引导学生学会做人，某中学就启动了"高中生人文引导与自主建构"计划，要求班主任每周推荐学生阅读一篇经典文章，组织学生围绕文章展开讨论、角色扮演、自我对照，引导学生积极思考学习和生活中的各方面问题。学校规定班主任要严格执行规划、记录、反思的程序，每月检查工作手册，学期末开展评选优秀班会活动。这种细致的制度设计，就较好地保证了"学会做人"这一目标的达成。

同时，在健全学校制度的过程中，要注意监督制度的制定与落实，重视公示制度和公众评议制度的作用，以防止出现"言行不一""有章不循"的情况。

再次，加强宣传和引导，调动教师的自觉性。

广泛的宣传能够营造统一的学校氛围，促使师生员工将核心价值观的内容转化为自己的教育信念。本校"核心价值观声明"应该人手一份，在欧美学校，这是学校手册中列于第一位的内容。同时，欧美学校对核心价值观的提炼与表达方式也值得我们学习与借鉴。比如，一所欧美学校的"价值观声明"这样写道："我们关心所有的成员，现在的和过去的；我们相信每个人都不能停止学习；我们鼓励每位成员最大化地发挥自己的才能，达到自我价值的实现……最重要的一点是，每个成员应该在每一天都有一点小的进步与成功。"这种生动的、贴近教育生活的"价值观声明"，比起我们很多学校那种口号式的、罗列办学目标和办学宗旨的做法，是不是更能凝聚人心、更能体现一所学校的文化特色呢？

除了"核心价值观声明"外，开学典礼等大型仪式、学校宣扬的各种人物、学校的主流话语体系等，都是宣传和引导师生员工认可核心价值观的渠道。

在此，我们还应注意：思想引导和学校制度建设，是学校文化建设的两翼，不可偏废。以往的教育改革仅强调思想引导，而不重视制度建设，就是太信任教师的自觉性而忽视了对教师的惯性和惰性的约束；而如果过分强调制度建设，忽视思想引导，就会走入完全否认教师自觉、把教师变为"被监视的对象"的另一个极端。最佳的状态，是在强调制度建设的同时追求制度建设和思想引导的协调，既加强外在约束，又鼓励自觉自动，这样才能更加有效地实现学校文化自觉。

最后，规划学校物质空间，为学校文化建设提供物质支持。

新型学校核心价值观、新型学校制度以及随之而来的大量的具体工作，对学校物质设施、空间布置等提出了很多要求。例如，要倡导开展教师研修、发展教学科研共同体，学校就有必要丰富图书资料，为老师们提供阅读和研讨的空间；新理念的宣传，就要求在校园、教室、办公室内悬挂相应的宣传、解释材料；教学方式改革，则要求在教学设施、教室布局、座位排列等方面进行众多变革。

当前，很多学校都把校园美化作为学校文化建设的第一要务，在校园内大兴土木。这样做，固然会对学校文化的改善起到一些作用。然而，如果没有学校核心价值观的重新提炼，没有学校成员言行的切实转变，学校文化的"根"与"本"就没有改变。事实上，务实的学校文化建设要求学校在教室、办公室、图书资料等方面投入尽可能多的费用，因而，如果学校发展经费有限的话，最好是减少校园景观方面的花费，把钱用到"刀刃"上为好。

三、现代学校发展与文化自信

文化自信是一个国家、一个民族、一个政党对自身文化价值的充分肯定，对自身文化生命力的坚定信念。唯有文化自信，才能获得坚持、坚守的从容，鼓起奋发进取的勇气，焕发创新创造的活力。中华民族素有文化自信的气度，正是有了对民族文化的自信心和自豪感，才能在漫长的历史长河中保持自己、吸纳外来，形成了独具特色、辉煌灿烂的中华文明。

文化自信对于学校的发展及学校校长（领导）、教师、学生的成长都有着至关重要的影响。人们说校长是一校之魂，有什么样的校长就有什么样的学校，就有什么样的学校文化，就有什么样的学校气质。同样，学校文化也是校长教育思想、教育理想的显性或隐性的折射。因而，从学校校长（领导）来讲，对于本校的文化自信正是对自身教育理想的坚定，是成长为教育家型校长（领导）的必经途径。

从学校教师方面来讲，在当今国际化、全球化的背景下，文化多样性是世界上大多数国家都必须面对的问题，而多元化必然给教师的文化修养提出更高的要求。联合国教科文组织明确指出：当今的教师应该养成"在一种跨文化或多元文化的环境中促进文化的多元和相互理解"的素质并能有效地开展多元文化教育。没有教师对全人类命运的关注，没有教师对各种文化的理解、包容，多元文化教学是难以有效实施的。要想提高学生的文化自信，作为向学生传递人类积累的科学文化知识和进行思想品德教育的教师，首先就要对文化自信的含义有准确的理解，在教育教学活动中自觉、自然地将其体现出来，并在课外自觉地丰厚自己身上的"文化味"，增强文化意识。

作为社会主义未来的建设者的学生，正处在人生观、世界观、价值观形成的时期，处在各种文化涌来的浪潮中。教育者通过各种深入浅出的生动活泼的形式，让他们初步认识并了解"文化自觉"和"文化自信"，使其能正确面对多元文化，有明晰的是非观，这对于国情教育、爱国教育、情感教育，培养其良好的品德、健康的心理、宽阔的视野，形成他们坚定的自信心、大度宽容的胸襟等都是十分有利的。

现在，一个不得不承认的客观现实是，虽然著名的社会学家费孝通早在20世纪90年代就提出了"文化自觉和文化自信"，但对于很多学校和广大师生来说，对此却是较为陌生的，可能他们认为这只是文化界的事，与学校没有多大的关系。因此，要想提高老师的文化自信，首先要让教师对自己的国家和当地的历史有所了解，增强其感性认识。为此，我们认为应当从以下几个方面入手。

首先，教育主管部门行文，要求学校结合实际工作认真组织培训活动，让全体老师从内心深处真正理解党中央为什么要提出"文化自觉和文化自信"，作为教书育人的老师为什么要提高自己的文化自信，并让教师写出实实在在的心得体会。围绕"文化自信"这一主题，教育部门或者学校可以开展教师演讲比赛或者征文活动，让每一位教师都积极参与，主动学习、思考，站在一定的高度，拓宽视野，结合自己的实际工作谈看法、谈感受。

其次，学校可以推荐有关文化自信的书目或者文章，要求老师们在节假日认真阅读、思考，并针对某一点写出感悟、收获。也可以请相关专家学者到学校做专题讲座，有条件的还可以召开座谈会、研讨会等，让老师们认识到提高自己文化自信的现实意义和历史意义，认识到提高文化自信并不是与自己的教育教学无关的事，而是一种责任、一种使命，责无旁贷。学校应充分利用当地的历史文化资源，组织老师到当地的文化名人旧址、文物古迹遗址等处参观访问，使其产生强烈的民族自豪感和自信心。

作为学生，怎样才能提高文化自信呢？我们认为应该做好以下几个方面的事。

首先，可以组织参观访问。根据学生的认知特点，从直观的感性认识入手，培养其对历史文化认知的兴趣。可以带他们到当地或附近的博物馆、纪念馆、民俗馆、历史古迹遗址等地进行有针对性的参观访问，以使其对本土的历史文化有基本的认识和了解，从而增强自豪感和自信心。围绕学生应该"如何提高文化自信""如何对待或吸收非主流文化"和"怎样看待或吸收外来文化"等主题，结合学生的认知能力和生活体验，学校精心组织，老师精心指导、引导，开展学生演讲比赛或者征文活动，营造一种良好的探究、学习氛围，丰富学生的精神世界，使其树立正确的价值观，培养其判断是非的基本能力。

其次，充分利用本校的校刊、校报，定期或不定期地选登一些较为浅显的有关文化自信的文章和老师自己编写的相关文章，学生中的优秀征文，由浅入深，由此及彼，精要介绍，广为宣讲，相互探讨，深化认知。充分利用学生出的黑板报，宣讲提高"文化自觉和文化自信"的重大意义，介绍其丰富的内涵。也可指导学生结合自己的所见所闻，身边的小故事，在黑板报上谈认识，讲感受。

以多种方式提高教师与学生的文化自信，目的是丰富教师和学生们的精神世界，塑造他们的高尚人格，建构"精神高地"，进而提高师生的文化素养和水平，促进学校的内涵式发展。

第二章
Chapter 2

学校文化与现代教育

文化是一个民族的精神和灵魂，是一个国家发展的强大动力。因此，文化建设对于一个民族、一个国家的发展进步具有极其重要的意义。学校是教书育人的场所，肩负着培养德智体美劳全面发展的社会主义事业建设者和接班人的重任，集中了文化建设的各种资源优势，理应成为文化建设的"领头羊"。学校文化本身是一种教育力量，教育本身也体现了学校文化的发展内涵，二者相辅相成。

第一节 学校文化与教育改革发展

一、内涵式发展是当前教育改革发展的基本趋势

改革开放以来，我国的教育经历了数十年的改革与发展，已经取得了丰硕的成果，为提高我国国民素质和造就成千上万的人才作出了巨大的贡献。但是，处于转型时期的经济和社会发展给教育改革提出了新的要求，赋予了新的使命。党的十八届三中全会通过了《中共中央关于全面深化改革若干重大问题的决定》（以下简称《决定》）。《决定》在全面深化改革特别是推进社会事业改革创新方面，把深化教育领域的综合改革摆在突出位置，进一步明确了教育改革的攻坚方向和重点举措，指出人民满意的教育必须是更高质量的教育，必须不断深化改革创新，推动内涵发展。提高质量是教育的生命线，是教育改革发展最核心最紧迫的任务，当前教育改革必须以创新推动教育质量提升，坚定不移地走内涵式发展道路。

（一）何谓内涵式发展

内涵，是指概念所揭示的事物的本质特征，即事物质的规定性。所谓"内涵式发展"就是要抓住事物的本质属性，强调事物"质"的发展。内涵式发展指向教育的内部环境，注重教育软实力的建设，提升教育的文化品性和人文意蕴。因此，它依靠的是文化的浸润，注重学校的愿景规划和办学思想、办学理念，把改革指向教育系统的内部要素，包括教学、课程、管理、教师、学生等，试图通过教学改革、课程开发、班级建设、学校管理、教师专业化、特色学校建设等途径，提升教育质量，全面提高学生的综合素养。同样，优质教育必须通过学校文化浸润，促进学生发展，提升教育质量。"短平快"的物质投入只能建设豪华学校，但不是优质教育。优质教育具有文化意蕴和品位，它需要较长时期的文化积淀，需要长期的智慧凝聚和努力，因此，是一个较长期的历史过程。名校之所以能够成为优质学校，不是因为其豪华，而是因为其文化积淀、历史传承、特色发展和教育质量。

（二）学校文化是一所学校最根本的内涵

一所学校的内涵包括诸多方面，可以是管理、师资、课程、质量等。但决定这些内涵要素与众不同、独具特色的根本是学校文化。学校文化，是一所学校在长期的教育实践中积淀和创造出来的，并为其成员认同和遵循的价值观念体系、行为规范准则和物化环境风貌的一种整合和结晶。一所学校的办学是否健康向上，是否具备可持续发展的不竭动力，关键看它是否具有丰厚的文化内涵和底蕴。没有思想走不远，没有文化难发展。传承文化，继往开来，实施文化立校是学校办学的战略性思考，是学校可持续发展的根本策略。

学校文化是一种氛围、一种精神。文化是方向、是旗帜、是力量。学校文化是学校发展的灵魂，是凝聚人心、展示学校形象、提高学校文明程度的重要体现。学校文化对学生的人生观、价值观产生着潜移默化的深远影响，而这种影响往往是任何课程都无法比拟的。健康、向上、丰富的学校文化对学生的品性形成具有渗透性、持久性和选择性，对于提高学生的人文道德素养，拓宽学生的视野，培养创新型人才具有深远意义。

学校文化建设可以极大地提升学校的文化品位。古人云，"近朱者赤，近墨者黑"。有位哲人也曾说过："对学生真正有价值的东西，是他周围的环境。"学校的校容校貌，表现出一个学校整体精神的价值取向，是具有强大引导功能的教育资源。学校文化作为一种环境教育力量，对学生的健康成长有着巨大的影响。学校文化建设的终极目标就在于营造一种氛围，以陶冶学生的情操，构筑健康的人格，全面提高学生素质。

学校文化是学校综合实力的反映。学校文化建设包括学校物质文化建设、精神文化建设和制度文化建设，这三个方面全面、协调的发展，将为学校树立起完整的文化形象。学校文化是一所学校综合实力的反映，其核心竞争力主要表现在文化的凝聚力和创造力上。优秀的学校文化能赋予师生独立的人格、独立的精神，激励师生不断反思、不断超越。

（三）以学校文化建设为动力促进内涵式发展

传承学校文化，弘扬学校文化，建设学校文化是学校办学必须长期坚持的指导思想。用文化来统一思想认识、凝聚智慧、激发干劲，形成风正气顺、步调一致、团结和谐的良好局面是管理的最高境界。因此，弘扬和创新学校文化、促进学校内涵式发展是文化建设的需要，更是事业发展的需要。我们认为须做到以下几点。

归纳总结学校文化，形成思想。要从历史的角度追踪学校文化发展的历程，挖掘学校文化的源泉。学校在发展过程中积淀了较深厚的有形文化、无形文化和特色文化，例如，学校在长期办学过程中出现的那些长期被人传颂的动人的故事，那些永远鲜活在人们记忆中的优秀教师，那些已被人们普遍认同了的行为准则和道德规范，那些优秀教师、学生身上体现出来的高尚品质，那些长期形成的办学特色等，这是学校文化的主要来源，也是学校文化的基础。

当然，传承不是简单的照抄照搬，还需要我们去粗取精，去伪存真，梳理归纳，把握其灵魂和精髓，才能形成普遍认可、个性鲜明，具有明确价值导向的学校文化，也才能成为一种健康的、和谐的、人文的、积极向上的、可持续发展的文化。它能充分体现出教育最本质的人文色彩，突显治学之严谨、人文之关怀、艺术之品位、审美之感动、创新之激情、儒雅之风范、诗性之世界、理想之追求。

学校文化要与时俱进，发扬光大。学校文化在不同的时期、不同的环境有着不同的内涵，即使是在同一文化理念下也可能有着不同的要求、不同的内容。例如，南开大学附属中学是在 2007 年 7 月，按照市区的有关精神，由原天津市第四十三中学和原南开大学附属中学进行整建制合并而来的。两校合并之后，新南开大学附属中学从继承两校优秀传统、培育新校文化的高度出发，进一步完善校园设施，把南开精神、办学理念、校风、校训等文化特质巧妙地蕴含在校园环境、教育设施和人文景观之中，强化校园物质文化建设，使师生员工教有其所、学有其所、乐有其所，在求知、求美、求乐中受到潜移默化的启迪和教育，并为教师的专业发展营造一种高品位的精神和心理氛围。所以，弘扬学校文化，必须突出学校文化的时代特征，与时俱进，使学校文化与时代主流文化精神趋于一致，在继承中创新，在创新中发展，让学校文化始终引领着学校前进的方向。

学校文化要常抓不懈，务求实效。传承是基础，引领是重点，践行是关键。有了明确的文化导向还不够，必须用实实在在的行动，把文化转变成工作提升的动力，不尚空谈，多干实事，持之以恒，务求实效。要依托多种形式和载体，通过渗透、体验、熏陶、感染、规范等，将先进文化转化生成为学校师生的人文素养。着重抓好三方面的工作，一是进行物质环境改造，二是加强学校常规管理，三是深入推进素质教育。实施物质改造，使校园的文化风貌更加完善，学校的形象定位更加鲜明，学校文化的外显功能更加突出；加强常规管理，把全体师生的价值观念和行为方式，尽可能纳入学校文化建设所追求的"规定情境"中，从而打造出优良的校风、教风、学风和班风，使学校文化建设尽快入轨，取得实效；推进素质教育，大力开发以学生为主体的有益文化活动，深入开发以新课程为指导的课程文化资源，扎实搞好教育科研，构建学习型组织。

此外，抓学校文化建设，要从具体的事项抓起。例如，抓教学，努力追求一流的质量；搞服务，真正做到质优快捷；抓管理，切实做到以人为本，实现管理的精细化；搞建设，高标准，严要求，加强自律，做到清正廉洁。这一切都反映出学校文化内涵的实际价值。

文化建设靠大家，齐心协力铸文化。文化成果是广大师生集体智慧的结晶，为广大师生所共享。加强学校文化建设，需要发挥师生在学校文化建设中的主体作用，构筑全员共建的学校文化体系。要树立学校文化全员共建意识，上至学校领导、下至每个师生员工都要重视、参与学校文化建设，把学校文化建设好、发展好，从而把学校教育事业不断向前推进。

二、学校文化在教育改革发展中的价值功能

（一）学校文化建设对教育改革发展的理论影响

文化是人类社会历史实践过程中所创造的物质财富和精神财富的总和，它具有约束力量，制约着人们的思维方式，支配着人们的行为习惯，控制着人们的情感抒发，左右着人们的审美趣味，规定着人们的价值取向。学校文化是学校作为一个社会群体特殊存在的方式，是学校的生存和发展方式。中国教育学会会长顾明远先生将学校文化定义为：经过长期发展历史积淀而形成的全校师生的教育实践活动方式及其所创造的成果的总和。这里面同样包含了物质层面（校园建设）、制度层面（各种规章制度）、精神层面和行为层面（师生的行为举止），而其核心是精神层面中的价值观念、办学思想、教育理念、群体的心理意识等。教育改革发展理论则来源于学校办学实际，因而，学校文化总会或多或少地影响教育改革发展的理论建设。

学校文化建构与践行

（二）学校文化建设对教育改革发展的现实意义

学校文化建设对学校核心价值观的形成具有导向作用。学校文化建设的首要任务是形成全体师生共同认可的核心价值观。学校文化的作用就是利用主要"节点"认真做好文化导向的"大文章"，促使师生在"润物细无声"的氛围中增强对社会主流意识的感悟。

学校文化在促进学生的全面发展上优势明显。学校文化具有育人功能，这与素质教育的要求是统一的。良好的学校文化氛围，能给师生以强烈的情感熏陶，进而凝结成新思想、新文化、新道德，培养他们高尚的情操和纯真、善良的心灵。在全面、和谐的学校文化氛围中，师生能得到锻炼的舞台和展露才华的机会，能使学生健康的自我意识得到培养，个性特长得到充分发展。

学校文化对师生思想和行为的约束有明显作用。学校文化对师生的约束作用体现在两个层面，一是制度文化的约束作用，这是文化对人约束的初级阶段。良好、健全的规章制度是学校文化中的显性教育因素，能使师生自觉服从那些根据集体利益、共同的价值标准而确定的行为准则，营造良好的集体氛围，从而让师生养成良好的思想品德和行为习惯。精细化管理利用的就是制度文化对人们进行约束。二是精神文化的约束作用，这是文化对人约束的高级阶段。文化是对制度的超越，精神文化是在制度文化的基础上形成的。由于学校文化的实质是关于人的文化，其核心是对人的思想、人的潜力的开发。因此，在制度管理的基础上，当人们的思想和行为内化为人的核心价值观，并且这个核心价值观在群体达成共识的时候，管理就显得不再重要了，就实现了精神文化对人的约束。

学校文化对师生的约束作用体现在两个方面，一是学校文化对师生思想的约束。在深厚的、丰富多彩的学校文化的熏陶下，师生的思想就会变得活跃、开放；相反，如果学校文化匮乏、没有特色且浅薄，师生的思想就会迟钝、封闭。二是学校文化对师生行为的约束。教师有必须执行的工作制度，学生也有必须遵守的行为规范和校规班规，这些制度和规定一起构成了对师生行为的约束。

学校文化对师生有明显的激励作用。一所文化底蕴丰厚的学校，会有长期积淀而成的且被全体师生认可的校风、校训、教风、学风、校徽、校歌等反映学校精神的风气和标识。在这其中，学校精神的培育就显得非常重要。

全体师生形成了共同认可的价值取向和情感追求后，会产生很强的凝聚力和号召力，会使不同的人的思想凝聚在一起，激发他们为共同的目标奋发进取的情感。

学校文化对团队组织有凝聚作用。学校文化一旦形成，就能够持续地发挥作用，师生将自觉不自觉地感受其"惯性"，有意无意地在思想观念、心理素质、行为方式、价值取向、行为习惯等方面与既定文化认同。文化凝聚是一种建立在团队组织成员信仰之上的共同的价值观。随着时代的发展，学校管理从制度管理上升到文化管理的高度是必然趋势。因此，学校文化建设要重视文化的凝聚作用和功能，通过塑造高雅的学校文化，树立良好的学校形象，建立学校与师生之间的忠诚关系，提高学校的魅力和育人水平。

学校文化对社会有辐射作用。学校文化作为社会文化的重要组成部分，必然与之相互影响和相互作用。学校师生的言论、在学校养成的行为习惯、思想品性、性格意志、审美观念等，在走出校门后都会表现出来，起积极作用的则会推动社会进步，起消极干预作用的则会影响社会文明建设。

（三）从具体案例中分析学校文化对教育改革发展的价值功能

文化建设对于一个区域的教育发展来说，可能不是最直接的原因，但却是最持久的决定性的原因。例如，邹平县全力推进学校文化建设所取得的成果。

邹平县的学校文化建设，从整体上提升了邹平县中小学的办学品位，带来了全县教育文化的繁荣。在文化建设研究的引领下，各学校努力探索适合本校发展的教育教学规律，并且取得了一定的共识：学校教育的最终目的是让生活在这里的每一位师生学会生活，学会创造幸福的生活，创造有意义的人生。因此，必须不断提升广大师生学校生活的质量，提升文化的品位。其途径就是以人为本，尊重师生，发展师生，决不做牺牲师生个性发展，片面追求知识授受的"目中无人"的教育。从县直各校，到镇办中小学，从幼儿园、小学，到高中，各个学校的文化建设各有千秋，呈现出了百花齐放的喜人局面。

例如，九户镇初级中学以学校文化建设为改革背景，整体规划，细处着手，将学校文化作细作强。学校制定了整体发展"四步走"战略，以"熔铸人本理念，打造生态课堂，构建和谐教育"为办学理念，从把学生"激活"的角度将研究目光聚焦在课堂教学改革上，形成了"问题导学"课堂教学模式。学校以专题化序列研究为主线，以精细化管理为保障，以开放的课堂教学改革为主体，形成了昂扬向上的精神文化，成为一种农村中学的文化现象，迎来了省内外一批又一批的学访者。

激情教育是黛溪中学提出的素质教育新概念，是黛溪人八年来实践探索的结晶，是该校"规范加特色"个性化推进素质教育的体现。在激情教育理念指导下，学校以管理为先导、以德育为首位、以教学为中心、以校园文化建设为保障，进行了全方位的改革，形成了"激情管理，全员育人；激情课堂，共同驾驭；激情评价，有奖游学"的教学管理模式，得到了中央教科所领导的充分肯定与高度评价，被誉为"全国名校"。

魏桥实验学校于2004年9月成立，短短的几年里，学校乘文化建设的东风，以一颗赤诚的教育之心书写着自己的历史，营造着学校的文化氛围，沉淀着一所年轻学校的气质与风骨。学校提出了"有效教育"的思想，确立了"扎根齐鲁文化沃土，汲取儒家思想精髓，实施有效教育，建设书香校园，争创齐鲁名校"的内涵发展思路。经过几年的迅速发展，学校快速成长壮大，在书香校园建设、教师队伍建设、学生素质优良化、有效课堂构建和以大课间为中心的阳光体育运动等方面取得丰硕成果，这些成果也成为学校鲜明的特色和亮点，并已形成学校文化积淀下来。魏桥实验学校现已成为在全国有影响的学校，已有全国各地100多个考察团，11000多人到学校交流学习。

邹平县第一实验小学以"建设学校生态文化"为总抓手，通过"实行工作丰富化，引领教师梯次发展""构建生命化课堂，促进学生健康成长""培养良好习惯，成就幸福人生"三条途径落实"为孩子的成功奠定基础"的办学理念，提高办学品位，形成了一个充满生命活力的文化生态园。

第二实验小学不断更新教育教学理念，整合和挖掘学校的文化育人资源，加强学校内涵发展，围绕"弘扬传统文化，凸显孝德教育"这一主线，推进学校文化建设，逐步形成了七大文化领域，即引领师生可持续发展的精神文化，科学规范、精细民主的制度文化，合作的教师文化，富有特色的班级文化，开放的课程文化，系统而丰富的环境文化，融洽的人际文化。有序、安宁、高雅、积极上进的学校文化，时时引领教师自我成长，有效地调动了学生学习、实践的兴趣，真正做到了学校有特色、教师有特点、学生有特长。

41

开元小学将教师作为学校发展的第一资源，实施教师自主发展的研究与探索，形成了教师自我设计、自我塑造、自我展示、自我激励的自主发展四步曲，形成了包括管理制度、教学研究、学习培训、评价激励等全方位的教师自主发展管理体制。教师阅读、学习、研究、反思已成为一种习惯、一种时尚，一大批优秀教师脱颖而出，形成了学校独特的教师成长文化。可以说，学校文化建设的本身就是对教育改革发展的一种探索和推动。

三、学校文化建设是现代教育改革发展的基本内容

　　当今的学校教育，承担着繁重的考试升学任务，一切都围绕分数转，教育教学中多数人都会讨论"教什么"和"怎么教"，而讨论"育什么样的人"和"怎样育人"的却相当少，学校教育在实践中常常忽略了教育的本质，升学率已经绑架了中国教育的发展。同时，已经步入"深水区"的中国教育改革，也面临着诸多问题。

　　对此，党的十八大把教育居于社会建设更加重要的位置。"努力办好人民满意的教育""让每个孩子都能成为有用之才"等，成为当今教育改革发展的中心主题和目标导向。这样的目标导向是要教育更多地关注受教育者的健康成长，以及他们对于所受教育的独立评价。对于受教育群体来说，如何能够在既具有均衡品质又具有个性特质的教育理念、模式和人格召唤下得到最多的资源、最大的空间和最好的成长，以及最优化的前景才是最重要的。

　　学校文化现象作为学校本身固有的客观存在，总是伴随着学校教育的产生而产生的，有学校必有学校文化。以理念文化识别系统、环境文化识别系统、行为文化识别系统、视觉文化识别系统组成的学校文化建设系统，从理念、思维、行动等各方面回归到文化育人的本真上来，并引领学校教育的未来。所以说，现代教育改革在本质上是文化的改革，改革的深化需要进行文化方面的思考，学校文化建设在某种程度上推动了教育改革的深化和学校内涵与特色的发展。

　　以教育改革的重点领域之一的学校制度文化为例，它包括信念、价值观、态度及行为方式等，体现着社会对学校在文化方面的要求，通常以国家或政府机关所颁布的与学校及其成员直接有关的法律、章程、守则和规定等形式出现。如《中华人民共和国教育法》《中华人民共和国教师法》《中学德育大纲》《小学生守则》等都是学校制度文化的组成部分，并保障着学校的

正常运行。教育改革对教育制度的修改则直接反映在具体的学校制度上，并指引着学校发展的方向。

当制度和文化联系在一起而形成制度文化的时候，制度原有的特征均被赋予了新的内容。一方面，制度文化要求对具有科学性的制度要坚定不移地执行；另一方面，制度文化提倡人们不断提高执行制度的自觉性。制度的时效性特征在制度文化中则表现为完善制度的修复性和创新性。学校文化要求学校有这样一种氛围，即为了学校的发展，为了每个学生的成长，每个师生员工都可以提议有关部门对制度进行修改。制度的工具性特征在制度文化中则表现为运用制度的激励性。优秀的学校制度文化能提高人的积极性和能动性，并对人的生存和发展的手段、目标具有导向作用，对不符合学校健康发展的价值取向、道德标准和行为方式具有自我调节和免疫作用，并且通过其独有的激励能量，使进入这个能量场的人不由自主地激发出潜能、激情，朝着理想境界不断地努力奋斗。

第二节　学校文化与人才培养

一、学校文化对人才培养的重要性

学校文化是学校教育的重要组成部分，是学校人才培养不可或缺的重要内容，是展现校长教育理念、学校特色的重要平台，是规范办学的重要体现，也是德育体系中急需加强的重要方面。学校文化通过理念文化，如学校精神、校训、校风、教风、学风等，以及多种形式的校园文化活动、人文和自然的环境文化等给予学生潜移默化而深刻的影响。良好的学校文化以鲜明正确的导向引导、鼓舞学生，以内在的力量凝聚、激励学生，以独特的氛围影响、规范学生。因此，学校文化建设是一项系统工程，是彰显学校人才培养水平的重要组成部分。

人才的因素包括智力因素和非智力因素，非智力因素对人才培养有很大的影响，是造成人们之间学习成绩或工作成就差异的重要因素之一，有时甚至比智力因素的影响作用还大。而学校文化建设的重要任务是培养学生的综合素质，培养学生的非智力因素。故而，人才的培养不仅体现在德、智、体、美等显性教育层面，还体现在学校文化对人才成长的潜移默化地影响上。从学生精神面貌的塑造，到学生综合素质的提升，学校文化直接或间接地发挥着不可替代的作用。

二、学校文化在人才培养中的具体功能

（一）精神陶冶功能

首先，对学生的精神面貌起着塑造作用。以大学学校文化为例，大学阶段是学生人生观、价值观、荣辱观形成的关键时期，有很强的可塑性。当代大学生思想敏锐、充满活力，有强烈的求知欲和上进心。自由民主、平等公正的学校文化，能够促使学生形成正确的人生观、价值观、荣辱观，为将来成为一个合格的社会主义建设者和接班人打下基础。

其次，学校文化有利于激发学生的学习热情，增强学生的社会责任感。良好的学风有利于浓厚的学习氛围的形成，在教育难以达到或不能充分发挥效用的地方产生影响，成为教育的向导和有益的补充。

最后，学校文化有利于学生在思想上更快地融入社会。学校文化通过其特有的精神环境和文化氛围使校园内的每个人在潜移默化之中，把时代要求内化为自我意识，使学生在思想观念、价值取向等各方面拉近与现实社会的距离，实现对人的精神、心灵、性格的塑造，从而让他们达到社会化的目的。

（二）行为引导功能

学校文化在人才培养中的行为引导功能主要体现在学校制度文化对人才培养的作用上。

首先，制度文化对学生遵纪守法习惯的形成具有促进作用。制度文化是学校文化建设的一个重要组成部分，学校的各种规章制度，规定了学生应该做什么，不应该做什么，哪些行为应该受到表扬，哪些行为应该受到惩罚，从而有效约束和规范学生的行为，培养学生正确地对待个人和集体的关系，养成遵纪守法的习惯。

其次，制度文化有利于教学科研的顺利进行，为学生学习提供保障。完善的校园秩序和环境管理制度，有利于维护校园秩序，优化育人环境。教学

育人是学校的主要任务，有关的制度如课堂纪律、考试纪律、教室管理规定、实验室管理规定、教书育人条例、图书馆管理制度、教师科研管理制度等是教师开展教学活动的前提，是学生安心学习知识的重要条件。有关学生生活方面的制度，如饮食、住宿、医疗等的制度能够保证学生正常生活，使他们以健康的体魄、充沛的精力投入到学习中去。治安管理制度如门卫制度、证件管理及使用办法、校园治安管理办法等，都是建立稳定育人环境的重要环节。

最后，科学的学业评价制度有利于学生的成长。教育教学评价系统的多样化和弹性化可以真正促进学生的多样化、个性化发展。弹性化的教育教学评价制度不仅能促进学习者知识、技能、智力和能力等认知因素的发展，还能促进学生情感、意志、个性、人格等非认知因素的发展。

（三）物质保障功能

首先，学生的校园生活无不受到物质文化的影响。物质文化为学生的学习和生活提供良好的物质基础，对学生的心理产生直接的影响。校园物质文化体现在建筑物的外形、色彩以及它的实用价值上，还体现在花草树木的品种、形态以及烘托出的氛围中。

其次，物质文化的设计体现了人们的价值追求和审美情趣，给人以青春的活力和美的享受。它通过日复一日的熏陶，潜移默化地提升着学生的审美素养。

最后，一个美化、净化、知识化、艺术化融为一体的校园，物质文化所折射出的学校传统、思想、精神等人文力量，是教育力量的组成部分。它使学生心灵受到陶冶，引导学生朝文明、智慧、道德、艺术的方向发展。

三、学校文化的创新与优秀人才的培养

学校文化作为社会亚文化现象，是学校物质财富和精神财富的总称，是学校师生长期教育实践过程中所创造的在价值取向、思维方式和行为规范方面有别于其他社会群体的，并且有学校特色的一种团体意识和精神，是维系学校团体持续发展的一种精神力量。作为一种教育力量，优秀的学校文化不但有利于陶冶学生情操，构建学生健康人格，还有利于发挥学生的特长，增长学生的才干，促进学生全面发展。

优秀人才须具备五种素质。一是要永远充满对新知识的渴望，并善于获取知识，具有较宽广的知识面；二是要有提出问题、发现问题的能力；三是要有强烈的创新意识；四是要有创造性思维；五是要有脚踏实地、不畏艰险、勇于攀登的精神和严谨的作风。而这些素质的具备除了需要学生们在课堂上掌握所学的专业知识，还需要他们将理论结合实际，在实践中获取新知识，拓宽知识面。学校文化则是所有这些得以实现的路径。

在学校文化活动中，学校起着主导性的作用，而学生则是学校文化活动的主体。学校的主导性，只有通过学生主体性的发挥，才能得以实施。所以在开展学校文化活动中，要注意创新性，强调学生的主体意识，充分发挥学生的主观能动性，使学生的知识与智慧、意志与能力以及特长在活动中得到充分发展。同时在参与的主体上，要注重大众性，学校文化活动要面向全体学生，让所有学生都有展示自己的才华、锻炼自己的能力的机会。

要培养创新人才就必须创新学校文化活动，这是时代的要求，也是教育本身的需要。其一，要创新思路。要敢于否定前人、"独树一帜"，在变中求新意、求精品；拓宽主题，选择更贴近国情、校情、学生实际的论题，使学生从中收益。其二，要创新内容。要突破传统，反映时代气息。把第一课堂的教学与第二课堂的活动有机地结合起来，真正做到相互渗透、相互补充，共同完善；通过举办知识竞赛、演讲赛、辩论赛等活动把学校文化建设与学生的常规管理、人文素质和科研能力的提高结合起来。其三，要创新方式。可以把学校文化活动的触角延伸至校外，建立社会实践基地；与企业、社区、部队、媒体联姻，通过科技、文化等，形成校园、社会互动网络。

只有在不断创新的学校文化氛围中，才能培养出具有创新意识、适应时代发展的新型人才。

第三节　学校文化与学校发展

一、学校发展首先是学校文化的发展

学校的根本任务是教书育人，其实就是传承人类或民族的文化。没有人类，便没有文化；没有文化，便没有学校；没有优秀的文化，便不会有卓越的学校。任何学校，如果没有文化方面的意义，是没有存在的价值的；学校的发展在其本质上是文化的发展。学校的最本质特征是文化的特征。

新一轮基础教育课程改革的实质是基础教育的全面创新，其最深刻的意义在于促使我们去重新认识和重新发现。重新认识和发现课程、教材、教学、学校、教师、学生。学校是创新的场所，创新之路应该从学校开始，学校是读书的地方，学校应该飘荡书的香味；学校是培育诗意和激情的地方，学生在这里受到诗一般的陶冶和鼓舞。学校文化"无孔不入"，文化成了学校之魂，学校即文化。

学校文化反映了一个学校内部隐含的主流价值观、态度和做事的方式。这种价值观、态度和做事方式可以使一个学校保持相对长期的繁荣，也可以使一个优质学校停滞不前。一所学校不能没有文化，因为一所学校的跨越式发展，它的内涵注定是学校文化；一所学校的可持续发展，它的根基必定是学校文化。优秀的学校文化引领并影响着学校朝着健康的方向发展。国内外的许多名校之所以成为"名校"，就是因为有着自身的文化特色和丰厚的文化底蕴，美国哈佛的"与真理为友"，耶鲁的"真理和光明"；中国清华大学的"自强不息，厚德载物"，北京大学的"兼容并包，思想自由"，这些学校的文化理念是一种无形的引力，凝聚着人心，形成一股合力；是一片肥沃的土壤，滋润着师生健康成长；是一面鲜艳的旗帜，引领着师生和学校走向成功。

学校文化是凝聚和激励学校群体成员的巨大精神力量，是贯穿于学校发展始终的一种如同"魂"一样的力量要素，是学校发展的强大驱动力。学校发展，首先是学校文化的发展；研究学校，应从研究学校文化入手。因为先进的文化是学校最宝贵的财富，是学校的精神灵魂；是学校群体成员取之不尽、用之不竭的精神资源。所以说，学校文化建设是学校最高层面的建设。

二、学校文化是学校发展的基础与灵魂

（一）学校文化是学校竞争力的关键

不同的学校具有不同的学校文化，有的具有古老深厚的底蕴，有的具有鲜明的时代特色，有的讲究科学、严谨，有的讲究学术自由、兼容并蓄。尽管各个学校的学校文化个性特色不同，但都是学校的灵魂，是构成学校核心竞争力的关键所在，也是学校发展进步的原动力。

美国的哈佛大学、麻省理工大学，英国的剑桥大学、牛津大学之所以成为世界一流的品牌大学，长盛不衰，就在于他们有着正确的办学理念、优秀的学校文化作支撑，使他们长期傲立于全球教育界的圣殿之上。反观国内的一些学校甚至是著名大学，时不时发生高层贪腐、教授剽窃论文、学生考试舞弊等丑闻，使其学校形象在国内外大打折扣。这些学校出现问题，就是因为背离了正确的办学思想和价值观，没有真正建立起优秀的学校文化。

有人指出，当今学校之间的竞争，从表面上看是质量的竞争，深究是人才的竞争，而本质上则是文化的竞争。正所谓"一流学校靠文化，二流学校靠制度，三流学校靠物质"。只有优秀的学校文化才能孕育出优秀的学校教育，一所誉满社会的名校是靠精神站立的。靠精神站立起来的教育充满力量，这力量能深入骨髓。

例如，山东省的杜郎口中学，是一所地处山东省西北部的乡镇初中，坐落在离杜郎口镇约1公里的旷野中，距山东省茌平县城11.5公里，一条东西向的简易公路从校门口经过。学校的硬件条件很差，简易的寝室、厕所、乒乓球台，土操场，就在2007年学生和老师进餐时，还经常是两个馒头加一碗清水。就是这样一所条件很差的学校，却能一跃成为全县教学质量连续5年名列前茅的学校，成了国内知名的品牌学校。全国各地前去参观者络绎不绝，多时每天达到五六百人。

凡是参观过该校的教育同人，没有不感慨的，没有不沉思的。为什么这样一个条件极差，甚至连学校制度都没有的学校能够一举成名？通过反思，人们终于明白了：是他们先进的学校文化，是他们正确的办学思想和方针，

是他们生动活泼的高效率课堂，是他们"以人为本，关注生命"的治学理念起了决定性的作用。

(二) 学校文化是学校良好形象和品位的表现

"山不在高，有仙则名；水不在深，有龙则灵。"学校不在大小，有了学校文化才能上档次，上水平。只有培育出肥沃的文化土壤，才能提升学校的文化品位。学校文化对于宣传学校品牌，扩大学校的影响，树立起良好的形象有着十分重要的作用。常言道："形象走在成功前。"好的学校形象是成功的开始。一所学校的精神、校容校貌、校歌校训、典礼仪式、文体活动、道德规范、文明公约……以及师生员工的精神状态和行为规范都能反映和折射出学校的形象。

例如，山东省东营区第三中学。步入东营区第三中学的校园，你的第一印象是每一面墙壁都会说话。"天行健，君子以自强不息；地势坤，君子以厚德载物"两句古语似暮鼓晨钟，沁人心脾，发人深省；《弟子规》、"中华魂"长廊，传承着中华民族五千年源远流长的文明；镌刻着"崇德尚文"的泰山石，如同学校不断追求卓越的信念一样，厚重、坚实。楼宇内，古代圣贤的句句警言、现代文明的科技成就、历史沿革的沧桑巨变……诉说着动人的故事，蕴含着做人的真理，激励学生求知的渴望。走廊中，略显稚嫩的画笔，至真至纯的文字，书写着希望，放飞着理想，将"崇德尚文"的精神，一起浸透于清淡的墨香之中，定格在走廊画壁之上。

(三) 学校文化是学校成员行为的指南

学校文化和社会道德一样，是一种内在的价值理念，是一种内在的约束，即人们在思想理念上的自我约束，是对外在约束的一种补充。管理学校首先依靠学校制度，但制度有时总是落后于学校的发展，总有需要完善的地方，有时也会有失效的时候。这时就要依靠学校文化这个力量来帮助管理学校，引导或约束师生的行为。这个力量没有权力的强迫、威慑和物质的引诱，却能和师生做心灵上的沟通、交流和引导，使师生时时处处自觉地约束自己的行为不出轨。

学校文化还以其丰富的内容，如经典诗词、音乐舞蹈、书法绘画，艺术节、文学社团，以及精美的建筑、艺术雕塑、文化长廊、优美的环境和美丽的校园，潜移默化地熏陶、影响和培育着师生高雅的审美情趣，提升他们的素质和品位。

（四）学校文化是创建和谐社会的助推器

学校作为社会重要的主体，容纳了数以亿计的师生，对我国创建和谐社会有着不可推卸的责任。和谐的理念是中国五千年传统文化的精髓，孔子曾提出以"仁德"治理天下，期望人们靠思想道德来约束自己，帮助别人，共创一个富足和谐美好的社会。学校要和谐，文化要先行。要树立以崇尚和谐、追求和谐为取向的文化精神和价值理念，以和谐的思想认识问题，以和谐的态度对待问题，以和谐的方式处理问题，进而促进和谐校园与和谐社会的建设和发展。

（五）学校文化负载着传承祖国历史文化的重任

学校文化是社会文化的一部分，又称亚文化或子文化，它与社会文化密不可分。中华民族有着五千年的传统文化，有着无数瑰丽的文化珍宝，比如，"己所不欲，勿施于人"的待人之道，"有教无类""学而知之"的教育理念，吃苦耐劳、勤俭持家、尊师重教的传统美德，"民为邦本""民贵君轻"的民本思想，"天下兴亡，匹夫有责""天下为公"的爱国情操等，都世代相传。"天行健，君子以自强不息；地势坤，君子以厚德载物"，厚重的中国历史文化，先进的教育思想，敢为人先的创新精神……这些宝贵的精神财富，是构建学校文化，传承并发展祖国优秀文化的依托之本和源泉。

学校本身就是文化的载体，所以传承祖国的优秀文化，弘扬中华民族精神，让历经岁月淘洗的传统文化经典（如一些小学诵读的《三字经》《弟子规》，大中学生读的经典名著）滋养师生心灵，营造学校氛围，是学校文化建设义不容辞的历史重任。

学校文化直接影响着学校中的每一件大事小情，大至学校的发展兴衰、形象塑造、观念培养、文化传承，小到师生员工的行为举止、个人爱好等。总之，学校文化是学校的基础和灵魂。

三、学校文化是支撑学校发展的隐性课程

课程作为一种教育性、再生性文化，它的类型有必修课程与选修课程、学科课程与经验课程、分科课程与整合课程、显性课程与隐性课程。其中，隐性课程是一个教育系统或教育机构中，学生在显性课程以外所获得所有学

校教育的经验，不作为获取特定教育学历或资格证书的必备条件，是课堂教学之外的一种特殊的教育文化或学校文化（又称校园文化）。学校文化通过隐性课程本身的特点隐含着对学生进行德育、智育、体育、美育等功能。

（一）学校文化是一门隐性的德育课程

学校文化的德育功能是指学校文化可以对受教育者施加思想、政治和道德的影响，从而提高其思想政治觉悟，养成高尚的道德品质和行为习惯。苏联教育家乌申斯基认为，在教育中"一切都应以教育者的人格为基础……只有人格才能影响人格的发展和形成"。在校风形成上，学校领导和教师的行为作风是非常有影响力的因素之一。他们的言行举止、道德风范，形成一股潜移默化的巨大力量，影响着学生的精神境界和思想情操。美国著名教育理论家柯尔伯格指出，学校文化作为教育中的隐性课程，比正规课程更加有力。学校文化之所以在德育中占有如此重要而特殊的地位，是因为德育过程是一个十分复杂的过程。一方面，学校通过正规课程对学生开展有目的、有计划、有组织的思想政治道德教育，养成学生高尚的道德情操和行为习惯。另一方面，学校文化让学生在优雅美观、整洁的校园里，通过积极向上的班风、校风、和谐友好的人际交往和各种有益的集体活动等，陶冶思想情感，培育高尚的人格。这正是学校文化作为一门隐性的德育课程的内容。

（二）学校文化在润物无声中启迪智慧

这是指学校文化有助于学生知识结构的完善，能够激发学生的学习动机和学习积极性，促进学生智力的发展。首先，学校文化作为学校教育中的隐性文化现象，有助于弥补显性文化现象的不足，完善学生的知识结构。例如，作为隐性课程的人际交往活动，表现为各种关系，如师生关系、学生之间的关系、教师与学校领导之间的关系等，但如何处理这种关系，是学生从正规课程中学不到的。他们只有从隐性课程，即现实校园的人际交往中获得诸如情感的表现方式、礼仪、待人接物的方式等社交技能和生活经验，从而不断完善自己的知识结构。其次，校园文化有利于激发学生的学习动机，提高学习的积极性，取得良好的学习效果。

（三）学校文化通过行为活动提升体育成效

这主要是指学校文化有利于学生正常的生理发育，能够提高学生的身体素质和健康水平。良好的自然环境和社会心理环境作为重要的隐性课程，可以有效地提高学生的健康水平，促进学生正常的生理发育。例如，校内的卫生条件，教室里的采光、通气情况，黑板的大小，课桌椅的标准等，都能影响学生的身体健康。同时良好的人际关系不仅使学生相互之间关系密切，相互关心与爱护，而且有益于学生的身心健康。

（四）学校文化潜移默化的美育意义

这主要是指学校的校园建筑、校园文化设施和校园美化物态等物质文化有助于对学生审美价值观的培养。一个环境很好的学校，其校容校貌中透露出很浓郁的文化气息和青春活力，体现出教育者的价值取向、志趣爱好及文化修养，不仅使学生得到美的享受，而且像一位沉默而有风范的老师一样，使学生获得熏陶和感染。宋代的四大书院之所以都设在依山傍水的环境中，目的是"借山光以悦人性，假湖水以静心情"。从宏观上看，令人赏心悦目、心旷神怡、流连忘返的学校物质文化，能构成一种美的氛围、美的气势、美的环境，是一种特殊的文化场，会产生出磁场般的美的吸引力，使学生"成长于校园，求知于学园，置身于花园，活动于乐园"。这种主动参与环境、主动选择环境，与环境和谐相处的内驱力往往是显性教育无法替代的，能培养学生的审美能力，提高学生的审美情趣，激发他们心灵深处潜藏的美好品德。从微观上看，教室内的设备、装饰光线、色形及卫生状况能不能给学生以美的享受，这对学生品德心理和行为习惯的形成都有影响。因此，在教室环境的布置上，墙壁的颜色、通风、光线、温度等都必须考虑周到，如果桌椅不整、痰迹遍地、墙壁污浊，势必会使学生心里浮躁、思想懈怠、纪律松弛。

心理学研究表明，人的情感总是在一定的情境中产生。学校文化作为一种隐性课程能够为学生提供有利于引发他们内化的情感体验与感悟的现实情景，从而提升他们的道德情感。一所学校的历史传统、精神氛围、理想追求、人文气息是最具凝聚力和向心力的，所有这一切都能让广大学生产生强烈的归属感和使命感。尤其是教育者对事业的责任感和对学生的关爱，对学生的耳濡目染更是不可多得的教育元素。马克思说过："人创造环境，同样，环境也创造人。"校园环境对学生起着潜移默化的熏陶和启迪作用。一个布局合理、生机盎然、整洁优美、宁静有序、蓬勃向上、健康和谐的校园环境，对学生的健康成长和发展，必然会产生巨大的影响。

苏霍姆林斯基说过，让校园的每一块墙壁都会"说话"。整个校园，就是思想品德教育的大课堂。要让学生视线所及的地方，都带有教育性，这就是校园文化作为隐性课程的任务。可见，隐性课程作为一种强有力的教育力量，在教育学生的过程中具有不同于正规课程的独特作用。

第四节　学校文化与校长教育思想

一、校长是一所学校的灵魂

中国教育学会会长顾明远教授说："一所学校因为有一位好的校长而迅速崛起，也因一位庸庸之辈而日落千丈。校长之于学校，犹如灵魂之于躯体。"苏霍姆林斯基说："对学校的领导首先是教育思想的领导，其次才是行政的领导。"陶行知先生说："校长是一个学校的灵魂，要评价一个学校，先评价它的校长。"由此可见，中外教育家们已高度重视校长文化的内在精神与观念驱动力，并一致认为，学校成功的动力，源自于校长文化的辐射。从这个意义上说，校长的思想内涵决定学校办学的品位和质量。校长是一所学校思想的源泉、对外的形象。校长的学识、素养、气魄以及领导能力、组织能力、协调能力等在很大程度上代表着一个学校的发展空间，校长的一次精辟演讲、一次家长会议的主题报告、一个事件的处理方式、一次会议的交流发言、一个重大活动的设计，甚至校长的举手投足，都会对学校的整体形象产生较大的影响。

的确，校长是学校的关键，是学校的领导核心。早在1917年，蔡元培先生出任北京大学校长时就确立了"囊括大典、网罗众家；思想自由，兼容并包"的教育思想。他在出任民国临时政府教育总长时提出了"五育并举"（军国民教育、实利主义教育、公民道德教育、美感教育、世界观教育）的教育方针。他的这种教育思想对学校文化产生了极大的影响，使当年的北京大学从根本上改变了面貌，培育出了一大批优秀的人才，可见，校长是学校文化建设的灵魂人物，对学校的发展起着方向性的作用。校长要真正使自己的学校面向世界、面向未来、面向现代化，担负起学校教育发展的重任，就必须做到：树立正确的教师发展观，正确把握教师的专业化发展方向，积极推进教师的专业化成长，成为教师专业成长的引路人；立足校本培训，培养名优教师。火车跑得快，全靠车头带。校长是学校的车头、领军人和舵手。

二、校长教育思想与学校文化建设

教育家苏霍姆林斯基说："领导学校，首先是教育思想上的领导，其次才是行政上的领导。"校长的教育思想往往是一所学校的灵魂，校长的工作主要是用正确、科学和先进的教育思想，不断地引导全体教职工统一认识，将学校建设成师生的精神家园，带领学校走内涵式发展之路。可以说，校长是学校发展，特别是文化建设的关键。学校没有文化就像一个人没有灵魂，充其量叫做一个单位，校长也不能叫做校长，充其量叫做单位的头儿。校长不仅要有办学个性、办学思想，还要善于在教育实践中把学校文化逐步积淀下来，使其成为一种教育影响，一种孕育着巨大潜能的教育资源。校长要从教育思想的角度统领学校工作，提出问题、分析问题、解决问题，在领导实践中扮演好自己的角色。

（一）校长是学校文化建设的编剧

一个好校长就是一所好学校。一个校长要成为一个教育家，首先他要有自己的教育思想，或者说要有自己的教育理念。如果一个学校的领导对于什么是教育、什么是校长职责没有自己的独立见解，那也不可能成为一个教育家。其次，要把这种教育理念转化为制度，转化为操作性措施，使其体现在管理过程、课程建设、师资队伍的建设等之中。第三，要对实现教育理念孜孜不倦的追求。要能够克服各种各样的困难，最终形成自己的办学特色，形成自己的办学风格。例如，安徽省肥东县第一中学是安徽省首批示范高中，是江淮地区高中教育的一朵奇葩，辉煌不断，誉满江淮。自办学以来，经过几代人的不懈努力，学校的学校文化品位得以提升，乃至物化为更好的教育环境，提高了学校的管理水平和办学质量，增强了学校的发展动力，从而扎扎实实地实现了"办优质高中，办人们满意的教育"的目标。试想，如果当初没有几任校长的远见卓识，没有校长领导一班人的踏实工作，该中学不可能获得如此成功。所以说校长的职责既是平面的，又是主体的；既是断面的，又是历史性的；它就是一个过程。

（二）校长是学校文化建设的导演

学校文化看不见，摸不着，可是它有着巨大的凝聚力，有着巨大的推动力，有着巨大的生命力。一个学校领导怎么能够营造出学校的文化，这是一个具有教育家风范的学校领导应该思考和实践的问题。一个学校的文化，需要很长时间的孕育、氤氲、发展，才能形成育人的氛围，才能成为育人的文化。这样一种校园文化的建设，才是校长的真正使命。

（三）校长是学校文化建设的主角

学校文化首先是一个学校自己的办学理念、办学思想。重要的是，学校的这种办学理念和办学思想以及对办学理念的追求，要化为所有教师的理念和追求。校长的作用就是把这种理念结合自己的实际情况加以具体化。对学校文化的建设并不是把它放在嘴上"口号化"，而是将它一点一点地渗透进学校的各项制度和规范中。校长要根据学校的实际情况，要在和教师、学生、家长不断的交往过程中慢慢地形成自己的办学理念。校长的这种办学理念和办学追求是基于自己对学校的感情，基于自己对教育的理解，基于自己对学校情况的理性的分析的。校长的伟大之处就在于能够把这种新的、好的、代表文化发展方向的先进理念转化成具体的大家认同的观念，形成自己学校的具体可操作的目标。

柏拉图在《理想国》中说，教育是把一个人从黑暗引向光明，把一个人从低处引向高处，把一个人从虚假引向真实。校长应该是教育实践家，重视教育实践，具有把想象转化为行动、把理念转化为措施的能力，要在办学实践中积累经验，更新理念，创造出独特而有价值的教育环境和教育共同体，进而引领学校文化的发展方向。

第五节　学校文化与教师专业发展

一、教师是学校教育的核心与导师

教育是民族振兴的基石；教师是教育发展的根基。当今世界，社会进步一日千里，科技发展日新月异，知识更新的周期越来越短。教师作为"文明的传承者"，更要与时俱进、刻苦钻研、奋发进取，尽快提升自身素质和能力，为推动教育事业的健康发展贡献力量。随着社会经济的不断发展，学校之间的竞争日益激烈，教师的作用发挥程度不仅能够反映教师工作的内在价值，而且对教师地位也有重要的影响。学校教育的地位最终取决于教师职业的价值表现程度。

教师对学校的重要意义显而易见。在这个高速发展的时代，世界上各个国家都在致力于提高学校的教育质量，对教育的改革可谓深入。教育与市场的结合表现出教育放权、学生择校、校本管理等模式。事实上，这些改革的目的归根到底是为了提高教育质量，而提高教育质量的核心仍然是教师的专业化发展。因此，学校的发展赋予了教师新的时代意义。

（一）教师是学校的重要组成部分

追溯人类历史，自学校产生以来，无论是我国的"庠、序、校"，还是古希腊的智者学园，都是因为有教师才有学校，教师是先于学校出现的。实践证明，学校的出现是知识社会化传承、生产的需要。教师与学生是相伴而生的概念，教师是学校的重要组成部分，是学校存在的意义之所在。

（二）教师是学校的核心竞争力之一

学校作为开放的社会系统，影响其发展的因素是多元的，反映在学校竞争力方面也是多元的，如学校的社会评价、社会地位就可以反映学校的竞争力。我们知道，影响学校发展的因素既有学校外部的因素，也有来自学校内部的因素。外部因素包括时代性的政治法律背景因素、学校所处的社会文化因素、学校的经济支援因素以及科技因素等；内部因素包括学校成员的素质、学校组织系统的运作能力、学校文化以及学校的发展战略等。然而，最终对学校发展起核心作用的仍然是人的因素，在学校中，这个人的因素无疑是学校发展的中坚力量——教师。

（三）教师是学校文化的缩影

当今社会，学校文化的重要性日益得到社会公众的重视与认同。学校文化是广义的、多元的，它有物质的因素、精神的因素和制度的因素。学校文化主要通过学校师生的精神、行为习惯、思维方式、理想信念等表现出来。其中，学校制度是学校文化的重要载体，而学校办学理念又是学校文化的浓缩，人事文化的承载者。对于学校来说，教师就是学校文化的主要承载者，是学校文化最好的代言人，是学校树立品牌最好的也是最为真实的媒介。教师的文化代言作用之所以重要，主要是因为教师自身对学生发展的巨大作用。虽然教师的行为模式、思维、习惯都体现了单一个体的特征，但却是学校文化的缩影。

二、教师文化与学校文化建设

目前，学校文化建设已逐渐引起各级各类学校的高度重视，特别是最近在全面推进素质教育的大环境下，已成为教育教学界研究的重要课题。能否搞好学校文化建设，关系到学校可持续发展的顺利与否。要建设好学校文化，关键在于教师的专业发展，即教师文化的改造。改造教师文化是学校文化建设的根本，因为教师文化建设是提高学校核心竞争力的重要途径和保证。

教师文化是学校教师共同的价值体系与行为规范的总合，是学校文化的重要组成部分。它既包括教师团体的信念、价值、态度、习惯以及行为规范，也包括教师之间的关系形态以及集体成员的结合方式。教师文化是一种特殊性质的文化，是在贯彻育人取向过程中的主导文化。学校教育的成败，教师起着关键的作用，因此教师文化建设对于一个学校的文化建设乃至于对教育改革都具有重要意义。加强教师文化建设，增强学校核心竞争力，有以下几种做法。

（一）开展教师培训，更新教育观念

当代西方著名学者马尔库塞认为："观念的东西是不能改变世界的，但它可以改变人，而人是可以改变世界的。"现代教育理念下的教师文化建设，就是一项从转变教师的观念开始，从改善教师的心理和精神状态出发，从增强教师的职业信心、提高教师专业水平入手而进行的一场"改变人"的巨大工程。我们要加强教师的理论学习和业务学习，切实变"应试文化"为"素质文化"。应试教育虽然不是洪水猛兽，但就其对人们尤其是对师生的思想观念和学校文化的影响来说，它已成为影响和改变人们的教育观念、成才观念的"应试文化"。

（二）加强师德建设，树立高尚的师德形象

师德建设是教师队伍建设的首要任务，也是教师专业化发展的核心，教师培训工作的首位。通过开展师德培训、收看优秀教师师德报告会、评选优

秀师德标兵等形式，可以提高教师的思想政治素质、职业理想和职业道德水平，可以弘扬高尚师德，力行师德规范，强化师德教育，提高师德水平，让广大教师牢固树立"以人为本，言传身教"的育人理念，坚持从我做起，率先垂范，以德立身，以身立教。

教师形象是教师人品、学识、能力和外表的综合外在表现。教师要塑造德高者的形象、博学者的形象、外在美的形象。德高者是指师德人品的高尚，有良好的品德修养是教师形象的关键；博学者是指教师的教学能力等业务素质要过硬，学识水平高，这是树立良好教师形象的极其重要的基石。外在美是指教师的衣着得体端庄，言谈举止文明。教师的外在美是教师形象的载体。教师通过文明的言谈举止，整洁、大方、得体、端庄的衣着和仪表，能将正直的人品、渊博的知识、高尚的追求等内在气质外化出来，从而转化为学生、社会对教师产生良好评价的形象效应。

（三）确立新型师生关系，提倡尊重学生的教师文化

"师生之间的关系决定着学校的面貌。"在素质教育新形势的要求下，重视学生、尊重学生、关爱学生应是教师文化的重要内涵，是教师一切教育教学活动的前提和基础。一是教师要树立教育民主思想，尊重学生的人格。民主平等是现代师生伦理关系的核心要求。教师首先要承认学生作为"人"的价值。每个学生都有特定的权利和尊严，更有自己的思想感情和需要。教师要创设良好的环境和条件，让学生自由充分地发现自己，意识到自己的存在，体验到自己作为人的一种尊严感和幸福感。二是要建立一种新型的师生关系。教师要真情对待学生，关心爱护每一个学生，公平地对待学生，不能厚此薄彼。尤其是对于学业成绩不够理想的学生，教师要多鼓励、多关怀，相信他们的潜力，切实热心地帮助他们。三是要明确教育职责，教师要从"独奏"的角色转变到"伴奏"的角色。教师的职责表现在越来越少地传授知识，而越来越多地激励思考：除了他的正式职能外，他将越来越成为一位顾问，一位交换意见的参加者，一位帮助发现矛盾论点的朋友，而不是拿出现成真理的人。

（四）促进教师专业成长，提升教师教育能力

要适应素质教育的基本要求，要求教师必须具备以下教育能力，具体包括：（1）具有获取有效信息的能力；（2）具有引导和研究学生的能力；（3）

具有培养学生良好的社会适应性的能力；（4）具有科研和创新能力，富有教育机智等。

　　教师的专业成长决非一朝一夕之事，需要学校始终关注，关注教师的专业发展，激励教师的成就感，努力营造适合教师发展和成长的良好氛围。一个好的教师应该是一个具有深厚的文化底蕴、崇高的教育理想和教育智慧的教师，这就要求教师需要不断地发展。也可以说，教师的个人发展是打造教师文化基础的前提。总之，教师是教育事业的第一资源，是党的教育方针的直接实施者，是青少年成长的引路人，在传授人类文明、启迪人类智慧、塑造人类灵魂、开发人力资源等方面起着决定性作用。在全面落实和深化素质教育的今天，全面加强教师文化建设，打造高素质的师资队伍，促进教师专业化发展，已成为学校发展的核心工作。只有重视和加强教师文化建设，才能更好地提高学校的核心竞争力，促进学校的可持续发展。

第三章

Chapter 3

学校文化的调研与诊断

对学校文化进行改造并维持其可持续的健康发展，一项必不可少的基础性工作就是对文化的调研与诊断。诊断就是要认清现实，即发现问题、分析问题并找出原因，从而为后续的文化改造、建设工作做好铺垫。学校文化从本质上说是精神层面的东西，不可直接调研与诊断，但文化依附于物质、制度、行为等，我们可以通过考察这些可感知的文化载体，结合各方诊断主体，按照一定的程序进行诊断，从而分析学校文化存在的问题，并提出解决问题的方案与对策。

第一节　学校文化的调研

一、学校文化调研的目的与意义

随着我国教育改革的不断深化，办学主体越来越多元化。在这一条件下，学校文化越来越引起学校自身、社会各界的注意，因为教育需要文化浸润，教育事业的发展需要文化品牌的拉动，21世纪的教育需要走"文化品牌"发展之路，这些已经成为社会以及教育界广大有识之士的共识。学校只有充分认识到文化品牌的价值和意义，自觉树立文化品牌意识，主动实施文化品牌化战略，有目的、有计划地打造文化品牌，充分发掘学校文化的价值，发挥文化的作用，才能在教育发展中利于不败之地。而进行这项活动的第一步就是要知己知彼，做好学校文化调查工作。

无论是实力薄弱的民办学校，还是实力雄厚的老牌名校，要想不断发展创新，与时俱进，就必须要进行学校文化的调查与诊断，以便于认清自己的生态环境和定位，认清自己的特点和优势。调查的过程，也是增强学校士气，树立师生自信心的过程。学校文化调查可以有效整合学校内外资源，促进学校的改革发展。在调查过程中，可以有效盘活学校里可利用的资源，整合学校外的可利用资源，为学校提供更多的发展机会。

二、学校文化调研的基本分析

《道德经》有言："千里之行，始于足下。"意思是走一千里路，是从迈第一步开始的。学校文化也有其构建过程，而其构建的第一步就是调研。

对学校文化的调研包括许多方面与问题，我们认为其中主要的是分析构建学校文化的环境，因为这是构建学校文化的基础。关于学校文化环境的分析主要从以下三个方面进行。

一是宏观环境分析，目的是把握教育大势。通过宏观环境分析，学校要把握时代变革的特点及其对教育的影响，了解教育改革和发展的动态，如教育改革的热点、重点、难点和趋势，兄弟学校教育改革的经验和教训，教育政策法规的基本精神等。分析宏观环境时要做到跳出教育看教育，跳出学校看学校。

二是中观环境分析，目的是掌握社区情况。通过中观环境分析，学校要了解当地政治、经济、文化的情况，领导对教育的认识和要求，社会各界对学校的评价和期待，社区教育资源开发与利用的情况等。

三是微观环境分析，目的是摸清学校家底，即摸清学校的办学条件，包括占地面积、办公环境、教学用房、设施设备、图书资料、体育场所；师资队伍，包括师德修养、学识水平、人际关系、身心状况等；学生情况，包括学生的思想、身心、智力、家庭、特长等；家长情况，包括其职业、教育、婚姻、对子女的期望等；以及校友情况，包括职业、成就、联系方式、资源优势等。

通过对以上三个方面的分析，我们就能够清晰地认识到一个学校文化建设的优势和劣势、机遇与挑战。

第二节　学校文化的诊断

一、学校文化诊断的主体

（一）专门的教育咨询机构诊断

专门的教育咨询机构诊断，学校成员只需要配合，不必付出什么努力，对学校来说很省事，并且能得到比较清晰、系统的配有行动建议的诊断报告。咨询机构的专家拥有其专业领域内的丰富知识，甚至拥有较多的学校诊断经验，他们能对文化诊断的某些环节甚至全程给予有效的帮助。

但是，专门机构诊断却存在着缺陷，主要体现在，学校成员较少参与收集信息、分析信息、提出对策的过程，从而使学校成员只能被动地接受校外机构的想法，不明白诊断结果的缘由，对诊断结果的认可度较低，同时也就意味着学校的民主文化受到打击。另外，由于校外诊断机构的调查员不可能长期置身于学校，因而他的诊断是不自觉的，他不能自己去发现学校工作的各个方面存在的问题，他必须依靠学校提供的诊断方向，即需要校方要求他对哪些问题进行诊断。同时，因为调查员难以融入具体的学校事务中，对学校文化的亲身体验较少，好比医生给病人看病，虽然能从病症上去推断，但病人的切身感受医生是无法了解的，从而导致诊断机构往往只能掌握浅层次的信息。

（二）以校长为主体的诊断

校长往往具有教育管理等方面的知识基础，又有较为丰富的学校管理实践经验，而且对学校的人、财、物、事各个方面都比较了解，因而校长诊断能够主动而深入。但在这种诊断中，收集、整理、分析资料直到提出对策这一系列工作都由校长来做，会使校长的负担太重。而且，人是具有有限理性的，人的精力和体力也是有限的，校长一个人再努力，所收集到的资料、做出的分析也不可能全面，因而校长诊断带有很强的偶然性和主观性。

（三）以学校各群体成员代表为主体的文化诊断

学校文化是广大师生内隐概念、规范的反映，师生对学校文化有着直接、深切的感受，并且正是他们的思想、行为改变着学校文化，因而广大师生对学校文化的问题最有发言权。让各群体（包括教师、学生及其他成员）代表参与到诊断之中来，这就使得文化诊断过程本身就在培养民主文化，培养学校成员的主人翁意识。又由于诊断主体的构成复杂，不同角色的学校成员会从不同的角度思考问题，大家集思广益，在诊断中能得到问题的全方位影像，进而能更容易地把握问题的本质，提出更为周全的行动方案。而且，由于师生参与了诊断，他们对诊断结果的认可度也就会较高，执行自己做出的决策时也就会更加积极主动。当然，这种诊断不能缺少校长的领导，并且学校还可以请校外的咨询机构、专家来协助。不过，这种诊断也存在缺点，如由于这种诊断主体构成复杂，组织（即把代表联系起来，形成工作团队并且长期合作）的难度也就自然增大，若诊断团队的领导者的领导能力不佳或者团队成员都不善于合作，那么往往会造成诊断工作效率低下，甚至激化矛盾导致合作失败。

一般情况下，专门的教育咨询机构诊断与学校自我诊断相结合是比较科学的，可以避免自我诊断和专门的教育咨询机构诊断的缺陷。

二、学校文化诊断的内容

一般说来，进行学校文化诊断往往以下内容为着眼点和着力点。

（一）学校的形象和成就

学校的形象和成就反映学校的水平、层次、方向和基本价值观，是诊断分析学校文化的首要线索或出发点。例如，学校的校容校貌，或古朴典雅、传统幽静、清新明丽，或流畅奔放、现代热烈、开阔大方，都能反映学校的条件、管理、志趣、教育和文化取向。

（二）学生的素质和形象

学生是学校的主体因素，是学校的主要工作对象和服务对象，也是学校文化的主要体现者，是进行学校文化诊断的基本要素。学生的素质和形象主要是指学生全面发展的水平，历届学生的业绩，学习风气，学生的抱负和成就感，合作与竞争的精神，学生的特长和社会实践能力，学生集体和个体及其之间的互动关系等。

（三）教师的素质和形象

教师是学校文化建设的关键要素，他们不仅对学生有着最直接、最经常、最强大、最持久的教育影响，而且社会形象也非常重要。教师的素质和形象主要是指教师的教育教学热情、能力、风格与业绩，人生与教育的理想，对学生的态度以及对学生和家长的亲和力，敬业精神、科学素养、道德情操以及个人与集体的协调性等。

（四）校长的素质和形象

校长的教育思想和文化倾向将直接影响一所学校文化的构建和形成。校长的素质和形象表现在诸多方面，如政治思想品德方面，教育教学知识能力方面，领导管理能力与艺术方面，教育理论水平方面等。笔者以为，敬业、乐教、爱生、睿智、饱学、深邃、厚道、慈祥、机敏，严谨、儒雅、幽默、沉稳、有眼光、好人缘应该成为校长的基本素质和形象。

（五）学校的教育思想和校史

学校文化与学校教育思想、校史的关系最密切、最直接，所以，学校的基本教育理念，学校教育思想的厚重感与表达方式，学校对教育理论的需求度、对教师理论素质的构想和培养度，学校文化品位的设计和实施，学校的历史等，都应该在这一平台上进行诊断、沟通和研究。

（六）学校的学习氛围和教育研究

教学是学校的中心工作，良好的学风和教育研究氛围是学校教育思想和教育力量的重要来源，学校应该成为学习型组织，成为社会各界"学而不厌"的楷模。所以，进行学校文化诊断必须关注学校是否具备与学习有关的品质，是否具有学习的共同愿景，是否具有组织学习力，是否具有浓厚的学习氛围，以及教育讨论的经常性，教育研究的基础条件，教育研究的成果以及运用等方面的问题。

（七）学校的管理和制度

学校管理文化集中体现在学校的规章制度和师生员工的行为中。进行学校文化诊断应该关注学校管理的规则与权限、指挥与操作、细则与特征，以及管理的基本常规，管理中的认知和情感投入，时间与经费投入，师生员工对待管理的态度及其行为特征等问题。

（八）学校的重大活动和惯例

一般说来，每所学校都有自己基本的重大活动项目和形成的惯例，例如，开学典礼、毕业典礼、庆典活动、社会活动、习俗演练、升旗仪式、读书节、文化节、体育节等。这些活动和惯例往往能够凝结和体现学校文化的精髓，也常常会暴露出学校文化存在的问题。

三、学校文化诊断的原则

（一）系统性原则

学校文化是一个由若干要素组成的系统。进行学校文化诊断必须全面、系统、综合地了解和把握学校文化的要素，并从整体性、联系性、结构性、层次性、动态性、开放性的角度，运用系统思考的方法进行分析综合，作出诊断结论。进行学校文化诊断，切忌以偏概全，如单单关注所谓的学校热点问题、教师反映强烈的问题、诊断者熟悉的问题，并在诊断过程的讨论环节对这些问题进行反复诊断和讨论。

（二）客观性原则

学校文化是一种客观实在，它存在于学校的环境氛围、管理制度、师生员工的言行举止和互动交流之中，尽管有些要素是显性的，有些要素是隐性的，但都是实实在在存在的要素。这就需要诊断者去观察、去倾听、去挖掘，要坚持一切从实际出发，客观公正、实事求是，从客观实在中找出规律性的东西，找出共同性的价值取向。诊断者万万不可犯主观主义和经验主义的错误，更不能先入为主、臆测想象。

（三）动力性原则

在系统客观地了解了学校文化之后，就需要进行分析，通过一番"去粗取精、去伪存真、由此及彼、由表及里"的整理，找出能够牵动和决定学校文化形成和发展的具有动力作用的要素。在学校文化整体状况中，能不能解析出关键的、活跃的、起推动作用的要素，同时克服负性要素的制约，是学校文化诊断的核心和关键。只有抓住有决定意义的和有突破意义的、牵一发而动全身的要素，才能为学校提供有认识价值和操作价值的方案。

（四）针对性原则

进行学校文化诊断要有明确的目标指向性，做到有的放矢。诊断者应该掌握有关学校文化的基本知识，掌握诊断所必需的机智和有关技术。在诊断开始之前，要进行周密的思考和认真的准备，在诊断过程中，必须在展开调查的同时开动大脑，保持冷静的思考，切忌随波逐流和主观随意，切忌漫无边际。

四、学校文化诊断的步骤与方法

（一）学校文化诊断的步骤

确立诊断目标。凡事都应该首先有一个明确的目标，学校文化诊断也不例外；目标明确、方向清晰是提高诊断质量和效益的重要前提。对于学校文化诊断的目标，最好以诊断方案的形式来表现，在方案中明确表述诊断的目的、内容、对象、方法以及时间与过程等，以使诊断者做到胸中有数、有的放矢。

进行调查诊断。进行学校文化诊断的初始阶段主要是进行调查了解，诊断者应该随机进行调查，参加一些有组织的学习、交流和科研活动，到学校有关部门进行观察了解，如图书室、阅览室、教师办公室、多媒体教室等，到班级中、教师中、学生中去，与教师、班主任、学校领导等进行深度会谈。

整理分析资料。在诊断过程中，诊断者要查阅学校所形成的大量资料，也要整理形成大量的资料。对这些资料的共同分析是一个必不可少的步骤。要注意从这些资料中筛选出能够代表学校文化的精华部分，注意在访谈、座谈、问卷等资料中提炼出多数人无意识中流露出的语言和行为方式，并从中归纳出他们的共同观念和行为。

撰写诊断报告。在对各种资料进行认真深入分析的基础上，要撰写出学校文化诊断报告。诊断报告具有结论书的性质，它虽然没有固定的模式，但一般包括诊断活动的基本轮廓，对学校文化现状的描述、分析、评价判断、改进建议等几个方面。报告书的内容应尽量注意基本情况与突出重点相结合，突出关键的影响因素。

（二）学校文化诊断常用的方法

观察法。学校文化诊断者应该具备观察的技能，全面系统地掌握学校文化的信息，并从这些表面的信息获得实质性的、有应用价值的认识。观察的内容非常丰富，如校容校貌，师生的衣着举止谈吐、队列及纪律和精神状态，路牌标语牌，校长的风度气质及其品位，人际距离与和谐程度，体育场和图书馆的管理等。

座谈法。座谈法是以随机的方式请一部分教师或学生或管理者对调查的内容畅谈自己的看法，以此来发现大家在学校文化建设方面的意识和倾向。座谈法实际上也是一种对人际关系的了解和分析，了解人们对某些思想和行为的看法的相似性。

访谈法。访谈法是对个人进行深入了解。它与座谈法相比，要谈得更加具体深入。由于访谈是一对一进行的，便于了解不同的人对同一问题的看法是否一致，便于了解被访谈者行为背后的内隐概念和价值取向。访谈时应该注意被访者的情绪变化，及时调整谈话内容。

问卷法。问卷法是了解学校文化基本状况及其师生员工对调查内容认同情况的基本方法。运用问卷法要精心设计问卷，力求体现学校文化的核心与精髓，并注意避开学校可能存在的矛盾焦点和突出问题。问卷法可以与自陈意见书结合使用。

资料法。资料法又称文献分析法，是对学校已经形成的档案资料进行查阅分析的方法。近年来，大部分学校已经建立健全了学校档案制度，这就为诊断者运用资料法提供了便利条件。运用资料法的意义主要在于了解学校的历史，探悉学校文化形成的原因，寻找重塑学校文化的动力，所以，查阅文献资料一定要把握住重点。

会诊法。会诊是学校文化诊断的一个重要环节，也是学校文化诊断的一个重要方法。在学校文化诊断中，会诊是聘请有关专家进行的作业，通过集体观察、分析和研究推敲，专家们往往能够迅速抓住事物和过程的本质，提出意见或解决问题的方向与方法。

第三节 走出认识与实践中的误区

一、学校文化诊断误区分析

学校文化诊断是一项复杂的工作，在开展的过程中，学校如果缺乏正确的指导就很容易陷入一些误区。总结易陷入的误区则是从反面论述学校在实施中应注意的问题，以求学校在文化诊断中尽量避免这些误区。

（一）重物轻神

"教育艺术在于不仅要使人的关系、成人的榜样和言语以及集体精心保持的种种传统能教育人，而且也要使器物——物质和精神财富起到教育作用。……用环境、用学生自己创造的周围情境、用丰富集体精神生活的一切东西进行教育，这是教育过程中最微妙的领域之一。"从苏联教育家苏霍姆林斯基的这段话中，可以看出"器物"的教育作用。学校里的教学楼、教学器具、宣传栏、操场等都可被划为物的范畴。这些物在教育的过程中起着不可忽略的重要作用，是学校教育的硬件。而学校物质文化本身也是学校文化重要的一部分，学校物质文化建设的成效在一定程度上反映了一个学校文化建设的成效，而且这些物质文化也为开展教育活动提供了条件和便利。

学校物质文化的特点是它的明见性和商品性。所谓明见性是指，相对于精神而言物质是看得见摸得着的，也是一个学校文化建设最明显的表现。所谓商品性是指学校的物质文化可以通过购买手段来获得，简而言之，有钱就能使物质文化得到很快的提升。当然也有例外，比如，一些学校的建筑有历史文化的意义等。但对于大多数影响教育质量的物质文化而言，学校都可以通过购买来实现。正因为物质文化的这种明见性和商品性，也使得一些学校趋于"重物"。虽然重视物质文化建设本身并没有错，然而当一个学校只重视物质文化建设时就陷入"重物"的误区了。轻、重只有比较才能产生，重"物"了，轻的就是学校文化建设的精神方面。

诊断学校文化需要诊断学校发展的很多方面，我们不能过于偏重某一方面，而忽略了其他方面，这也违背了学校文化建设实施的生态性原则。过分地重视外在，而忽视了内在，重视了物质，而忽视了精神，这样的学校文化诊断是华而不实和缺乏深度的，最终对学校的发展起不到任何实质性的推动作用。

（二）沟通不足

学校文化诊断的过程是一个不同部门、年级和班级之间，甚至校内成员与校外成员之间不断沟通交流的过程。沟通的方式是多种多样的，有面对面的直接沟通，也有通过宣讲的方式、发材料的方式进行的间接沟通。沟通是为了增进了解，使文化诊断更加全面、真实。

沟通不足的后果可能是对学校文化的诊断达不成一致意见，实施文化建设半途而废。当然，造成半途而废的原因还不止于此。没有周详合理的计划，没有脚踏实地的落实和及时有力的宣传等都可能造成诊断工作的停滞。

（三）诊断不足

学校文化表现为学校成员共同建构的生活方式，但其本质上是学校成员共有的思想观念和行为规范，而这些观念和规范都是不可直接感知的。对于文化的诊断，即对内隐观念、规范的诊断，必然是一种深层次的诊断，与其他类型的学校诊断都不相同。比如，教师专业发展诊断，关注的是教师的专业知识、技能有哪些优势与不足，而文化诊断则关注教师示范意识的优势与不足，教师自己如何看待它们，是否主动和其他人分享自己的经验，并希望他人指出自己的缺点等；教学管理诊断，关注的是教学管理的目标是否明确、适当，手段是否有效，组织是否健全等，而文化诊断则关注学校管理过程中是否有平等民主的氛围，教职工对管理目标的态度以及是否认可管理的手段等。

总之，在对学校文化诊断的过程中，需要通过科学的手段进行调查和反馈。这一诊断是校领导、学校文化建设实施工作人员寻找问题的需要，以及进行反思的重要依据。诊断是一种反馈，也是一种监督，诊断要人性化，不然就会变成完全量化的统计，使教师和学生感觉在被监控。诊断的手段和方式是多样的，进行诊断的人员一方面要评价学校文化建设实施的效果，更重要的是对形成这些效果的原因进行分析，发现问题的根源，进一步为学校的文化建设提供意见和建议。

二、走出学校文化诊断的误区

文化是弥散在学校中的，对文化进行诊断就需要大量收集各方面的信息；文化诊断又是深入到人的精神层面的，症状的原因不是显而易见的，只有依靠集体智慧的激荡才能不陷入诊断的困境和歧途。

（一）学校文化诊断只是学校诊断的一部分

诊断学校文化需要对众多学校问题进行诊断，比如对学生学习能力的诊断、对教师专业素质的诊断、对校长领导力的诊断等。文化诊断与其他类型的诊断有许多相似之处，比如，诊断的思路大都按照社会科学研究的思路，甚至不同的诊断都由同样的诊断主体进行。当然，文化诊断有其特殊性，在具体操作上与其他诊断必定有所区别。但在进行文化诊断时，不能将它与其他诊断割裂开来，即它不应完全独立地进行。一方面，不能只进行文化诊断，比如，发现一个偶然的不良现象，也许经过分析与学校的文化无关，但不能因为是偶然事件就不予重视，因为也许可以从中发现管理上的瑕疵，故而应该开展一些其他的诊断来改善状况；另一方面，也不能泛化文化诊断，把任何问题都和文化、人的思想观念挂钩，文化问题往往是和持续性的、普遍性的问题联系在一起的，其他问题应运用与其相适应的诊断方式来处理。

（二）学校文化诊断要避免表面化

不能把师生表现出来的一些不好的现象、行为仅仅解释为因为物质的多少，比如，不能把学生对计算机课程不感兴趣解释为学校缺乏先进的计算机实验室，而是要深究学生和教师对待计算机课程的观念及其相互关系，如果教师认为没有先进的实验室就没有什么好教的，那么他的积极性就会下降，于是就会影响到课堂对学生的吸引力，最终导致学生的学习兴趣低下，在这里教师的观念是问题的关键；也不能仅仅将其解释为因为制度的干扰，比如把教师抄教参作为教案的现象解释为学校检查教案制度的不合理，而应该去深入探究教师认为教案无关紧要的观念，以及管理层认为只有检查教案和奖惩措施才能促进教师认真备课的不正确思想；也不能仅仅将其解释为因为活动的影响，比如把学生成绩下滑解释为最近课外活动太过频繁，而应深入学生内心，发现学生成绩下滑在于学生认为学习是痛苦的、压抑的，若减少活动，强调学习任务，反而可能会进一步导致学习成绩下滑。总之，学校文化上的问题不是轻而易举就能看出来的，它必须经过深入的分析，而结果可能与我们的第一感觉大相径庭。

（三）学校文化诊断既要回顾历史，又要预测未来

由于学校文化是长期积淀而形成的，学校中当前出现的现象、行为，其背后的观念、规范的内隐原因也许在很长一段时间之前就形成了，所以在进行文化诊断时一定要回顾学校的发展历史。另外，当前出现的现象、行为又会对学校文化的改变产生影响，所以我们一方面要分析现象背后的文化因素会引起未来的什么现象，另一方面又要分析当前现象本身会产生什么样的文化效应。文化诊断不是对一个时间点出现的现象或一小段时间内出现的现象的诊断，它要求诊断者具有面向过去和未来两个方向的长远眼光。

同时，学校文化诊断的对象很广泛，但是，并不是所有文化诊断的对象都会反映出文化问题，故而不能把个别的、特殊的现象当成普遍的、一般的现象来处理，这就需要我们既要考虑文化因素，又不能把所有问题都上升到文化层面。此外，学校文化诊断是为学校文化建设做铺垫，而文化建设靠的是全体学校成员，所以，文化诊断最终提出的文化建设方案必须能被广大学校成员认可，从而保证文化诊断的成果得到大家的认可。

（四）学校文化诊断要以问题为导向，而非以领导者意志为导向

首先，在现实中，开展文化诊断的动因是学校领导或者其他成员发现了问题，这些问题可能同时涉及行为、制度、物质等层面，但我们在诊断时不能把问题拆成几个独立的部分分别去诊断。其次，要发现了学校存在问题而去诊断，不能因领导一时兴起，想改善物质就做物质诊断，想改变制度就做制度诊断。要知道，改造精神是目的，改变物质、制度、行为等是手段，文

化诊断是目的与手段的统一，而不是不同部分的统一，所以在做文化诊断时要把不同层面的现象联系起来进行分析。

另外，文化诊断最终是为了进一步发展学校文化，而当学校各方面的人员都参与到文化诊断的工作中时，文化诊断这一行为本身就在影响着学校文化。文化诊断的过程本身就具有极大的象征意义，即便诊断最后没有提出实际可行的行动措施，一个好的诊断过程也能很好地推动学校文化向健康的方向发展。

第四章
Chapter 4

学校文化的内容体系

学校文化是内隐在学校教育理念、行为方式、教育环境以及教育课程中的价值取向。具体来说，它是由每所学校的具体文化组成的，它要有核心、有计划、有组织。总的来看，学校文化包括学校理念文化系统、学校视觉形象文化系统、学校行为文化系统、学校环境文化系统、学校课程文化系统等多方面的内容。下面，就学校文化的具体内容逐一说明。

第一节 学校文化是一个系统

一、学校文化系统概述

学校文化实际上是学校作为一种特殊的社会组织存在和运行的表现形态。它在外观上表现为环境文化和行为文化，而这二者反映的是作为学校文化内核的理念文化体系的要求。就像一个人有其外观气质，说话、行为也都表现出一定的风格，而形成他的这些气质和说话、行为风格的根源却在他的内心，是他内心的思维方式、思想、品格、价值追求、人生观、世界观等决定着他的气质和说话、行为风格，其外观的有形表现和内心的无形运行是一个有机的整体。学校文化也是这样一个外观与内核相统一的有机整体，其构成涉及表层、中层、内核的各个事项系统，涉及从物质到精神、从行为到环境等方方面面的要素。

学校文化建设作为一项系统工程须运用系统论的原理和原则进行指导，注意各个系统的整体性，注意系统内部各要素之间的有机联系，注意系统内部各组成要素的结构和秩序，以使学校文化的整体功能进一步加强，协调发展。通过系统规划，我们要做到物质文化和理念文化统筹考虑、现代文化和传统文化统筹考虑、外来文化和本土文化统筹考虑、学生文化和教师文化统筹考虑……总之，要处理好各种文化元素的协调关系，实现学校文化整体性的提升。

二、学校文化系统的结构

(一)"洋葱"模型

"洋葱"模型把学校文化看做一个包含三个层次的同心球，分为核心层、中层、表层三个层次。

核心层的学校文化是指学校理念文化，是学校发展中的一系列教育观念、教育理想及其教育价值追求的结合体，是对学校根本问题的看法，是学校自主建构起来的学校教育哲学。

中层的学校文化是指学校行为文化和课程文化，是学校文化主体模式化了的人际交往方式、工作方式和教学方式。如学生的学习生活制度、道德行为准则、娱乐活动规定、学生守则、课程体系、校本课程等。

表层的学校文化是指学校的环境和视觉文化，是占据一定校园空间的有形的实体文化形态，满足学校主体使用需要并蕴含着特定的教育理念、审美意趣和价值追求的文化形体，是学校文化存在和发展的物质基础和保障，同时也是学校文化的物质载体。

(二)"冰山"模型

"冰山"模型把学校文化看成两部分：一部分是可以直接观看到的结构，称之为显性结构；另一部分是隐藏的不可见的结构，称之为隐性结构。

显性结构包括学校的校园环境、学校的标志符号、学校的规章制度、学校的组织结构、管理的行为模式以及其他可见的具有文化意蕴的客观物质存在。隐性结构包括学校的管理思想、价值观念、办学理念、学校精神以及隐藏在日常行为中的约定俗成的文化。

学校文化的显性结构是隐性结构的物质载体，是隐性结构的外在表现；隐性结构是显性结构的基石，是指挥棒。只有处理好这两种结构建设之间的关系，学校才能长远地发展。

三、学校文化系统的构成要素

(一) 学校理念文化

学校理念文化是学校文化主体在长期的教育教学实践中，在各种办学活动中，在传承的基础上，对文化进行反复选择、提炼、积淀而成的，并为全体师生所认同并遵循的教育文化。作为学校文化的内核，理念文化影响着一所学校的精神面貌和文化品位，是师生共同成长、学校长期发展的精神驱动力。诸如学校核心价值观、校训、校风、精神、办学理念等都是理念文化的范畴。

(二) 学校视觉文化

视觉形象文化是以学校标志、标准字体、标准色彩为核心展开的完整、系统的视觉传达体系，属于学校文化建设的表层结构，是学校文化建设中最直观的表现形式。作为学校自身重要的形象展现，它不仅是学校独具匠心的创作作品，而且反映出学校的办学理念和办学特色，艺术性地阐释了学校的精神内核，并承载了学校的文化精神。

（三）学校行为文化

学校行为是以学校理念系统为基础并为实现学校理念服务的，是学校师生在科学世界和生活世界中所从事的活动。它是学校作风、精神状态和人际关系的动态体现，也是学校精神、价值观和办学理念的动态反应。学校行为文化包括组织结构、各项规章制度、仪式典礼、公众形象、核心层形象、教师形象、教师行为、学生形象、学生行为等。

（四）学校环境文化

学校环境文化是指学校文化的物质形态，包括学校的基础设施、应用设施、环境设施等。一所学校的环境设计和布局就像一个人的穿衣风格和搭配，既体现了外在形象又透露出品位和内在底蕴，还能反映出学校的整体风貌和育人宗旨。

（五）学校课程文化

校本课程的开发是学校根据自己的教育哲学主张，自主进行的适合学校具体特点和条件的课程开发，实质上是一个开放民主的以学校为基地进行课程开发的过程。校本课程开发的原则，重要的一条就是必须明晰学校的培养目标，要将培养目标和学校的办学理念、办学特色、办学方向一致起来。

第二节　学校理念文化系统

一、学校理念文化概述

学校理念文化，又称精神文化，是学校文化 SIS 规划系统的灵魂，是学校最高层次的思想和战略系统，具有统领并指导学校行为文化和视觉文化的功能。学校理念文化是学校发展中的一系列教育观念、教育思想及其教育价值追求的集合体，是对学校根本问题的看法，是学校自主建构起来的教育哲学。学校理念文化，不仅包括人们的观念，还包括对观念提炼后的文字表述、人们在观念指导下的各种活动、形成的精神风气，甚至由此影响到的学校的性格特色。它们围绕学校理念形成一个庞大而复杂的集合体，物质的精神的，具体的抽象的，有意识无意识的，主观的客观的，认识的实践的……所有这些有机结合到一起，而不是机械的堆砌，才凝成了学校的理念文化，其中学校核心价值观或者说是核心理念是最为核心的部分。

二、学校理念文化的核心

学校理念文化既是一个庞大的系统，又是一个井然有序的系统。因为它有核心，有灵魂。所谓核心，是指学校用于指导教育教学行为和管理活动的最高价值标准与原则，是每个师生为人处世的最高价值导向。它经过学校的自觉追求，升华为学校一切行为的逻辑起点，是学校提倡什么、赞赏什么、批判什么的精神体现，表明学校如何生存、发展的主张。

学校理念文化的核心，有的学校叫做核心价值观，有的学校称为核心理念，还有的学校称为主题文化。然而无论如何表述，它们的地位和作用基本是相同的，那就是集中展现学校卓越的特色文化以及学校发展历程中所独具的历史文脉，对整个文化体系起到统领作用。

三、学校理念文化的基本要素

学校理念文化，是学校文化系统的灵魂，它是学校最高层次的思想和战略系统，具备俯察学校现实、提出个性化的学校价值观、统领并指导学校行为和视觉系统的功能。该系统由学校师生的思想、观念等因素长期积淀而形成。对内可以激活师生为学校的办学目标而奋斗，对外可以展示学校锐意进取的追求。

理念文化设计的基本要素有核心理念，发展愿景，学校精神，校训，校风，教风，学风，办学理念，办学宗旨，办学策略，培养目标，管理原则，人才理念，服务理念等。

四、学校理念文化建设的意义与作用

(一) 理念文化在文化建设中具有指引作用

学校理念文化，是一所学校办学思想、价值追求、育人特色的集中体现，是群体意识、价值观念和生活信念的汇聚，是学校历史文化、办学经验的综合。作为学校的一面旗帜，理念文化起到核心领导作用，能够鼓励学校全员坚持共同的理想目标，立足学校优良传统，能够引导师生弘扬传统、开拓未来，能够鼓励师生打造特色、提升品质，从而让学校走上外树形象、内强素质、持续发展的道路。

(二) 理念文化有利于促进学科发展

学校理念文化汇聚了学校的办学特色和教育目标，是学校的立校之本，是教师的育人坐标，是学生的行为准则。整体而言，学校的理念文化渗透在教育理念中，渗透在课堂教学中，渗透在学科建设中。陶行知说过："教育能造文化，则能造人；能造人，则能造国。"在理念文化的引导和作用下，课堂追求高标准、高质量、高水平，便能成为精品，成为学生心灵得到滋润、智慧得到成长的重要场所。

(三) 理念文化推动和谐校园的构建

理念文化一旦确定并形成完整的体系，学校便在其指导下进行多元化的校园文化活动，进行广泛、深入、持久的和谐校园构建。如可以通过环境文化建设让理念文化落地，通过文化墙、相关主题文化展板的设计，让整个校园的环境成为理念文化的承载和外显。同时，通过开展丰富多彩的课余文化生活，如演讲赛、征文赛、辩论赛、艺术节、英语角等活动，让理念文化在活动中得以展现。

(四) 理念文化促进师生发展

理念文化的构建和形成，有利于学校切实更新教育思想观念与方法，全面转变办学理念，改善师生的生活方式和生存状态，更好地进行文化建设。在理念文化的引导下，学校关注教师的专业化发展，为其搭建坚实的平台，为促进教师的专业化发展起到重要作用。在理念文化的影响下，学校重视夯实师生人文底蕴，为教师打造良好的文化学习和阅读生态环境，让教师及时了解最新的教育动态，进而调整自我的教育教学行为。针对学生的培养，学校推行的教育理念在学生的德育成长和智慧成长方面起到积极的作用，从而让学生感受到校园浓郁的文明气息和文化气韵，并注意养成文明习惯，熟知礼仪知识，成为一名合格的学生。

（五）理念文化指导管理创新

随着理念文化的渗透，理念逐渐在学校管理中发挥着重要的引导和渗透作用。在学校管理中，随着理念文化的不断融入，文化所起的作用越来越大，最终达到了文化管理的境界。理念文化，能够凸显教育本原的价值追求，体现出文化的传承与创新。在学校管理中，学校文化无时不有、无处不在，它以一种看不见的精神力量引导学校管理机制的建设和完善，渗透管理者的教育理念和价值追求，让文化管理能够落地生根。

第三节　学校视觉形象文化系统

一、学校视觉形象文化概述

视觉形象文化是以学校标志、标准字体、标准色彩为核心展开的完整、系统的视觉传达体系，属于学校文化建设的表层结构，是学校文化建设中最直观的表现形式。它通过个性化、标准化、系统化的设计方案，对以校徽、标准色、标准字为主的基础要素和160多个应用元素进行规范设计，体现学校的理念文化，为学校的发展营造独特的视觉形象。

二、学校视觉形象文化的基本要素

学校视觉形象文化是学校形象的静态表现，是从外观上对学校的各种视觉因素进行全面统一的规划和设计，将学校的办学理念、文化特质、学科专业特点等抽象因素转换为具体的符号概念，配合行为识别系统来表达和传播学校信息。视觉形象文化系统包括学校标志、标准字体、标准色彩、校徽、校旗、师生服装等标志性事物，是视觉形象文化中最有冲击力和感染力的因素。

学校视觉形象主要分为基础部分和应用部分。其中，基础部分是学校视觉形象的核心，包括校徽、学校标准色、校名中英文标准字、学校标志及校名标准字组合等。基础部分的确立，为整个学校视觉形象系统提供了统一的标准、规范，为学校整体文化氛围的建设提供了保证。应用部分是基本部分的要素在各种媒介上的应用。

（一）校徽

徽者，旌旗之属也。校徽，顾名思义就是学校徽章，上面标有学校名称，它的产生原因很简单，一是为了分辨是否是学校人员，二是给毕业学生留存纪念，三是通过图案和文字来介绍学校的性质，是一个学校的标志之一。民国时代的学生们都把佩戴校徽作为一种自觉的纪律，用来证明身份、规范行为，并以此为荣。

学校标志是学校形象的符号象征，是视觉形象设计系统的核心。学校的标志即校徽，它以最简化的图案造型传达学校的精神内涵。校徽的设计要求简练、生动、鲜明，具有强烈的视觉冲击力，并要表达出学校的办学方针和素质教育的精神内涵，要有独特的个性和时代感，要易于识别和记忆。

历来每个学校都很重视校徽的设计和选择，因为校徽作为学校自身重要的形象标识不仅是匠心独具的创作作品，而且反映出学校的办学理念和办学特色，艺术性地阐释了学校的精神内核并承载了学校的文化精神。

校徽一般是图文并茂，为文字、图形、寓意的艺术结合体。校徽在我国的历史并不是很长，最初也是从西方模仿而来。英国贵族象征着身份和地位、高贵和典雅的家徽形状为盾形，西方尤其是英国又很重视绅士教育，因此尽管西方学校的校徽不尽相同，但是校徽形状的主流为盾形。我国传统美学中历来很重视对称和圆形，将对天地宇宙的自然崇拜融入社会生活之中。圆形既符合我们传统的审美观念，又有天圆地方、源源不断、生生不息、和谐美满之意，因此，我国校徽的主流形状为圆形。在国际交流频繁的今天，为了顺应时代精神和体现国际化的视野，很多学校校徽的文字采用中英文结合。校徽的图形一般处于中心部分，一般既融合学校的校名和文化精神，又体现出独特的审美效果。

（二）标准字体

学校名称的标准字体，是指经过设计的专门用以表现学校名称或品牌的字体。故标准字体设计，包括学校名称标准字和品牌标准字的设计。标准字体是学校形象识别系统的基本要素之一，应用广泛，常与标志联系在一起，具有明确的说明性，可直接将学校精神传达给观众，与视觉、听觉同步传递信息，强化学校形象的诉求力，其与学校标志具有同等重要性。

（三）标准色

标准色是学校为塑造独特的学校形象而确定的某一特定的色彩或一组色彩系统，运用在所有的视觉传达媒体上，以表达学校的文化理念和个性特征。标准色的应用涉及大量的色彩美学和公众色彩心理问题，它以不可估量的视觉冲击力和联想作用，增进标志形体的表达。

三、学校视觉形象文化的应用要素

视觉形象文化设计系统，是对基本要素系统在相关媒体上的应用做出的具体而明确的规定。随着应用要素系统的逐步规范，学校逐渐形成了统一的视觉形象系统，有利于学校形象的传播与管理。同时，规范化应用系统的建立，能够有效避免学校进行视觉形象文化系统的盲目建设、重复设计，以更好地综合利用人力、物力和财力。具体的应用要素主要有以下几大类别。

办公用品系统：名片、便签、备忘录、信封、信纸、传真纸、请柬、赠品、工作证、学生证、参观证、文件夹、档案袋、内部档案用品、卷宗、电话记录、聘书、办公桌、校徽、即时贴标签、纸杯、茶杯、杯垫、备课本、作业本、笔记本、印刷出版物等。

服装、服饰系统：教职工男装（西服/领带）、教职工女装（裙装/领花）、男女学生校服（冬装夏装）、运动服、T恤衫、领带、领带夹等。

广告宣传系统：海报版式、校报版式、杂志广告系列版式、大型路牌版式、电视广告、学校宣传册封面、网络主页版式、光盘封面、校车车体等。

公共关系赠品系统：钥匙牌、纪念章、礼品袋、礼品盒、挂历、台历、问候卡、手提袋、包装纸等。

学校导向指示系统：户外招牌、公共设施牌、道路指示牌、停车场区域指示牌、门牌、警示牌等。

四、学校视觉形象文化建设的意义与作用

视觉形象文化作为学校个性化视觉设计的表现，发挥着突出的视觉传达

作用、影响作用和渗透作用，主要体现为以下三点。

（一）有利于学校品牌推广

优秀的视觉元素是分列项目最多、层面最广、效果最直接的规划设计部分，是学校形象的视觉符号，是学校办学理念和教育思想具体化、视觉化的直接传递形式，易于被社会认可和接受。学校视觉形象文化系统体现了学校视觉形象的社会化。从根本上讲，学校视觉形象文化系统的建设过程是各级各类学校树立自身良好形象、寻找自身定位的过程，是走出学校教育"同质化"现象的重要途径，是学校品牌社会化的重要体现。

（二）有利于形成学校文化个性

学校视觉形象文化系统经过统一的规划、设计，能够展现出学校的独特风格，进而展现出独特的视觉形象。随着视觉统一化的设计，学校视觉形象文化便会产生辐射四周的强大影响力，能够有效传播本校的特色和品牌，展现出学校在社会中的独立性和不可替代性。从这一角度而言，视觉形象文化具有特色识别和记忆功能，能够促进学校品牌的塑造和形成。

（三）有利于学校和谐发展

学校视觉形象文化能够展现学校特色，营造独特的视觉环境。作为凝聚学校内涵和学校形象的集中体现，视觉形象文化系统的统一和规范能够影响到学生的审美情趣、文化品位，能够凝聚人心，增强广大师生员工的荣誉感、自豪感和主人翁意识，并促进他们身心的和谐发展。

第四节　学校行为文化系统

一、学校行为文化概述

行为文化是学校文化建设的重要内容，是学校文化建设的保障工程。它规范着学校的教育教学活动，包括组织行为、教师行为、学生行为、学校的规章制度、社会公益活动、文化活动等内容。

所谓行为文化系统是指行为本身和通过行为表现出来的社会心理、思维方式、思想观念和风俗习惯等文化形态。而学校的行为文化系统主要是指学校教职员工和学生通过其行为本身以及由行为表现出来的社会心理、思维方式、思想观念和风俗习惯等文化形态的综合。

学校行为文化作为学校文化的一个方面，是学校文化"动态"的部分，是学校活动塑造的部分，是学校的历史文化积淀，以及学校的风气、精神和文化。它需要全体师生员工的参与和坚持，需要系统而周密的组织策划，需要将学校的办学理念融入师生员工的各种活动中，进而展现出文化育人的境界。

二、学校行为文化的基本要素

（一）学生行为文化

学生行为文化，顾名思义，就是学生的行为本身和通过行为所表现出来的社会心理、思维方式、思想观念和风俗习惯等文化形态。依据学生行为的具体性质和内容，可以把学生行为文化进一步细分为学生学习文化、学生交往文化、学生活动文化和学生娱乐文化。

表现在学生学习上，不同学校的学生学习文化差异很大。总的来说，示范校的学生学习文化优于普通校的，普通校的则优于薄弱校的。城市学校和农村学校之间的差异也很明显。城市学校集中了优质的教育资源，使学生能够接受更加全面的素质教育，学习内容更加丰富，更能关注个人兴趣、特长的发展。农村学校教育资源薄弱，学生刻苦、坚韧，渴望通过艰苦努力改变命运。同一所学校的学习文化也会时刻变迁。现代比较流行的观念，诸如创新型学习、合作学习、自主学习等，都在影响着学生的学习行为文化。

表现在学生交往上，最重要的就是学习如何与人交往。学生交往的对象更多的是同学、朋友，就交往特征而言，当代学生的交往具有开放性，集中表现在与异性交往上，把与异性交往看成是很正常、很普通的行为。而学生与老师、领导的交往能力相对较弱，原因有三方面，一是新一代总是希望摆脱上一代人的束缚，寻求独立自主的存在；二是两代人有着不可逾越的代沟；三是受传统文化"师道尊严"的影响，教师在学生面前威严有余而亲和力不足。

表现在学生活动上，根据活动内容，可将其划分为五种类型：德育活动、科技活动、文体活动、社团活动和实践活动。学生活动文化更容易展现学校特色，因为不同的学校可以举办不同的活动，即使一样的活动，在不同的学校，也必然会有不同的运作形式。

表现在学生娱乐上，学校必须在校园中树立健康向上的学生娱乐文化风气，使学生能够在活动中获得心灵的愉悦和享受。学生的娱乐活动有着鲜明的时代印记。20世纪七八十年代，物资匮乏，学生中最盛行的娱乐活动是丢沙包、跳皮筋、抓石子、跳绳等。20世纪90年代初的校园是诗的校园，那些校园诗社，那些草地上的音乐会，在今天看来散发着理想的光辉。再往后，流行文化冲击校园，流行音乐、街舞成为学生的新宠。

（二）教师行为文化

教师是教育的传播者。他们传播的不仅是知识，还有道德品质、修养和规范。教师行为文化就是教师的行为本身和通过行为所表现出来的社会心理、思维方式、思想观念和风俗习惯等文化形态。教师行为文化可细分为教学文化、学习文化、交往文化等。

表现在教学行为上，教师不同的工作取向会产生不同的教学行为。以官僚文化为指导的教师的教学工作直接指向学生的学习成绩；以专业文化为指导的教师在教学活动中追求课程目标，改进教学方法，优化教学过程，通过变革和创新，能够获得更好的教学效果。总之，积极的教学文化促进高质量的教学行为，消极的教学文化则会导致低水平的教学行为。

表现在学习行为上，教师要涵养源头活水，需要不断的学习，兼顾治学和教学，综合提高专业素养。教师的学习文化有自身的特点。教师本身已经具备了深厚的人文素养，掌握了丰富的学习方法，因而学习能力强、独立性强。教师的学是为了更好地教。出于职业的需要、求知的需要、自我实现的需要，教师的学习行为目的性更强，目标感更强。

表现在交往行为上，教师与学生交往，具有权威性和领导性；与同事交往，具有合作性和竞争性。由于中国传统思想的影响，在学生中间，教师多高高在上；在教师群中，则是平起平坐。教师之间的交往显然是良性而平等的。传统的师生之间的交往，不利于教学活动的开展，也影响了师生亲密关系的形成。随着中西方文化的交流与融合，现在师尊生卑的不平等现象已经获得了巨大的改变，师生平等的思想逐渐深入人心。

（三）管理者行为文化

任何一个组织机构都是由管理者和被管理者组成的。学校作为一个学术组织、教育机构，亦是如此。

作为学校的领导，言行举止都是全校师生的表率，其工作风格和领导方式都会对学校的发展产生巨大的影响。校长以怎样的方式、态度和行为处世，关键在于他怎样看待校长这一角色，怎样看待就会做出怎样的姿态，表达出怎样的行为文化。

美国学者罗伯特·伯恩鲍姆在《大学运行模式——大学组织与领导的控制系统》中提出的校长行为值得我们借鉴。"校长只是具有代表权的教师，平易近人，和蔼可亲。他因杰出的工作能力和学术水平而得到师生的广泛认可。他是一个朋友、一个长辈，一个极具人格魅力的值得相信的人。身为校长，他的工作中没有命令、没有指派，而是听取各方意见，民主决策。"

总之，校领导的行为会对教学活动产生意想不到的影响力，对学校的管理行为、各部门的运作方式、学校的发展战略都具有重大的影响力。

（四）教工行为文化

学校中的成员主要是学生和老师，从数量上说，教工只占很少一部分（如门卫、保洁人员、园艺师、餐厅的厨师和服务人员），但他们对于学校的正常运行起到了不可缺少的作用。他们的行为文化在一定程度上也影响着整个学校文化。

比如门卫，门卫可以说是学校形象的代言人，来到学校见到的第一个人就是门卫。门卫的精神状态、文化素养都会对学校的文化形象产生重要的影响。又比如说园艺师，学校能否有一个宜人的环境，园艺师将起到决定性的作用。而能否有一个宜人的环境，对学生的身心发展、健康成长都有着重大的意义。这些教工通过他们的行为，帮助学生了解社会。如此，教工的行为文化也就具有了重要的教育意义。

三、学校行为文化建设的意义与作用

现代学校的一切理念、制度都是为了塑造良好的教育行为，良好的行为是文化建设的目标。行为文化是学校文化的"晴雨表"和学校的"活文化"，在学校文化建设中有着不可取代的作用。

（一）加强学校行为文化建设是学校文化建设的根本

学校文化建设的主体是学校的师生，因为作为生命个体的活动能够展现出学校文化建设的状况，并通过言行展现学校的理念文化和整体的文化气息，折射出本校的文化底蕴和文化风采。

（二）加强学校行为文化建设有利于推动学校文化建设

各级学校进行文化建设，以彰显学校个性鲜明、底蕴深厚的文化体系，以展现独具个性的精神文化，而此种文化建设是以环境、制度和行为文化为基础的。行为文化系统建设是学校文化建设各个层面之间的桥梁和纽带，因为只有在师生行为的配合下，学校进行的其他层面的文化建设才能更加顺利地进行，才能更好地挖掘出精神文化的因素，才能形成有效的制度文化，才能体现出学校的文化内涵，才能提升学校文化的层次。

（三）加强学校行为文化建设有利于落实学校文化建设

学校文化的落实需要师生逐渐将学校的价值观内化为自己的一种品质，并通过自己的行动进行展示。学校行为文化建设具有流动性，只有在加强行为文化建设的基础上，才能顺利地推进学校文化建设，从而让学校文化建设得到有效落实。

第五节　学校环境文化系统

一、学校环境文化概述

学校作为教育活动的主要场所，是教育活动得以顺利进行的空间依托和物质基础。学校环境文化作为学校文化的重要组成部分，同样也是学校文化存在和发展的物质基础。因此，学校环境文化可以形象的被称为学校文化的"躯体"。

学校环境文化是充盈在学校有形实体之中，满足学校主体需要并蕴含着特定的教育理念、审美旨趣和价值追求的文化形态。学校环境文化主要是学校的表层文化，即外在的有形文化。它既是学校显性文化存在和发展的物质基础，也是学校隐性文化的物质载体。

作为学校文化体系内最为直观的部分，学校环境文化往往在视觉范围内给人留下对一所学校的最初印象。同时，学校环境文化也是一所学校之所以成为学校的空间基础。学校范围内的教育活动都是以学校的环境文化为依托而展开的，因而对于学校文化的总体建设，学校环境文化起着重大的作用。

二、学校环境文化的基本要素

学校环境文化是一个系统工程，按照空间布局，可分为室外环境和室内环境。

（一）室外环境文化要素

1. 校门

大门建筑是建筑群的门面，是建筑群空间顺序的序幕，它所在的位置对整个区域规划布局至关重要，是决定整体规划轴线的关键点，它的整体形象在人们进入某单位时，往往给人以最初的印象，这个印象甚至会影响人们对整个建筑群的感受，成为人们记忆的标志。除了学校大门，还有各种建筑物的大门，它们是位于两个区域或多个区域之间的节点性建筑，能起到联系、通行、标志等作用。

著名的日本建筑设计师安藤忠雄有一句名言："在建筑师肩负的众多责任中，最重要的是展示文化，最大的职责是传承文化。"校门门楼或高显或低调，或古韵或现代，本身便是一种言语，是学校文化的体现。学校大门有风格、有特色、有亮点，对学校文化的传播具有非常重要的作用。

2. 广场

学校的广场是供师生日常生活、学习和活动的主要场所，以空间的形式与周围的建筑物和其他各种空间相组合。它以不同的姿态、功能或形式存在于校园中，如入口广场、中心广场、休闲广场等，有着不可替代的作用。

广场设计在环境文化中属微观设计的内容。广场是师生室外生活的舞台，集合了多种实用功能，如节庆、交往、休息、观赏、游乐、健身等。学校要创造一个积极的、开放的、活跃的公共交往空间，让它起到校园会客厅的作用。

3. 道路

校园道路的基本类型有路堑型、路堤型、特殊型等几种。按照其性质功能来分，还可以划分为主要道路、次要道路和游息小路等几种。不论是哪种道路，学校都要对其进行命名，予以其含义。同时，重视道路景观设计，形成意趣盎然的艺术美景，让道路成为美的道路，给人以美的熏陶。

4. 景观小品

景观小品是景观中的点睛之笔，一般体量较小、色彩单纯，对空间起点缀作用。景观小品既具有实用功能，又具有精神功能，包括建筑小品——雕塑、壁画、亭台、楼阁、牌坊等；生活设施小品——坐椅、电话亭、邮箱、邮筒、垃圾桶等；道路设施小品——车站牌、街灯、防护栏、道路标志等。

（二）室内环境文化要素

按照楼馆的功能进行设计，主要可分为教学楼环境文化、办公楼环境文化、实验楼环境文化、艺术楼环境文化、图书馆环境文化、体育馆环境文化、校史馆环境文化等。根据教育功能的不同，可将建筑、场馆确定相应的主题、风格和内容。例如，教学楼突出学习氛围、办公楼突出师风师德、艺术楼充盈艺术气息等。

在一栋建筑内，设计内容又有划分，总体来说主要有走廊文化、教室文化、办公室文化、功能室文化。

走廊文化是环境文化的重要组成部分，是对学生进行人文关怀的一个突破口，"让每一面墙壁都会说话"应该成为策划的目标。

教室文化应突出教室的教育功能，与教风、学风、班风和谐一致。

办公室文化应突出办公场所的特质，以经济适用、美观大方、独具品格为目标。

功能室文化。学校的功能室主要有美术室、舞蹈室、少先队室、音乐室、实验室、阅览室、微机室、语音室、广播室、剧场等，对这些功能室的规划，要充分考虑其独具的功能和教育作用。

三、学校环境文化的特征与功能

（一）学校环境文化的特征

学校环境文化作为一种特殊的文化形态是学校文化的重要组成部分，其所具有的特性是区别于其他形态学校文化的依据，具体而言，学校环境文化的特性主要包括以下几点。

1. 学校环境文化具有教育性

学校环境文化的教育性是指学校环境文化对学生潜移默化的教育作用。联合国教科文组织强调："除了正规的课程外，学生置身于其中的环境也是一种教育要素或反教育要素。"相比单纯的课堂教学，学校环境文化拥有更广阔的教育空间和教育内容。学校环境文化与学校的教育目的和办学理念是相吻合的，蕴含了无数的教育精神和元素，使得学生在不知不觉中得到德、智、体、美、劳全方位的教育。通过教育性的学校环境文化，学生的情感、态度和世界观、人生观受到潜移默化的影响。

2. 学校环境文化具有实用性

学校环境文化的实用性以其满足学校师生的实用需要为第一原则。学校作为一个实体性的空间存在，环境物质条件是其根本。一个没有教室、食堂、宿舍、厕所、图书馆、体育场等条件的学校难以称之为学校。学生作为学校的主体，学校环境文化应该满足学生的基本需要。学校中各种环境文化的设置都或显性或隐性的包含了实用性的元素，大到学校环境的美化、人文景观的设置，小到食堂环境的布置、宿舍环境的安全舒适、图书馆图书资料的更新等，学校环境文化的各个方面都要注重其本身的实用性。

3. 学校环境文化具有结构性

学校环境文化的结构性强调学校环境文化整体布局和规划的结构合理性。学校环境文化并不是物质的随意堆砌和摆放，而是分散的环境元素在整体布局上形成的一个结构鲜明、有机协调的系统。其包括学校不同功能的建筑布局的合理性，主次高低建筑群落的搭配布局的合理性，学校三大区之间结构的合理性，独特人文景观和学校整体文化环境搭配的合理性等。关键是要求学校环境各要素之间协调统一，从而形成学校环境文化的全局体系。此外，学校以育人为主要目的，要求教育要遵循一定的目的和规范，这就要求学校环境文化要围绕教育主题，形成一个全局性的教化、熏陶的环境文化体系。

4. 学校环境文化具有人文性

学校环境文化的人文性是指学校环境文化中蕴含的深刻的人文情怀，其中反映和折射着学校的核心价值理念与精神信仰。学校环境文化的重要特点在于其空间形态的直观性和文化隐喻的超语言性的统一。一方面，学校中的雕塑、纪念碑以及亭台楼阁等环境文化形态深刻地反映了学校的人文精神；另一方面，学校中的各种配套设施，如教学楼、宿舍以及相关的水电通信设备等基础设施的建设也体现了人性化的关怀和以人为本的追求。学校环境文化不仅仅是学校的物质载体，更凝聚和寄托了校园主体的审美情趣、精神信仰和价值追求。

5. 学校环境文化具有发展性

学校环境文化并不是单纯的固态文化，它随时间的推移发生着变化。如学校校服的变化、学校基础设施的不断完善等，这体现了学校环境文化与时俱进的发展性。学校不同环境要素变化发展的速度并不同步，主要根据其物质文化的形态而决定，如校服、花草盆景更迭较快，学校建筑却会在相当长的时间内保持稳定。此外，学生作为学校的主要成员，在不同年龄段时心理和生理的发展水平差别很大，使得其对环境文化的理解与欣赏存在着很大的差异，这就要求学校环境文化要尽可能地照顾到不同年龄段学生的发展需要，呈现出与学生心理及生理发展规律相符的发展性特质。

6. 学校环境文化具有地域性

学校环境文化的地域性包括自然环境的地域性和人文环境的地域性两方面。首先，学校环境是建立在具有地域特点的自然环境之中，这种自然环境对学校环境文化的影响体现在学校空间的整体布局、建筑风格和景观设计等各个方面，是学校与自然生态的和谐统一。其次，学校是人文社会中的学校，不同的地域人文文化必然会对学校的环境文化产生极大的影响。学校所处的人文环境氛围通过民情风俗、价值取向和社会活动等各个方面影响学校环境文化。我国古代学校选址注重"远市而不喧，林深而宽敞"，著名教育家蔡元培先生则强调环境舒适，风景佳胜，从而"引起学者清醇之兴趣，高尚之精神"，这是人文环境影响学校环境文化的突出体现。

（二）学校环境文化的功能

我国著名散文理论家余树森描述了他初入北大校园时的感受："古色古香的西校门，湖光塔影的未名湖，幽静中弥漫着浓烈的书卷气息……醺醺地摇荡着我——倘能在此读书，作文，终了一生，吾愿足矣！"的确，一个幽静且怡人的学习、工作、生活环境对生活在其中的每一个人都是一份美的享受，一种性情的陶冶，一次人生的洗礼。

环境影响人。学校环境文化是学校成员智慧、力量、集体感的象征，拥有潜移默化的育人功能和审美功能，亦是学校文化的呐喊与表达。

1. 学校环境文化具有表达的功能

学校环境文化是学校教育活动的"舞台"。通过这一"舞台"，学校教育教学等各种活动可以尽情地展示。形态各异的学校环境文化承担的基本功能即其环境性功能，满足了学校主体对教学、生活、科研、管理等活动的物质需求。学校中明亮整洁的教室、设备齐全的功能教室，还有食堂、宿舍、操场等为师生提供了舒适的学习环境、生活环境和活动环境。学校的雕塑、建筑、文化长廊等人文景观深刻地展示着学校的精神文化气息，学校主体的行为文化通过有选择的作用于学校环境文化而显现在视觉世界。总而言之，学校环境文化的第一功能是其物质性的载体功能，是一切学校文化的物质根基。

2. 学校环境文化具有教育的功能

学校环境文化的教育功能体现在其本身所蕴含的教育功能和激励作用上。学校是学生进行生活体验和接受教育的场所，校园环境文化作为一种载体文化具有深刻的教育内涵。学校的环境文化经过设计者的巧妙构思和布局，是学校教育精神和办学理念的直观体现。历史人物的雕塑、伟人的名言警句、积极向上的标语横幅等，都可激励学生奋发向上，使他们达到自我实现的目的。此外，良好的学校环境文化可以间接地影响学生，实现隐性的教育。学校环境文化由学校主体共同创造，反过来学校环境文化也影响着学校主体的发展。面对整洁、美观的校园环境和师生对其的共同维护，任何破坏公共环境和设施的行为都会受到学生制止。学生在知识、趣味、教育并存的校园中畅游，并自然而然地融入其中，体会其中的教育气息，在不知不觉中实现自我提升。

3. 学校环境文化具有审美的功能

学校环境文化的审美功能体现在其可以培养学生的审美能力，提升学生的审美水平。除了以专门培养学生审美能力为目的的学校艺术课堂外，学校环境文化因其自身所包含的审美追求而能够对学生的审美观念、感受、态度和情操产生极大的影响。艺术气息的校园环境，风格独特的主题建筑，气韵独具的人文景观，各式各样的亭台楼阁、雕塑、纪念碑等各种学校环境景观都能对学生的审美产生积极的作用。通过审美怡情的方式，学生能保持轻松愉悦的心情，面对学习，面对生活。

此外，学校环境文化的功能还包括益智功能、娱乐功能等。

四、学校环境文化的审美取向与发展趋势

（一）突出特色

世界上没有两片相同的树叶，每一所学校都有与其他学校的不同之处，有隐藏着的精华和学校文化特征。这不仅反映在学校的办学方针、办学理念和办学目标上，而且具体体现在学校物质文化的发展和建设中。但是，大量的中小学校建筑风格基本一致，盒子式的外形设计和空间布局千篇一律，甚至有些学校的雕塑都有雷同。这些学校没有挖掘自身的特色，导致其环境文化显得空洞、呆板，没有灵魂。当然，我们也看到有些学校是卓然独秀的，树立了良好的榜样，慢慢带动了学校的个性化发展风潮。

社会总在向前发展，总有新的时代精神涌现，文化在不断的交流和发展中总有新的内容出现，新的教育理念和科学技术也不断产生，而这些都可以被学校用来结合自身独特的历史和文化底蕴具体体现在学校的环境文化中。

（二）富于人文性

爱因斯坦曾说过："学校的目标始终应当是：青年人在离开学校时，是作为一个和谐的人，而不是作为一个专家。"学校环境建设的出发点和终极目标是人，因此，它应以人为中心，坚持以人为本的原则，以促进学生德智体美全面发展和形成良好个性，以学生最终成为一个和谐的人为目的，充分体现人性和人文性。

学校环境应在建设中体现学生的想法和意见。不少幼儿园和中小学，将师生参与设计的图案绘制在教学楼墙面上，并让学生参与布置和装饰教室，积极参与美化学校的环保活动等，使他们增强对学校的归属感。现在不少学校不仅将课桌椅的材质由杂木的改为木质合金的，而且采用符合人体工程学的坐椅，既能够帮助学生专心学习，又有利于学生的身体健康成长。

（三）融合科学艺术和生态理念

现代的环境和建筑、园艺等设计充分体现了人类利用现代高度发达的科学技术，将人类无限的想象和创意艺术性地呈现于现实生活当中，不仅成为人们居住和生活的场所，也成为艺术审美的空间。

学校环境的规划越来越注重生态效益，即要做到无害化、无污染、可循环的设计。无论是在建筑设计里，还是在室内环境空间里，学校都要遵循可持续发展的原则，运用常规设计的手段，充分利用风、水、阳光、植物等自然元素，营造健康舒适的楼内环境的同时，达到最大限度的节能目的。

第六节　学校课程文化系统

一、学校课程文化系统概述

课程文化作为课程改革的深层因素和重要目标，"就其本质上讲是一种精神财富，这种精神财富不只表现为课程意识、课程思想、课程价值等内隐的意识形态，而且表现为人类在漫长的进程中所创造的课程制度、课程政策等外显的制度化形态。这样才能构成课程文化的整体内容和结构。"整体而言，我国的课程文化较为关注的是课程的形态，及其在文化中所体现出的规范、价值、信仰，并将致力于主体发展的文化资源进行系统整合。

课程文化是一种主体文化，体现了主观之认知习惯、方式、能力和客观之认知内容、成果，主观之道德情操和客观之道行规范。而西方学者爱德华·泰勒认为，"所谓文化或文明乃是包括知识、信仰、艺术、道德、法律、习惯以及其他人类作为社会的成员而获得的种种的能力、习性在内的一种复合整体"。[①] 这也说明了主观性和内在性是课程文化的重要属性，它能传递特定的价值观念、思维方式、审美趣味、道德情操、宗教情绪、民族性格等，能从文化的角度挖掘课程文化的根本价值和意义。

二、学校课程改革的价值取向与实践

真正意义上的课程改革必然是课程文化的变革，必然是自在的课程文化与自觉的课程文化交互作用和同步转型的结果。课程理性是课程文化自觉的

① 庄锡昌，顾晓鸣，顾云深，等. 多维视野中的文化理论［M］. 杭州：浙江人民出版社，1987：98.

本质，其本质规定性包括理性思维、理性态度、理性目标，具体体现为主体性的课程文化意识、开放性的课程文化胸襟、系统性的课程文化结构、鲜活性的课程文化生命和超越性的课程文化品质等特点。

（一）主体性的课程文化意识

这种课程文化意识主要指课程本身是一种独立存在的主体化文化形态，赋予了课程一种主体的地位，使得课程具有自律性、独特性、自觉性的文化属性。由此，课程本身具有内在的文化基础、关怀依据、文化使命、旨趣、原则及评价尺度。

主要表现在三个方面，第一，课程设计者在设计课程时，会将个人经验、知识观念、价值取向以及爱好情趣，尤其是本身所具备的文化和哲学思想等蕴含在课程里，从而繁衍出新的文化意义，实现文化的增值。第二，课程文化与社会其他文化现象是互动的。社会文化赋予课程的文化意义，推动课程文化的演进、发展，反之，课程文化也影响和塑造着社会文化，促进社会文化的繁荣与进步。第三，课程文化是教育学化了的文化，课程文化的构建要体现教育目标的要求，而教育活动有特定的对象、目标、过程、内容，课程文化就是在教育活动过程中彰显自己的主体性存在。

（二）开放性的课程文化胸襟

课程本身是一个开放性的系统，必须具有开放的胸襟和开放的胸怀。由此，课程不再是封闭的、阻滞的，而是一个全球化的、包容性的。课程文化研究具有语境性的特征，要从本地区、本民族的文化积淀和文化语境出发，研究文化变迁对课程改革的影响。开放的课程文化就要有一个宽阔的视野，任何形态的课程文化都是一元与多元、共性与个性的对立统一，人类文化从一元走向多元是势不可当的，交流而不封闭，包容而不排斥，只有这样才能共同发展，共同繁荣。在新时期的课程建设中，正确处理课程文化的多元化和民族性，要具有开放的胸襟，要保持课程文化的民族性，要以开放和包容的心态去面对课程文化的多元化。

（三）系统性的课程文化结构

课程文化具有整体的文化结构，是一个有机的整体。在课程文化的变革和实践中，必须在整体上把握课程文化的系统性，具体包括课程价值观、课程符号、课程规范。

1. 课程价值观是课程实践中主体对特定文化内在价值的主观反映。它是课程实践中稳定进行课程行为和达成课程目标的核心，是一种思想支柱，对课程行为具有内在的规范性。因此，课程改革必须对课程文化的价值取向有所追求，而新课程文化的价值取向应根植于人与文化相互选择、动态同构的共同体之中。这种追求作为一种过程，是一种以人为主体，以课程文化为媒介，群体文化素质与个体文化素质双向建构的过程，它为新课程改革的文化选择开拓了一个开放的、包容的、综合的思维空间。

2. 课程符号是课程活动的外显形式。课程的主要社会职能在于传递人类文化，而人类文化的外在表现形式就是符号系统，因此，传递这种符号系统就成为课程实践的重要任务，同时也成为课程内在符号系统的基础。课程本身的符号系统包括课程理论、教学语言及其象征符号。

3. 课程规范主要是课程的操作规范，它是有效开展课程实践的保障系统。我国的新课程文化也是一种规范性文化，主要是改变教学的规范、关系的规范和分配的规范。教学规范的转型，主要是将教师单纯传授知识的教学方式改变为引导学生探究、发现和建构知识的教学方式；关系的转型，主要是将个人竞争的交互作用转变为相互关怀和合作共享的文化；分配规范的转型，主要是对课程资源、机会、决策进行再分配时，引进"民主规范"和"地位分权"的元素。

(四) 鲜明性的课程文化生命

课程文化生命是课程文化改革的一个重要特征。课程文化生命是指对课程中的教育的生命意义和人的生存状态的充分关怀。生活是生命的存在形式，人总是在生活中舒展着个体的生命，体验着生存的状态，享受着生命的快乐和生活的乐趣。关怀生命教育，舒展生命的快乐，体验生命的深度，应是课程文化的应有命题，也是课程文化最终价值的体现。

课程文化的生命品质，要求在课程活动中，要体现对生命的关注和对生活的关怀，充分体现人性化，尽可能缩短师生之间、学生与社会之间、学生与正面生活之间的距离，从而使学生的生命力得以萌发，灵气得以展现，精神得以张扬。学校可通过课堂的理性生活，使学生尽可能获得最高层次的理智感体验与创造力的激发；通过道德生活，使学生产生思想品德内化活动，让他们尽可能获得最高层次的道德感体验和自律性的形成；通过审美生活，使学生进行感受美、识别美、鉴赏美、表现美和创造美的活动，让他们尽可能获得最高层次的美的体验和审美能力的提高。

（五）超越性的课程文化品质

课程文化具有先行性、先导性、先进性和理想性的品质。这标志着课程改革视野中的课程文化是一种走在社会和时代前列的、对社会起导向作用的先锋性文化，是一种不为现实的功利主义、实用主义所诱惑、困扰和束缚的乌托邦性的"彼岸世界"文化，是一种不盲目地、不无原则地适应社会主流文化的探索性文化。正是由于这种超越性的课程文化品质，课程的实践才能充满生机，课程的行为和活动才能更加深刻和充满活力。

三、学校课程文化的建设主体与要素

（一）学校课程文化的建设主体

课程不仅是学科，还是教师、学生、教材、环境四因素的整合，是一个辐射性的多维空间，它在本质上是一种教育过程，是一种实践状态的教育。

课程的主体是教师和学生，他们是课程的开发者、知识的建构者，在师生平等对话、合作学习的过程中，教师有效地指导、热情地鼓励，学生积极地探究，自主地建构。而课程文化好比纽带，它将学校课程、师资队伍、学校环境组合起来，共同为教育目标的实现和办学思想的对象化而服务。

1. 学生是服务对象

学生是课程发展中的重要因素，课程的发展应该做到促进学生身心健康发展，帮助学生成为完整的人。学生具有多元的文化背景，真正做到"以学生为本"就必须尊重不同文化个体的差异，理解不同文化的思维乃至生活方式，并在知识传递的过程中提高学生的创造性文化适应力。课程开发要注重时代性，具有与时俱进的精神，关注人的价值、人的意义，突破课程对学生的束缚。

2. 教师是领导者

课程建设的主力军是教师。因为"在接受既有学校文化为指引和导向的前提下，教师所应具备的相应于学校课程开发与实施的专业意识和能力已然成为学校改革与发展——包括学校文化的反思与重建——的关键因素"。

在新课程改革中，教师应具备专业知识、专业技能和专业精神三大专业素质，认识到自己在课程开发中的主体责任。此外，教师应该学会由原来的个人奋斗向团队协作转化，由纯经验型教师向科研型教师转变。

（二）学校课程文化的基本要素

作为一种文化，课程文化本身具有多维辐射性，所以，学校课程文化涉及的要素需要从多维角度入手。

课程标准：一般包括总纲和分科课程标准两部分。总纲规定学校教育的总目标、学科的设置、各年级各学科每周教学时数和教学通则等。分科课程标准规定各科教学目标和教材纲要、教学要点和教学时间的分配、应有最低限度的教学设备以及教学方法和其他应注意的事项。

教学大纲：根据学科内容及其体系和教学计划的要求编写的教学指导文件，它以纲要的形式规定了课程的教学目的与任务；知识与技能的范围、深度与体系结构；教学进度和教学法的基本要求。

教材：根据教学大纲和实际需要，为师生教学应用而编选的材料，主要有教科书、讲义、讲授提纲等。

教学方法：教学过程中教师与学生为实现教学目的和教学的任务要求，在教学活动中所采取的行为方式。

四、学校课程文化建设的意义与作用

（一）课程文化引导价值取向

课程文化让传统优质文化更加深入人心。一个有悠久文化传统的国家，更应该在课程内容中体现出这种倾向性。忠孝仁爱、修己安人、以人为本等人文精神，应在各学科内容中渗透始终，人与自然、人与社会的和谐是中华传统文化的精髓，也是现代社会文化发展的客观要求。课程文化可以有意识地利用一些难以觉察的文化成分，使学生潜移默化地获得应该形成的态度或摒弃不该形成的意识；学生通过对课程内容的学习，形成认识文化、评判文化的能力。

（二）课程文化促进学生发展

课程文化建设重视学生能力的发展，关注学生的多元学习和多元发展，坚信课程是学生发展的平台，是学生能力提高的重要途径。它根据学生的年龄特征和成长需要，让学生有序地进行课程文化的学习，关注学生的学习力发展和文化力发展。随着课程文化的整体规划，将会有更多的学生积极学习各种课程，促进自身的全面发展。

（三）课程文化促进教师发展

整体规划后的课程，是相对固定的分类框架。作为课程规划框架，教师可结合实际情况对课程进行重新开发，开发新的主题，完善课程规划。此过程是教师进行积极思考、主动研究的过程，需要教师进行整体设计，边研究、边实践、边反思，能够促进教师的理论研究和实践探索相结合，使教师实现主动发展。

（四）课程文化促进学校发展

随着对课程的整体规划，学校逐渐形成具有本校特色的校本课程。这不仅有利于学校全面推进新课程的落实，还能使学校借助校本课程这一载体，全面进行各个主题章节的开发和设计，从而丰富、拓宽校本课程内容，促进校本课程的完善和提高。

第五章
Chapter 5

学校文化的系统构建

　　学校文化的系统构建有着重要的现实意义，如积极培育和践行社会主义核心价值观、弘扬以儒学为主体的优秀传统文化、增强国家文化软实力、提高国民整体素质都需要从学校抓起，都需要加强学校文化建设。而对学校自身来讲，要促进素质教育的开展、提高育人质量、实现学校内涵发展，学校文化的系统构建也是不可或缺的一环。进行学校文化的系统构建，要坚持正确的指导思想和原则、目标和任务、路径和方法。学校文化的系统构建需要精神资源，也需要物质资源，其中既有源自学生发展、教师发展、学校发展的内部动力，也有校校之间竞争、社会各方面希望产生的外部动力。在学校文化系统构建的过程中，只有对学校进行充分的调研论证，才能提炼和形成比较科学的构建方案，而只有系统完善的构建方案才能保证学校文化有条不紊地落实践行。文化是时代的产物，学校文化的构建也必须与时俱进，不断自我更新，保持可持续发展。

第一节　学校文化构建的意义与指导思想

一、学校文化构建的时代意义

（一）有利于培育和践行社会主义核心价值观

中国共产党第十八次代表大会在中国历史发展进程中是一次非常重要的大会，大会提出要积极培育和践行以富强、民主、文明、和谐，自由、平等、公正、法治，爱国、敬业、诚信、友善为内容的社会主义核心价值观。富强、民主、文明、和谐是国家层面的价值目标，自由、平等、公正、法治是社会层面的价值取向，爱国、敬业、诚信、友善是公民个人层面的价值准则，这 24 个字是社会主义核心价值观的基本内容。在实现中华民族伟大复兴，坚持和发展中国特色社会主义的伟大实践中，积极培育和践行社会主义核心价值观具有重要而深远的意义。学生是祖国的未来，学校是培养希望的摇篮，培育和践行社会主义核心价值观就要从学生抓起，而构建完善的学校文化不仅是培养学生的重要手段，也是培育和践行社会主业核心价值观的重要途径。构建完善的学校文化就是要围绕立德树人的根本任务，把培育和践行社会主义核心价值观贯穿于基础教育、中等教育、高等教育、职业技术教育等各个教育领域，覆盖到学校所有教育者和受教育者，落实到学校教育教学和管理服务的各个环节中；要把培育和践行社会主义核心价值观纳入学校文化的总体规划，融入校园理念文化、环境文化、视觉文化、行为文化之中，营造体现主流意识、时代特征、学校特色的校园文化氛围，努力培养德智体美全面发展的社会主义建设者和接班人。

（二）有利于弘扬以儒学为主体的优秀传统文化

大力弘扬以儒学为主体的传统文化是时代之需。学生是祖国的未来、民族的希望。学校通过文化建设，弘扬传统文化，能引导学生更加全面准确地认识中华民族的历史传统、文化积淀、基本国情，增强民族文化自信和价值观自信，自觉践行社会主义核心价值观，坚定走中国特色社会主义道路的信念，为实现中华民族伟大复兴的中国梦贡献自己的青春和力量。以儒学为主体的传统文化是道德修养的百科全书，也是向学生实施道德教育的丰富宝藏。学习儒家天下兴亡、匹夫有责的家国情怀，能让学生做一名有自信、懂自尊、能自强的中国人；学习儒家仁爱共济、立己达人的和谐关爱，能让学生做一名高素养、讲文明、有爱心的中国人；学习儒家正心笃志、崇德弘毅的人格修养，能让学生做一名知荣辱、守诚信、敢创新的中国人。传统文化不仅为学校文化的构建提供了丰富的营养，也为学校保持强劲的发展势头提供了恒久的动力。学校的发展总是会风雨兼程，乐观进取、戒骄戒躁的儒家思想能让学校保持清醒头脑，又快又稳地发展；学校工作总是千头万绪、众口难调，"道之以德，齐之以礼"的儒家文化宽容的作风，能让学校拥有和谐共进的发展氛围。

（三）有利于增强国家文化软实力

中华民族的伟大复兴是指全方位的复兴。其中，不断增强国家文化软实力，实现文化的复兴是实现中华民族伟大复兴的重要前提，同时，这也是我国建设和谐国家战略思想的重要组成部分。学校是社会文明的发源地、社会发展的动力源，也是增强我国文化软实力的主要阵地。人是文化建设的第一要素。提高文化软实力，推动社会主义文化大发展大繁荣，实现民族文化的复兴，最重要的是对人的培育。在我国，各级各类学校是培养人才的摇篮，而学校文化则是把学生培养成为文化建设者的重要保障。因此，学校文化的构建要具有承担和参与提高国家文化软实力的自觉意识，切实关注文化的凝聚力、推动力和影响力，在自身建设过程中努力迎合提高国家文化软实力这一战略任务的需要，充分调动和发挥师生的积极性、主动性和创造性，尊重师生在文化建设过程中的主体作用和首创精神，着力构建积极的健康向上的校风和学风；要把学校文化建设与社会总体发展结合起来，为社会输出各类优秀人才，以学校文化影响社会文化，进而对社会发展发挥积极推动作用；要用有中国特色的社会主义共同理想凝聚师生力量，用以爱国主义为核心的民族精神和以改革创新为核心的时代精神鼓舞师生斗志，引领校园风尚，这样的学校文化才更厚重、更活跃、更有力，更能健康地延续和发展。

（四）有利于提高国民整体素质

素质是一个具备基本先天条件的人，在特定的社会文化要求下，在观念、品质、能力等若干方面的综合表现。随着我国国家实力的不断增强，国家之间的交往日益频繁，国民的素质高低、公共行为规范与否，不再是国民个人的小事，而是折射出国家精神文明建设水准的，关系到国家形象、民族声望的大事，在某种意义上讲，也直接关系到中华民族的伟大复兴。国民素质的提高，需要大力发展文化作为支撑，因为文化是一个民族、一个国家的灵魂，是一个民族、一个国家振兴崛起的精神支柱。学校是社会的有机组成部分，学校师生也是国民的重要一员，特别是对于学生来说，学校文化的熏陶，对其将来走向社会能否成为一名合格的公民有着决定性影响。构建科学完善的学校文化能全面提高师生的文化、文明水平，使之具备适应现代社会发展需要的基本素质；能使师生树立正确的价值观念，并遵守共同的社会规范，增强社会责任意识；能增强师生的社会适应性，使其养成健康的心理素质，提高应对经济社会发展的自身转换能力；能增强师生的法制观念，使其自觉维护社会的团结稳定。学校文化不仅可以提高师生的知识技能和创造能力，而且能使师生提高思想境界、拓宽视野，提高认识世界的能力，从根本上提高科学文化素质和社会责任感等综合素质。

二、学校文化构建的教育意义

（一）潜移默化，促进素质教育开展

素质教育是以提高民族素质为宗旨的教育，是依据《中华人民共和国教育法》规定的国家教育方针，着眼于受教育者及社会长远发展的要求，以面向全体学生、全面提高学生的基本素质为根本宗旨，以注重培养受教育者的态度、能力，促进他们在德智体美劳等方面生动、活泼、主动地发展为基本特征的教育。学校文化是一种重要的亚文化形态，与学校教育有着深刻的渊源关系，并在学生素质培养中起着至关重要的作用。学生全面素质的提高是有层次性的，是一种由低层次向高层次发展的过程。学生在校园里生活，他的现实价值目标的实现只能在学校文化实践活动中体现出来。学校文化从静态上看，是一种观念形态；从动态上看，是一种活动。学校文化的主体和客体基本上都是学生。学生是学校文化的享受者、参与者、建设者、创造者。开展丰富多彩的学校文化活动，让学生根据自己的要求、兴趣、特长在文化生活中丰富自己，证实自己，完善自己，发展自己，就能使自身素质得以全

面提高。

（二）以文化人，提高学校育人质量

学校文化是课堂教学的延续和补充，二者相辅相成，互为促进。学校将学校文化渗透于学校的教学、科研、管理、生活及各种校园活动之中，能够加深和扩大学生在课堂上所学知识的深度与广度，提高学生的实践活动能力，开发促进学生智力和非智力发展的因素，寓德育与智育于轻松活泼的活动之中。在学校文化构建中，学生既是校园文化建设的主力军，又是行为主体，是校园文化的参与者和组织者。优美的校园环境有着春风化雨、润物无声的作用，如诗如画的校园风光给学生以巨大的精神力量，健全的规章制度及健康的集体舆论对学生的学习、生活及思想品行具有规范作用，良好的教风、学风、校风培养了大批合格并有特长的优秀学生，而且全面提高了学生的素质，让每一个学生都能有进步。学校文化的多样性也能够适应学生精神需求的多样化、个性化的特点，能使那些个性特点较突出的学生找到适合自己的活动内容和形式，并在活动中看到自己的价值，从而激发自主性、自尊心和自豪感，形成积极向上的生活、学习态度。学校文化把学生从一个个独立的个体拉进一个群体，并形成了集体的和谐氛围，由此使其产生对群体的认同感、归属感、义务感、责任感，从而促进了学校育人质量的提高。

（三）凝聚合力，实现学校内涵发展

学校的内涵式发展就是以师生身心发展为基础的教育质量、效益的全面进步，表现为学校教育质的发展。内涵式发展反映了学校教育发展的本质，而学校文化是学校凝聚发展合力，实现内涵发展的恒久动力。学校文化是一所学校的灵魂，是学校内涵发展的本质所在。学校文化能够提升师生的精神品质，让教师敢为人先，人人争当"有教育思想、有教学风格、有研究专题、有人格魅力"的教师；学校文化能够增强学校的约束力，使学校管理科学、合理、有延续性，保证学校正常的工作秩序，调动起师生发展的积极性；学校文化能够增强学校的影响力，让学校呈现出"文化品位、人文精神和时代气息"，达到"突出特色与个性，突出人文与科学"，努力营造融情感陶冶、人文关怀、生命价值于其中的文化氛围；学校文化能够实现"让每一面墙壁说话"，让每个角落育人，使和谐、文明充盈整个校园，鼓舞人心，催人奋进。内涵发展也是一种特色发展，特色的学校文化让学校管理者和教

学校文化建构与践行

师树立起特色立校的基本理念，将办学特色放在学校改革与发展的突出地位，在特色的形成和品牌的培育中将学校引入一种新的发展境地，最终实现学校内涵发展。

三、学校文化构建的指导思想

学校文化是社会主义精神文明的重要组成部分，学校文化构建是全面贯彻党的教育方针、促进学校内涵发展、推进社会主义核心价值体系建设的重要载体，因此，学校文化构建必须坚持正确的指导思想。

现阶段，构建学校文化是以邓小平理论、"三个代表"重要思想、科学发展观为指导，以社会主义核心价值观为导向，坚持社会主义先进文化的发展方向，贯彻落实党的全面育人教育方针，遵循文化发展规律，按照全面推进素质教育的要求，借鉴吸收人类文明有益成果，以学生为主体，以建设优良的校风、教风、学风为核心，以优化、美化校园文化环境为重点，以丰富多彩、积极向上的校园文化活动为抓手的，推动形成厚重的校园文化积淀和清新的校园文明风尚，使学生在日常学习生活中接受先进文化的熏陶和文明风尚的感染，促进他们全面发展和健康成长，最终成为有理想、有道德、有文化、有纪律的德、智、体、美全面发展的中国特色社会主义事业的合格建设者和可靠接班人，使学校成为发展中国特色社会主义先进文化的重要基地、示范区和辐射源的重要过程。

第二节　学校文化构建的目标与任务

一、学校文化构建的目标

（一）传承学校文化传统

学校传统是一所学校区别于另一所学校的文化特质，是学校在办学思想、领导作风、学校风气等方面的综合反映。学校传统作为学校历史文化的积淀，渗透在校园的每一个角落，体现在学校的方方面面，从而对生活在其中的每一个人产生着巨大的教育作用。学校传统并不是一个空泛的概念，而是一个有着实际内容的客观实在，它是由校园中一个个具体的现象、一系列实在的活动所构成的。学校的校训、入学典礼仪式、师生的行为规则、治学求学风气等都能在学校传统中得以体现。学校文化的构建离开了学校文化传统，就成为无源之水、无本之木，既不能得到师生的积极响应，也必定不能发挥出文化的应有作用。因此，学校文化构建必须继承和发扬学校传统，从一个个具体的现象和活动抓起，充分挖掘其中的教育意义，为学校培养高层次、高素质人才营造一个全新的育人环境。

（二）形成学校文化体系

随着教育的改革和发展，以及教育理念的不断更新，学校文化越来越引起教育者的高度重视，但也不可否认，多数学校的教育者从理论上对学校文化缺乏深入的了解，导致学校文化在建设过程中缺少系统性指导。如果学校文化不能形成科学严密的文化体系，学校就难以实现构建学校文化的初衷。因此，学校文化的构建者必须要把形成完整的学校文化体系作为明确目标，使学校文化发挥出应有的文化合力。学校文化 SIS 整体规划设计包括理念识别系统（MIS）、行为识别系统（BIS）、视觉识别系统（VIS）、环境文化系统（EIS），它涵盖了学校理念文化建设、视觉文化建设、行为文化建设和环境文化建设四个层面。这四个层面如能全面、协调的建设与发展，必将为学校树立起完整的文化形象。

（三）打造学校文化品牌

这是一个充满竞争的时代，任何事物在竞争中取胜都需要核心竞争力。这也是一个品牌制胜的时代，任何事物在品牌构建中需要的仍然是核心竞争力。学校的最终追求是成为教书育人的名牌学校。名牌学校内涵丰富，要以先进的教育理念为主导，要以特色学校文化为底色，要以和谐优美的环境为依托，要靠一批名师名生作支撑。学校品牌建设的核心竞争力的强弱、历史短长，无关规模大小，无关人数众寡，唯在学校文化。所谓优质学校、特色学校，他们的内涵就在于优良的校园文化，缺少了这个内涵，学校便没有了"底气"。优质教育和品牌学校不是自封的，而是在激烈的办学竞争中形成和壮大的，是在逐步为社会和广大群众接受的过程中"成名"的，是长期持续努力、蕴蓄积淀的结果。一个学校有没有旺盛的生命力和可持续性，从本质上来说就是看他有没有优良的校园文化。因此，从这个层面上讲，学校文化的构建就要立足于打造学校文化品牌。

二、学校文化构建的任务

（一）学校文化构建与立德树人

立德树人是学校文化构建的根本任务。党的十八大报告指出，"把立德树人作为教育的根本任务，培养德智体美全面发展的社会主义建设者和接班人"。立德树人既然是教育的根本任务，也必然是学校文化构建的根本任务。所谓立德树人，即指学校文化不仅要为学生的学习生活、身心成长营造健康和谐的文化氛围，更要把社会主义核心价值体系融入文化建设之中，引导学生树立正确的世界观、人生观、价值观、荣辱观。学校文化落实立德树人的根本任务，要以"德"字为先，积极倡导以理想信念教育为核心、以爱国主义教育为重点、以基本道德规范为基础、以学生的全面发展为目标的德育活动，切实增强教育的针对性、实效性和亲和力、感染力，为孩子健康成长营造良好的环境氛围，让社会主义核心价值体系真正入脑入心；要重视和加强校风建设，培育良好的教风和学风，形成对教职工具有凝聚作用、对学生具有陶冶作用、对社会具有示范作用的优良校风；要积极开展校园文化活动，把德育与智育、体育、美育有机结合起来，寓教育于文化活动之中，促进学生思想道德素质、科学文化素质和身心健康素质协调发展；要加强校园人文环境和自然环境建设，建造精神内涵丰富、育人功能显著的物质文化环境，努力营造良好的育人氛围。

（二）学校文化构建与学校发展

学校文化构建要促进学校的可持续发展。学校文化是学校的灵魂，也是学校兴旺发达的力量之源。学校文化体现了学校的品位和特色，树立起了学校发展的目标和方向，聚集了师生的希望和力量，激励师生向着学校发展愿景奋勇前行。积极健康的学校文化能形成强大的文化力，既能激励师生个体全心全意、心无旁骛地追求个人的成长发展，也能凝聚全体师生员工目标一致地共同追求学校发展。古人讲"上下同欲者胜"。学校文化就像磁石，引导学校全体师生员工要胸怀远大目标，心往一处想，劲向一处使，追求成长发展。如果说，学校是一棵正在成长的树，校园文化则是树之魂，教师是树

111

之根，课程是树之叶，学生是树之果，树有魂则有精气神，根深则叶茂，叶茂则果硕。校园文化建设过程也正是师生认识自我、完善自我并调整自我的过程。在这个过程中，师生逐渐形成了对学校的认同感和归属感。只有这样的校园文化建设，才能促进学校的全面发展。

（三）学校文化构建与管理服务

学校文化构建要促进学校管理服务水平的提高。孔子曾说："道之以政，齐之以刑，民免而无耻；道之以德，齐之以礼，有耻且格。"孔子的这些话实际上指出了文化在管理中的巨大作用。学校管理的最终目的和最高境界就是要得到师生发自内心的认同和拥护。要达此目的，仅靠制度是不可能实现的，必须发挥学校文化潜移默化的作用。学校文化不但能让师生自觉自愿认同学校管理，更能聚集起师生的希望和力量，激励师生向着学校发展愿景奋勇前行。因此，学校文化在构建过程中，坚持以人为本，集中体现为重视人、尊重人、关心人、爱护人，关注师生员工的情感需要、精神需要、自尊需要、自我实现需要。管理不是目的，而是通过管理得到师生员工的心灵呼应，让他们感到教有所值，学有所乐，能够与学校发展同呼吸、共命运。学校管理工作要时时处处都存在，却能让师生在不知不觉、自由自在的状态中潜移默化、自觉自愿地服从管理行为，进而形成和谐有序的校园生活，达到"春风化雨润无声"的管理境界。

第三节　学校文化构建的定位与原则

一、学校文化构建的定位

（一）功能定位

学校文化的构建首先要具备导向功能。求真、务实、尚美是所有学校文化的真谛，它体现了一种高品质的文化形态，营造了整个校园积极进取、健康向上、朝气蓬勃的氛围。师生员工受到这种良好氛围的浸染、熏陶，必定会产生对真善美的追求和向往，久而久之，就能构建起师生员工共同的群体心理定式，从而对其思想和行为都起到导向作用。其次，要具备约束功能。学校文化对成员的约束依靠的是一种精神力量，侧重逐渐养成的方式，它能潜移默化地告诉师生员工是非、善恶、对错以及美丑的衡量标准，使得人们能在内心或行为发生矛盾冲突时，可以通过学校文化倡导的信念、意志进行平衡调解，从而化解矛盾。再次，要体现凝聚功能。学校文化作为师生员工共创并认同的思想体系，发挥着巨大的感召力和凝聚力，它使师生员工认识并体验到彼此具有共同的理想追求、价值观念、道德情操和行为规范，加强了师生员工对学校的认同感和归属感，从而把他们紧密地联结在一起，形成内求团结、外求发展的精神风貌，共同为学校的发展而奋斗。第四，要体现激励功能。学校文化的激励功能表现在它能促使学校各成员产生积极进取的精神和高昂的工作情绪，进而使他们能为达成学校目标和自身目标积极努力。第五，要体现辐射功能。学校文化的辐射功能不仅体现在其对内部师生员工持续性、长久性的影响力上，还体现在其对社会、对公众的影响力上。濡染了校园文化之后的师生员工，是学校与社会紧密互动过程中的主体，他们在进行实践教学、从事职业实训、提供社会服务时，必然会将自身拥有的文化外化成相应的行为，从而将学校文化的良好影响力逐渐释放，对社会及公众起到辐射作用。

（二）特色定位

在我国，学校文化的构建既应有普遍性要求，也应因学校性质与类型的不同在特色上有不同的定位和要求。小学学校文化要突出一个"小"字，"小"在此特指学校文化的适用对象是小学生。因此，学校文化的特色从内容到形式都要以促进孩子身心健康发展和习惯养成为目标，引导学生孝敬父母、尊敬师长、友爱同学、礼貌待人，养成勤俭节约、吃苦耐劳、言行一致的生活习惯和行为规范，培育热爱家乡、热爱生活、亲近自然的情感，学会理解他人，懂得感恩，并逐步提高辨别是非、善恶、美丑的能力，开始树立人生理想和远大志向。中学学校文化要突出一个"中"字，"中"在此指学校文化的适用对象是中学生，要让学生进一步巩固好的学习生活习惯，努力把行为规范转变为自觉行动，进一步提高德智体美全面发展水平，能深刻地认识自己，把握自己，按照自身优势选择发展道路，同时认识到国家前途命运与个人价值实现的统一关系，自觉维护国家的尊严、安全和利益。普通高校的学校文化要突出一个"高"字，"高"既是指学校文化的高层次，也是指学校文化的适用对象是大学生。高校学校文化要强化内涵引导，以提高学生自主学习和探究能力为重点，培养学生的创新意识，增强学生的责任感和使命感，引导学生完善人格修养，关心国家命运，自觉把个人理想和国家梦想、个人价值与国家发展结合起来，坚定为实现中华民族伟大复兴的中国梦不懈奋斗的理想信念。职业院校学校文化，在特色构建上要突出一个"职"字。职业院校作为为社会培养一线技术技能人才的职业教育单位，其学校文化应融入更多职业要求、行业道德和社会因素，吸收企业文化、区域文化、品牌文化的特点，使学校文化与社会文化、普通高校文化区别开来，使师生既是校园人，也是企业人、社会人，与市场需要和社会环境零距离对接，增强职业院校学生的核心竞争力。

二、学校文化构建的原则

（一）科学性原则

科学性原则是指构建学校文化首先要遵循学校文化的内在规律和要求，对学校文化进行系统化构建，其次要遵循教育规律和要求，落实教育方针和政策，满足文化育人的需要。学校文化只有进行系统化构建才能在文化育人中发挥较好的合力。系统构建就是以核心理念为统领，有机构建理念文化系统、环境文化系统、视觉文化系统和行为文化系统，认真研究、深刻把握四大系统之间的内在联系，真正把四大文化体系构建成为一个内在联系密切的文化体系，为文化育人、学校发展发挥出应有的合力。好的学校文化在形式和内容上，都应该被赋予一定的教育内涵。学校可以在教学楼的每一层设计不同的学习主题，学生不仅可以从中获得课外知识，也可以从中巩固、提升课内所得。无论是学生，还是老师，走进校园的第一感觉，都应该是愉悦的。这种感觉不仅可以提高他们的学习兴趣，还可以给予他们工作、生活的灵感。

（二）主体性原则

主体性原则是指学校文化要立足于学校及其师生员工的客观实际进行构建。主体性原则使学校文化构建有着很强的针对性。学校文化是学校一代代教师和学生经过很长的历史积淀形成的，是通过不断筛选、凝聚传承发展起来的。同任何地区文化、时代文化一样，学校文化的发展和创新不是建立在空中楼阁之上的，而是与传承的优秀文化统一起来的。目前，很多学校在构建学校文化的过程中，并没有从学校和师生的实际出发，而是从本本出发、从想当然出发、从别人的成果出发来构建自己学校的文化。这种脱离了学校实际的学校文化，也就不可能得到师生的认可、认同，也就难以发挥文化的应有作用。学校文化的构建坚持主体性原则，就是体现学校领导班子的教育思想、办学理念，充分尊重师生的主体作用，实现全员参与、全程参与、上下联动。

（三）个性化原则

个性化原则是指学校文化的构建在遵循普遍性要求的同时，要努力挖掘、形成、展示学校独特的元素，努力形成学校文化的特色。学校文化不是将某种社会文化简单地运用在学校里，它有其相对的独立性，是学校在某一社会文化背景下，将学校发展阶段、发展目标、发展策略、学校内外环境等多种因素综合考虑而确定的一种独特的文化。另外，学校文化没有统一的模式，每一所学校都应在遵守社会道德规范、法律法规、服从国家需要的前提下，进行整体的、丰富的、深刻的、富有个性的构思和实践，创新校园文化建设的途径和方法，丰富校园文化的内容和形式，在传统中挖掘新意，通过新事物来领悟传统文化，用融合的手段来为校园文化注入生机与活力。独特的校园文化拥有自己的核心思想。这个核心思想，来源于学校的准确定位，来源于学校的历史积淀，能够传达出学校所特有的价值观。校园文化建设的使命之一，即是将这些特有的价值观表达出来，让外界了解学校的特色，体现浓厚的学校文化底蕴和办学特色。

（四）艺术性原则

艺术性原则是指学校文化的构建应通过艺术性的表现形式，塑造出生动而富有创意的文化形象来表现学校文化内容，使师生在愉悦中认知和接受学校文化，并从中获得艺术的欣赏、美的享受和思想的升华。艺术是指人们通过借助特殊的物质材料与工具，运用一定的审美能力和技巧，在精神与物质材料、心灵与审美对象的相互作用下，进行的充满激情与活力的创造性活动。学校文化要让广大师生入脑、入心、践行，就必须在外在形式上让师生喜闻乐见。"言之无文，行之不远。"艺术性原则就要求学校在文化建设中，无论是对理念文化的语言诠释、视觉文化的推广应用、环境文化的布置展示、行为文化的主题构建，都既要保证内容的深刻，又要在形式上结合学校实际，遵循艺术规律，发挥艺术创造，追求艺术效果，实现内容和形式的完美统一，最终让师生在美的享受中受到熏陶。

第四节　学校文化构建的资源与动力

一、学校文化构建的精神资源

（一）时代精神是学校文化的价值追求

学校是上层建筑的重要组成部分，学校教育在一定意义上讲，就是价值观教育。因此，学校文化不是孤立存在的，它受时代和社会的经济发展水平、政治需要和文化背景的限制，不可能也不会脱离时代与社会现实的政治文化大背景。时代精神的方方面面构成了学校教育价值观的方方面面。因此，对学校文化来讲，时代精神作为一种价值追求，成为学校文化的构建目标和方向。学校文化是常新的，是能够保持永恒魅力的，是能够唤醒青年一代心灵的，是能够激发青年学生激情的，是能够培养青年一代高尚的、独立的人格追求和高尚的时代追求的。当代中国的时代精神就是以改革创新为核心的与时俱进、开拓进取、求真务实、奋勇争先的精神，这种精神也是学校文化构建的价值追求。

（二）传统文化是学校文化的遗传基因

学校文化是社会文化体系的重要组成部分，博大精深的优秀传统文化就是建设中华优秀文化的重要基础。当今世界，文化在综合国力竞争中的地位和作用更加凸显，越来越成为民族凝聚力和创造力的重要源泉。博大精深的中华优秀传统文化是我们在世界文化激荡中站稳脚跟的根基。青少年学生是祖国的未来，民族的希望。加强对青少年学生的中华优秀传统文化教育，对于培养中华优秀传统文化的继承者和弘扬者，推动文化传承创新，建设社会主义先进文化具有基础性作用。中华优秀传统文化教育，对于引导青少年学生更加全面准确地认识中华民族的历史传统、文化积淀、基本国情，认清中国特色社会主义的历史必然性，坚定走中国特色社会主义道路、实现中华民族伟大复兴中国梦的理想信念，具有重大而深远的历史意义。

（三）地域文化是学校文化的独特风貌

地域文化一般是指特定区域源远流长、独具特色且传承至今仍发挥作用的文化传统，是特定区域的生态、民俗、传统、习惯等的文明表现。它在一定的地域范围内与环境相融合，因而打上了地域的烙印，具有独特性。一方水土孕育一方文化，一方文化影响一方师生。在中华大地上，不同社会结构和发展水平的地域的自然地理环境、民俗风情习惯、政治经济情况等，孕育了各具特色的地域文化，诸如中原文化、三秦文化、燕赵文化、齐鲁文化、三晋文化、湖湘文化、蜀文化、巴文化、徽文化、赣文化、闽文化……这些文化塑造了不同的民俗风情，也赋予了学校文化独特的精神风貌。

二、学校文化构建的物质资源

（一）传统元素

传统民族元素，带着厚重的历史感与新鲜的时尚感，席卷了变化万千的时尚舞台。它不仅体现了物质文化和精神文化的整合，表现了审美主体内心炽热情感的外化，而且在一定程度上折射出社会文化结构下的特定民族生活习俗和民族审美理念，以纯真、质朴、平淡的符号化视觉语汇及独到的视觉审美视点，高度艺术化地概括反映了民族文化的本质特征。传统民族元素也成为学校文化的展示载体，书法、绘画、服饰、建筑以及色彩、造型、布局，等等，为学校文化构建提供了丰富的灵感来源，也让学校文化更接地气，容易引起师生感情的共鸣，达到文化的应有作用。

（二）现代元素

传统元素让学校文化呈现出鲜明的民族特色，而现代元素的应用则让学校文化散发出时代特色。时代的发展不仅给人类创造了巨大的物质财富，也在影响着文化的发展。作为与经济社会的发展息息相关的文化类型，学校文化的构建也必须与时俱进，充分利用现代化物质资源和表现手段，展示学校文化的内容。只有这样，学校文化在形式上才能更好地贴近师生实际，满足师生的实际需求，从而让学校文化的内容喜闻乐见、入脑入心、见言见行。

三、学校文化构建的内部动力

（一）学生发展的需要

学生的发展目标就是成人成才。成人成才不是并列关系，而是要让学生先成人再成才，这充分体现了学校尊重教育规律和学生身心成长规律，为学生全面发展奠基，既对学生的升学愿望负责，更对学生的一切负责的理想追求。学生成人既需要接受道德、知识、心理、健康等方面的教育，也离不开健康的学校文化的熏陶。科学完善的学校文化立足于学校师生素质的提高，适应素质教育和创新教育的要求，把正确的价值观、世界观、先进文化理念融入学生学习的全过程，能够提高学生的整体素质。为把学生培养成全面发展和终身发展的高素质人才，学校文化要传播具有积极的世界观、人生观、价值观的文化内容，遵循教育规律和学生身心发展规律，把促进学生的发展融入学校文化的方方面面，从学生学习和生活的点滴入手，赋予每件小事以教育意义。健康的学校文化注重对学生的兴趣培养，形成育才以趣的办学特色，让课堂焕发出生命活力，呈现出让学生乐学善学的浓厚学习氛围；注重培养学生的兴趣爱好，改进评价方式等，开发学生的内在潜能；注重学生个性发展，拓宽学生可持续发展的空间，努力让每个学生成人成才；注重引导学生养成健康向上的情趣，打造文明和谐的校园环境，从学生的身心发展规律出发，强化心理健康教育，重视人文教育，培养学生健全的人格和高尚的品质，让他们达到知与行的统一，身与心的和谐，最终成为全面发展、个性突出的有用之才。

（二）教师发展的需要

教育大计，教师为本。教师是学校兴旺发达的根本，事业成功、生活幸福是教师的发展要求。学校不仅要尊重教师的人格价值和个性需要，为教师进步成长、施展才能创造条件，还必须构建以教师取得的成就为荣，包容性强，关注教师精神需求、实际需要的学校文化，在全校上下形成尊师重教的良好风气。只有这样的学校文化和风气才能使教师真正体会到学校这个大家庭的温暖，从而对学校产生归属感、荣誉感，进而发展为为学校作贡献的使命感、责任感，从而积极主动地学习教育教学的先进理念，养成良好的教风，把自己当做学生成人成才道路上的良师益友，在促进学校发展的同时实现自身发展，在创建幸福校园的同时提高自身的幸福指数。

（三）学校发展的需要

办学特色是学校矢志不渝的追求目标，特色学校文化是学校办学特色的重要组成部分，是学校异于万千学校的色彩和风格，是学校的优势所在、核心竞争力所在，也是引领学校可持续发展的关键所在。构建特色学校文化要立足自身实际，追求教育的全面、和谐、优质发展，注重发挥师生的主观能动性，创设民主、平等、和谐、互动的校园环境，满足师生的发展需求；要"让每一面墙壁都发出教育的声音"，努力赋予一草一木、一砖一瓦丰富的教育意义，从校园硬化、净化、绿化、美化、亮化入手，优化校园环境，渲染校园文化氛围，努力让校园做到处处有景、景景育人，让学生在潜移默化中提升综合素质，提升学校文化品位。这样的学校文化才能助力学校走特色发展之路，并以特色提质量、塑品牌、铸名校。

四、学校文化构建的外部动力

（一）校校之间的竞争发展

毋庸讳言，就目前教育现状来讲，学校与学校之间存在着非常激烈的竞争。学校要想在竞争中站稳脚跟、生存发展，除了加强硬件建设，提高教学质量外，还必须在软件建设上下大功夫。软件建设就是学校文化建设。科学完善的学校文化不仅能营造文明和谐的教育教学氛围，促进师生身心健康成长，而且能使学校在未来的竞争发展中保持持久的精神动力。因此，学校之间的竞争发展，促使学校必须结合自己的办学实际，以及社会发展对人才的需求，加强校园文化建设，提升文化力，提升学校文化品位，用文化引领学校健康发展，这是学校实现发展愿景的力量源泉。

（二）社会对学校的热切希望

"教育要为人民服务，办好让人民满意的教育。"这是学校办学的根本宗旨。一所学校要得到家长和社会的满意，不在于盖几座明亮的教学楼，购买几套现代化教学设备，而在于能否以科学的办学理念为指导，以良好的校风、学风，为社会、为家长培养出或适应继续深造或适应当地经济发展的不拘一格的优秀毕业生，这是学校教育始终追求的目标，也是学校生存的基础。而端正学校办学理念，营造积极健康向上的校风学风，就必须进行完善的学校文化体系构建，以良好形象提高学校知名度；以优异成绩打造学校的美誉度；以完善的机制激励教师追求专业的精深度；以和谐文化奠定师生对学校的认同感和归属感；以办学特色提升社会对学校的公信力；以适合学生的教育，张扬学生个性，促进学生发展。

第五节　学校文化构建的途径与方法

一、学校文化构建的内部途径

(一) 管理人员的自觉引导

学校管理人员（校长）是学校的掌舵者。需要管理的事务千头万绪，但校长必须保持强烈的文化意识，避免陷入事务堆中。校长对学校文化的理论认识如何，积极性、主动性如何，是否有文化自觉和文化自信，决定了学校文化发展的厚度与广度。在学校文化建设中，校长应当转变领导行为，注重激励人、培育人、发展人；要转变重事轻人、重权利轻品德、重他律轻自律、重效率轻价值的观念和做法，自觉引导、加强学校文化建设。校长要充分认识学校文化与学校管理的关系，学校的文化离不开管理，学校的管理也离不开文化，优秀学校文化引领学校管理。管理讲求制度和规范，文化讲求氛围和契约，两者必须有机融合，规范中出文化，文化中有规范，只有这样才能使学校的文化建设落到实处。

(二) 教师队伍的以身示范

"德高为师，身正为范。"教师是学校文化的播种者、实践者，他们通过课程与活动实现文化的传承与创新。每个教师以自身的教育观念和教育教学的行为方式，影响着学校共同的教师观念、教师行为、教学教研、行为风范、文化活动等，并以此引导、影响学校文化的建设。因此，学校要加强师德师风建设，同时要给予教师更多的关心，更多的激励，出台激励教师专业化成长的措施，进一步营造尊师重教的校园氛围，进一步落实激励教师成长的保障措施。要重视教师培训，提升教师的教学水平和师德修养；重视班主任工作，解决好班主任工作"不好做""不愿做"和政策不配套问题，还要为优秀教师成长提供机会。一支综合素质高的教师队伍，会是学校文化的积极践行者。

（三）广大学生的积极参与

学生是学校文化建设的体现者、参与者。学校文化建设着眼的是学生，突出对学生的培养，并在与社会互动的过程中形成建设学校的共同信念和价值追求。这种信念和价值追求能够影响和支配学生的行为方式并积淀为学校内在的精神，它弥散于学校之中，无形中操纵着学校的运行和发展。学校文化建设要依据学生发展的阶段性，以理想信念、价值观为核心去建设学生的观念文化和活动文化；依据文化建设的多系列性和多面性，既要重视对学生价值观的培养，也要重视礼仪文明的建设；依据文化建设的多序列性和多形态性，重视学科课程文化资源的开发，既要有必修课，也要有选修课、社团活动、综合实践活动。学校要通过多层次的文化建设，形成学生的养成机制、自律机制和创新机制。

二、学校文化构建的外部途径

（一）专业机构主打

学校文化有着自身的内在规律和特殊要求，其构建也表现出专业性特点。特别是近年来，随着教育的发展，人们对学校文化的深入研究，使得学校文化的构建也呈现出产业化、专业化的发展趋势，专门研究、构建学校文化的专业机构也在不断发展壮大，既提升了学校文化的构建水平，又促进了学校发展。由专业机构进行学校文化构建的优势主要体现在其构建理念比较科学。文化产业，特别是学校文化的构建，不同于一般的物质产品的制作，专业机构在进行学校文化构建的同时，也会对学校教育、学校文化进行深入的研究，形成比较科学、先进的构建理念。另外，随着社会经济的发展，社会分工越来越细，专业人做专业事已经成为社会发展的趋势，专业机构构建学校文化，无论在构建理论、构建资源、构建流程、构建方式方法上都具备专业化水平，流程的科学也必然会带来构建结果的科学，因此，对学校文化的构建，专业机构理应成为主打力量。

（二）教科机构辅助

学校文化反映着教育的内在规律和要求。教育者如果不能很好地把握教育发展的方针政策、发展特点、发展要求，也就不能在学校文化的构建过程中遵循教育规律和要求，体现学校文化的教育特点、学校特点，自然就不能很好地发挥学校文化的应有作用，实现学校文化的构建初衷。就目前来讲，虽然说专业机构成为了学校文化的构建主力，但有很多学校文化构建机构对教育不是很熟悉，或者说没有对其进行过深入的研究，也就使得很多学校文化的构建不能贴近教育和学校育人实际。因此，在学校文化的构建中，就需要教育科研机构的指导、参与和帮助，只有这样，学校文化才能呈现出较强的教育特色，发挥出应有的教育功能。

（三）边缘机构添彩

学校文化是一个内容丰富的文化体系，构建学校文化的最终目的是将学校文化渗透于学校的办学实践中、校园的环境中、师生的言行中，而不能将其当做一项政绩和面子工程，只有这样，才能实现学校文化落地生根、开花结果的积极作用。也就是说，学校文化的构建重在实施和践行，而要很好地实施和践行，单靠专业机构的设计规划、教育科研机构的指导是不够的，还必须有制作、装饰、园林、教育培训等学校文化边缘机构的参与，让他们充分发挥各自优势，这样才能使学校文化真正成为促进学校发展、师生健康成长的催化剂。

三、学校文化构建的具体方法

（一）以共同价值观构建理念文化

学校选择什么，崇尚什么，是由学校的价值观引导的，外显为学校的行为和校风。学校的价值观为学校全体师生指明了学校共同的向往、精神追求与发展方向，这是学校取得成功并长盛不衰的必要条件。愿景与价值观是文化建设的根基，共同价值观则是愿景的灵魂。学校的共同愿景是规范学校行为、推动学校发展的巨大力量。建设学校文化必须符合构建社会主义和谐社会的基本要求，培育并践行社会主义核心价值观，提倡依法治校，而这也是学校理念文化解决的首要问题和达到的最终目的。

（二）以物载德构建环境文化

学校要以育人为目的规划好环境文化。学校要加强环境教育，培养学生与自然和谐相处的观念。学校建筑要符合学校特色，不仅要具备足够的功能，其总体风格也要与学校环境保持一致，以营造和谐的校园文化氛围。要按照有关规定，建设、设计好教学场所和图书馆，完善教学设施，优化学习环境，不断满足学生学习成才的需要。规划并建设好学生文艺、体育、科技活动场所，完善文化活动设施，为开展文化活动提供必要的场地和条件。重视校园景观建设，特别是要做好绿化美化工作，使校园的山、水、园、林、路等达到使用功能、审美功能和教育功能的和谐统一，用优美的校园景观激发学生的爱校热情，陶冶学生关爱自然、关爱社会、关爱他人的美好情操。要在公共场所布置具有丰富内涵的雕塑、书画等文化作品，营造高尚健康的人文景观氛围。要组织学生广泛参与校园楼宇、道路、景点的规划、建设、命名以及管理工作，增强学生对校园文化环境的认同感。

（三）突出符号形象构建视觉文化

学校视觉文化系统是学校文化建设中最外在、最直接的表现形式，它使师生能从视觉上感受自己的学校与其他学校的不同，并且通过某种视觉识别形成对学校的特定印象，这就是视觉识别的目的和任务。要优化美化学校的校容、校貌等外在形象，把学校良好的形象传播给社会公众。要写好校史、建好校史陈列室，以通过资料记载和实物展示，生动形象地反映学校的办学历程，激励学生继承和弘扬学校优良传统。要确定校训、校歌、校徽、校标，提倡学生牢记校训、学唱校歌、佩戴校徽、使用校标，激励学生热爱学校、刻苦学习。要加强校报、校刊、校内广播电视、校园网、学校出版社、宣传橱窗等的建设，发挥舆论宣传阵地在校园文化建设中的巨大作用。

（四）塑造群体形象构建行为文化

行为文化构建要扎实开展师德教育，制订完善的师德规范，严格师德管理，加强教师思想品德和学术道德教育，宣传师德建设先进典型，积极塑造良好的教师形象；要制订完善的学生行为规范，严格学生管理，营造良好的学习氛围，努力使学生形成品学兼优、奋发向上、诚实守信、敢于创新的良好形象；要结合党风廉政建设开展廉政宣传教育，传播廉政知识，弘扬廉政精神，培育和建设廉政文化，塑造廉洁勤政的管理队伍形象；要精心设计和组织开展内容丰富、形式新颖、吸引力强的思想品德、文娱体育等校园文化活动，把德育、智育、体育、美育渗透到校园文化活动之中，使学生在参与活动中思想感情得到熏陶、精神生活得到充实、道德境界得到提升；要发挥优秀校友在文化建设中的独特作用，采取请进来、走出去的方式，用优秀校友的人生经历和感悟、创业历程和成就，激励学生立志成才，报效祖国；要精心设计、认真组织好开学典礼、毕业典礼等具有特殊教育意义的仪式和活动，激励学生奋发向上、求实创新。

第六节　学校文化构建的过程与步骤

一、学校文化的调研论证

没有调查研究就没有发言权。同样，没有对学校做全方位的调查研究，不经过对学校师生员工的深入访谈，就不能把握准学校文化的脉搏，构建出符合学校实际、引领学校发展的学校文化。对学校调研访谈的内容很多，主要包括以下几个方面：调研学校校长、书记等领导班子成员，论证学校的教育理念、办学理念、发展理念等内容，把握学校文化建设的正确方向；调研学校管理人员和师生代表，论证学校文化的完整性、规范性、实效性，确保学校文化建设体现师生实际，满足师生愿望；调研学校的重要文献资料，论证学校的优秀传统、文化特色、精神财富，确保学校文化建设的权威性和延续性；调研校园的自然环境状况，论证学校环境文化布局，突显学校环境文化特色，最大限度地发挥环境的育人功能，营造高品位的学校环境；调研社会上与学校相关的利益群体，论证学校文化的社会满意度、美誉度和吸引力、号召力，努力使学校文化契合社会需求；调研师生来源以及地域文化特色，论证师生在深度和广度上接受地域文化的状况，使学校文化呈现独特的地域特色。

二、学校文化的提炼形成

经过对学校深入细致的调研访谈之后，就要通过对材料的梳理研究、归纳综合对学校文化进行特色提炼，形成学校文化构建的文本。由于各个学校的历史传统、所处地域、学生来源、办学方向、师资力量以及办学条件等综合实力方面存在明显的不同与差别，因此，不同学校具有明显的个性化特点。对学校文化进行个性化提炼关键要把握好三点：一要立足于地域文化。"一方水土养一方人"，学校所在地域的风土人情必然给师生——学校文化的构建主体，打上深深的文化烙印。二要借鉴传统文化，这也是师生共有的文化基因。不仅如此，不论是教育理念还是学校文化，不论是内涵的探究还是语言的表述，传统文化犹如一座宝藏，总给人以惊喜。三要体察学校实际。学校的历史与当下、校长的言传与身教、师生的交流与沟通、学校的人文与自然等元素，都会在日积月累、潜移默化之中，赋予学校师生、学校文化鲜明的个性与特色。对学校文化进行个性化提炼的具体方法有正向提炼和逆向提炼两种。所谓正向提炼，即针对正处于上升势头，或者是已经取得突出办学成绩的学校，高度凝练地提炼出符合现有实际的学校文化。所谓逆向提炼，是指针对发展不尽如人意，办学质量不太理想的学校而言，要根据学校未来发展和核心文化的需要，提炼出学校应该具有的能促进学校发展的学校文化。

三、学校文化的落实与践行

形成学校文化文本并非学校文化构建的目的，只有把文本内容落地生根，让师生入脑入心，才能真正起到以文化人的作用。因此，学校管理者必须十分重视学校文化的落实与践行。要以学校理念文化引导师生树立正确的世界观、人生观、价值观，以实施科学文化素质教育为基础，建设良好的校风、教风、学风；要抓好校园文化设施建设，要在充分利用现有图书室、阅览室、宣传栏、文化走廊、科技室、体育场等文化设施的基础上，按照环境文化建设需要，加强教室教学设施建设，满足学生学习活动的需要；要关注校园生态环境平衡必须考虑到建筑材料的安全性、整体布局的合理性，时刻保护生态环境，做到文化与环境的和谐；要以"校训、校歌、校徽"为主体，提倡师生牢记校训，会唱校歌，理解校徽，激励师生爱校兴校，敬业乐学，促进校风、教风和学风建设；要从学校教育实际出发，精心设计并组织开展内容丰富，形式新颖，具有吸引力和教育意义的读书演讲、科技创新、文娱体育、作品展示等校园文化活动，把德育、智育、体育、美育渗透到校园文化活动中，促进学生全面发展；要充分利用重大节庆日和纪念日开展主题教育活动，唱响爱国主义、集体主义主旋律；要把思想道德教育的内容融入学生的学习、生活之中，引导学生从小事做起，从一言一行做起，养成文明行为习惯，培养良好的道德品质。

四、学校文化的可持续发展

同其他类型的文化一样，学校文化也是时代的产物。随着社会历史的发展，学校文化在保持相对稳定性，坚持以培育"四有"新人作为校园文化建设的出发点和根本归宿，积极引导学生自觉形成正确的世界观、人生观和价值观，发挥校园文化育人功能的同时，也必须做到与时俱进，根据时代的发展要求，对不适应时代变化和要求的环节和方面进行提升与发展。特别是在教育发展日新月异，学生成长环境相对优越，社会环境相对复杂，新事物层出不穷的时代，学生在思想观念、价值取向、人生态度上彰显出新的变化和特点，这就迫切需要教育者对学校文化进行深入探索、研究，不断优化学校文化内容，改进、提高构建学校文化的方式方法。这就要求，我们在学校文化构建中既要有所坚持，又不能墨守成规、因循守旧，而是要在充分认识学校文化构建并运行的规律的基础上，与时俱进、大胆创新，使学校文化永葆生机活力。

第六章
Chapter6

学校文化系统建设方案的规划与设计

　　"名校的一半是文化"，一所学校的发展离不开深厚文化底蕴的支撑。加强学校文化建设是提升学校办学品位与办学水平的重要途径，是促进学生健康、快乐成长的重要保障。在当前社会急剧转型、多种社会文化观念激荡、传统教育观念和现代教育观念的冲突中，在基础教育更加重视内涵发展之后，学校文化建设已经成为基础教育改革发展的迫切呼声、构建社会主义和谐社会的必然要求、落实科学发展观的生动体现。

第一节　学校文化系统建设方案

一、学校文化系统建设方案的内容体系

学校文化建设是以实施素质教育为主体的现代学校文化的选择、设计、转化和生成。现代学校文化建设的出发点是以人为本，学校文化是内隐在学校教育理念、教育行为方式、学校内部制度以及教育环境等因素中的价值取向。从其对学生发展、教师专业化成长和学校发展的作用来看，学校文化最终体现的是学校中的生活方式。总体来说，学校文化系统建设包括学校理念文化建设、视觉形象文化建设、行为文化建设、环境文化建设、课程文化建设等多方面内容。

（一）学校理念文化

学校理念文化建设是学校深层次、高品位的文化建设，它不仅涉及人的行为，而且从价值观的层面引导人、塑造人，使人学会正确处理与自我、与他人、与自然、与社会、与国家之间的关系。学校理念文化决定着学校的办学特色，影响和制约着学校群体成员并代代相传，具体表现为学校的核心价值观、办学理念、学校精神、校训、校风、教风、学风、愿景等要素。

（二）学校视觉形象文化

学校视觉形象文化是学校文化最直观的表述语言，它将学校文化转化为具有可感性的抽象符号，应用在对外展示中，让师生得到一种从视觉冲击到心灵陶冶的提升。视觉形象文化渗透于校园基础设施、应用设施、环境设施、师生产品等各个方面。学校视觉形象文化以校徽作为核心要素，根据应用类型的不同，形成路牌标志系列、广告宣传系列、旗帜系列、学习办公用品系列、产品展示系列、服装系列、公务事务系列等，强调学校文化个性，凸显核心价值观。

（三）学校行为文化

学校行为文化是学校育人活动中最直接、最广泛也是最深刻的部分，它

基于理念文化系统并为践行理念文化服务，通过有组织的活动和师生行为来实现，是学校精神面貌的动态体现。学校行为文化能促使师生规范自己的行为和态度，彰显办学品位。在行为文化建设中，重点打造领导行为形象、教师行为形象、学生行为形象，并围绕理念文化打造学校主题活动，让师生在活动中受到教育和启发。

（四）学校环境文化

学校环境文化是学校显性的形象工程，是学校文化的外在体现，承载着对内滋养师生、对外展现学校品牌形象的重要功能，能从物质文化层面提升学校的品牌形象。学校环境文化以理念文化为依据确定环境文化主题，并围绕这一主题展开室外环境、室内环境及各功能室的设计，让文化无处不在、无时不在，实现环境文化"润物无声"的化育作用。

（五）学校课程文化

学校课程文化是课程行为、课程变革、课程活动最深层和最直接的动因，是课程实践、发展的内在规定性，支配着师生的课程行为，制约着整个课程制度、体制、组织和机构的发展，并以相对独立和稳定的方式，促成或阻碍外在的课程意识的形成、变革和传播。学校课程文化构建应体现素质教育的总要求，同时尽可能满足学生个性发展的差异性，还要考虑到地方和学校的差异性。在学校中实施的课程应该包括国家课程、地方课程和校本课程三级课程体系。

二、学校文化系统建设方案的形成途径

学校文化构建要处理好理想与现实、理论与实践、共性与个性、继承与创新等多方面的关系，要因地制宜、因校制宜，发挥优势，进行创造性的实施。

（一）准确定位，确立学校文化品位

学校文化品位的确立应立足于学校的历史背景、地域文化、师生特点、办学实际等因素。学校通过对自己的核心价值观、发展愿景等的准确定位，确立学校文化品位。

（二）和谐推进，塑造共同价值观

共同价值观为学校全体师生指明了学校共同的向往和愿景，影响着学校

师生员工的日常行为、精神追求与发展方向，这是学校取得成功并长盛不衰的必要条件。

（三）提高校长文化兴校意识

校长对学校文化理论的认识如何，校长的积极性、主动性如何，校长是否具有文化自觉，是否具有文化自信，决定了一所学校文化发展的厚度与广度。在学校文化构建过程中，校长要增强对学校文化的重视程度，发动全员力量，共谋学校发展。

（四）发挥师生的主体作用

师生是学校文化建设的参与者、体现者。在学校文化的构建过程中，要提高师生的参与意识和热情，让他们为学校发展献计献策，从而让学校文化接地气、有灵气。

（五）推进课程改革

加强以"科学素质与人文修养兼顾，科学精神与人文精神融合"为指导思想的课程文化建设，通过以以人为本为指导思想的"自主学习、自主发展"的教学模式，引导学生学会学习、学会合作、学会发展，使其形成良好的情感、态度和价值观。

（六）完善基础设施建设

学校基础设施是学校文化建设工程的物质载体。在基础设施建设过程中，既要考虑其功能性和实用性，也要考虑其总体风格的协调一致性。学校基础设施建设要以匠心独运的设计，凸显学校特色和品位，营造和谐的文化氛围。

三、学校文化系统建设的指导意义

（一）学校文化系统建设有利于系统育人

育人是学校教育的根本任务，也是学校文化建设的首要目标。学校文化建设要为培养人才这一根本宗旨服务，并围绕这一宗旨开展各项文化活动，不能简单地为文化而文化，也不能把文化作为一种装饰品、宣传品。学校文化系统建设以课程资源、知识信息为载体，以学科教学、文化渗透、环境熏陶、主题活动为依托，以课堂教学、课外活动、网络活动、班主任工作、文体节庆活动为途径，以思想引导人生，以理想激励人为，以知识武装人脑，以制度约束人行，以情感凝聚人心，以环境陶冶人性。

（二）学校文化系统建设有利于激发活力

文化蕴含着一种精神，承载着一种希望，代表着一种力量。人在特定的文化环境中生存，受一定的文化价值熏陶，在一定的文化思想指导下行动。因此，学校文化建设工作，有利于规范人行，激励人心，促进人为。我们要把学校文化建设工作当作一项精神文明建设工程来抓，让学校文化有德有识、有力有为、有始有终、有实有形，让理念文化、行为文化、视觉文化、环境文化、课程文化等形成育人氛围，陶冶人的情操，激发人的动机，让人们精神振奋地学习和工作。

（三）学校文化系统建设有利于树立形象

文化不仅是一种抽象的价值理念或生活方式，而且在人们的心目中总以一种具体形象存在。文化就是人们对学校的价值观念、形象标志、管理制度、内外环境、队伍素质、活动行为、成就业绩、教育信誉等方面所进行的总体评价。这是一笔无形的资产和宝贵的财富，它不仅是学校的面子，更是学校的生命。由外而内、由上到下、由物到人、由过去到现在、由校长到教师、由教师到学生、由课内到课外、由硬件到软件……无不从各个侧面反映出学校形象的好坏。学校形象实质就是通过种种渠道，展示学校的价值观念，办有特色的现代化学校，坚持文化立校、文化强校、文化育才，培养有特长的创新型学生。

（四）学校文化系统建设有利于继承和创新

文化的形成不是一朝一夕、一蹴而就的事情，它需要经过岁月的磨砺、时间的浸润，是一个不断积累、不断丰富、不断完善的漫长过程，需要一代代人的不懈努力。学校文化系统建设更是如此。因为教育具有迟效性、未来性、继承性的特点，人类学习文化、积淀文化、传播文化，不可能在短时间内完成，也不可能一劳永逸。学校文化系统建设要由表层到深层、由硬件向软件、由粗放向精细、由模仿向创新、由"物化"向"人化"、由低水平向高水平的方向发展。作为教育人，要抓好自己手中的接力棒，凭真情实感和真抓实干，从一点一滴做起，日积月累，逐步提高，在传承的基础上创新并弘扬学校文化。

总之，学校文化包含许多的内容，具有统帅作用、规范作用、激励作用和教育作用。我们在建设学校文化的过程中，要动员全校的教职员工认真学习、了解学校的发展历史，挖掘学校的优秀文化传统。要学习当前的教育形式和教育理论，统筹考虑办学思路，策划学校文化建设的主题。提出设想，达成共识，然后精心设计，共同努力，积极实践。扎扎实实地从学校教职员工的行为和各种现象入手，分析和改造其中的"不合规矩"部分，创建体现新理念的文化。

第二节　学校理念文化系统的规划与设计

一、学校理念文化系统规划与设计的途径

学校理念文化系统的规划与设计具有相对固定的几种途径，并具有一定的基本特点。如何用特定的词组、短语或句子构建学校理念文化体系是一项系统工程。一般来说，教育者要在结合学校历史文化积淀、地域文化、校长思想、师生文化气质、教育风格等诸多资源的基础上，设计出以核心价值观或核心理念为主线的学校理念文化体系。

如何进行理念文化的提炼和设计是各级学校比较关注的重要问题。一般而言，学校理念文化的提炼和设计主要有以下几个途径。

（一）准确定位，精细规划

学校要在深入分析学校的历史和现状、科学预测学校未来发展趋向的基础上，对学校理念文化做出准确而恰当的定位。一切从实际出发，全力打造特色理念文化。把理念融入校园精神文化建设中，使学校文化既基于学校校情，又有利于促进学校的长远发展。定位太高或定位太低，都不利于促进学校的精神文化建设，也不利于学校的可持续发展。

无论是构建内隐形态的理念文化还是外显形态的理念文化，学校都不能草率行事，而应在深入学习学校精神文化建设相关理论的基础上，经过事先详细的调查和研究，做出科学的、艺术的、细致的、具有可操作性的一系列

规划，制定学校理念文化建设、实施的方案。在理念文化系统规划前期，要明确理念文化建设的实施原则，成立理念文化建设小组，使各项工作、各个环节都有专人负责。在理念文化规划过程中，除抓好"三风"（校风、教风、学风）外，还要注重班风建设。班风具体体现在班级文化建设上，即班班有规划、班班有细则、班班有特色。没有这样的规划，学校精神文化建设就会陷入无序的"摸着石头过河"的状态。当然，规划只是一种原则性的指导，在具体操作过程中，可根据情况的变化进行适当的调整和创新。

（二）落实措施，稳定步伐

所谓"行胜于言"，学校理念文化建设的成绩不是用嘴巴讲出来的，而是实实在在干出来的。因此，学校应采取一系列切实可行的措施，努力推进各项工作的开展。措施主要有四点：以构建内隐形态的理念文化为先导，一开始就要科学规划好学校精神文化的各项内容；以健全外显形态的理念文化为保障，在内隐形态的理念文化的指导下，不断完善各类物化环境和制度规章；以"三风"建设为抓手，集中精力做好常规管理；以素质教育为主线，围绕素质教育的总要求，不断推进课程改革和建设，不断改进并完善考评机制，大力促进教师教育理念和教学方法的转变，努力构建人文型、创新型学校。

在学校理念文化建设中不能急于求成，要步步为营、脚踏实地、稳扎稳打，把各项基础性工作认真做好，在规划的指导下有目的、有计划、有步骤地开展工作。

（三）校长引导，师生参与

充分发挥学校领导特别是校长的导航、引领和示范作用，调动广大师生的积极性，消除一切消极的、不和谐的因素，大家团结一致，共同致力于学校理念文化的规划与设计，创造美好的学校大家庭。在理念文化的建设过程中，经过反复论证设计，形成系统的学校理念文化建设方案，提交学校领导班子会议、职工代表大会等进行决策。同时，采取自下而上与自上而下相结合的方式，进行广泛的研讨，让师生全面了解本校的理念文化体系。

（四）不断学习，积极探索

学校理念文化建设是一项开创性的工作，每所学校的情况都不一样，不可能照搬别人的现成模式，因此要在科学理论的指导下，注重探索，大胆实验，创造性地开展工作。

学校理念文化建设不能瞎子摸象，而要在科学理论的指导下开展工作，为此，要组织学校全体成员特别是广大教师，认真开展理论学习和业务知识学习，以理论来指导实践，并致力于构建书香型、学习型校园。

（五）制度保障，不断创新

"没有规矩，不成方圆。"学校只有建立起完整的规章制度规范师生的行为，才有可能确立良好的校风，才能保证校园各方面工作和活动的开展和落实。在制度建设中可以采取"从师生中来，到师生中去"的原则，做到"大家的制度大家定，大家的制度为大家"。此外，还应建立教研组、年级组、办公室、学科组等来加强相应的组织机构建设和队伍建设。也就是说，学校的制度文化建设实际上包括制度建设、组织机构建设和队伍建设三个方面，组织机构建设和队伍建设是确保制度建设落到实处，并使其真正起到规范校园人言行的作用的关键环节。

（六）它山之石，可以攻玉

教育者通过研究其他社会组织的核心理念及其理念文化的建构，在学习的基础上进行借鉴，在参考的基础上进行创新，从而形成学校自身的文化体系，展现出学校自身的文化特性。同时，可聘请专业学校文化研究策划机构进行全程策划，如山东大学品牌学校研究所已经成功为千余所学校进行了整体文化策划，在学校文化策划界享有盛名。

二、学校核心价值观提炼的原则与方法

核心价值观作为学校理念文化的核心、学校文化的灵魂，需要我们进行深度提炼，以展现出学校的个性特质和鲜明特色。在整个学校文化的构建过程中，要重视共性与个性相统一的问题，以彰显学校的育人特色和教育风格。在具体的提炼过程中，要采用多种方法进行系统提炼，以更好地发挥其积极的导向、凝聚作用。

（一）核心价值观的提炼原则

1. 校长引领原则

在提炼学校核心价值观的过程中，校长要重视自身的引领作用。校长要结合学校的发展愿景对学校文化进行核心价值观的整合、提炼和规范，为学

校师生描绘美好未来，塑造学校的良好形象。

2. 共同参与原则

教师和学生是学校教育的主体，应积极参与学校核心价值观的提炼，并提出自己的见解和意见，以促进学校核心价值观的形成。

3. 共性和个性有机统一的原则

对核心价值观的提炼应该注重共性和个性相统一，使核心价值观既能体现学校价值观的共性标准，又能展现本校的个性和特色。

4. 继承与创新有机结合的原则

学校核心价值观的提炼应坚持继承与创新相统一的原则，对学校原有文化中的精华部分进行重新提炼，与时俱进地进行创新，从而展现出对新时期优秀文化及其价值观念的合理应用。

（二）核心价值观的提炼方法

学校核心价值观的提炼与形成应该讲求一定的方式方法，以更好地展现学校的精神内涵和厚重的文化积淀。

1. 结合教育理念进行深度提炼

从某种程度上讲，一所学校的教育理念与学校核心价值观的提炼息息相关。学校推行的教育理念是学校进行理念文化定位的重要依据，是学校提炼核心价值观的理论支撑。经过深度提炼后形成的核心价值观和理念文化，则可以站在更高的层面对教育理念进行俯瞰，深刻挖掘教育理念的内在特质。

例如，"全优教育"从满足社会发展需要和学生身心发展需要出发，调控教育场中诸教育要素的关系，使教育在目标上追求全面优质，在发展中注重全程优化，在办学中强调全员优秀。

在此思想引导下，山东大学品牌学校研究所成功地为清远一中做了全程文化规划。研究所以"全优教育"理念为核心，对该校进行理念文化的重新梳理和提炼，倡导全优德育、全优课堂……最终将理念文化的核心提炼为"求全思优、德智人生"。求全，即求得全面发展；思优，即力求优秀突出。因为求全，所以统筹兼顾，不片面发展；因为思优，所以精益求精，不泛泛而为。这一核心价值观既根植于学校的发展现状、未来展望，又是对素质教育的深入践行。

2. 结合学校教育现状进行深度提炼

每个学校在发展的过程中，在每个阶段、每个时期都会拥有特定的教育情状和教育特色。在进行学校核心价值观的提炼时，应该结合学校当前的教育情状和教育风格进行文化内核的提炼，以更好地展现本校的教育风格和文化特性。

例如，濮阳市第二实验小学的校园文化独具特色，重视德、智、美等多元教育，关注学生的和谐发展和全面发展。其中，书法教育是学校的一大特色，是学校对外展现形象、对内激励成长的重要平台，形成了品牌。基于学校的书法特色及书法与做人的关系，"龙乡"的地域文化特征，学校将其核心价值观提炼为"立字育龙"，重视以"翰墨育美善，书香润童心"。这一核心价值观要求学生习练书法，规规矩矩写字，方方正正做人，通过立字修身，用书法创造幸福，丰盈生命内涵，培养文化风骨。

3. 结合历史文化进行深度提炼

每个学校的发展历史都是一部厚重的书，都描绘了五彩斑斓的岁月，记载了烂漫的教育风景，承传了学校文化探索与研究的结晶，能让人细细品味、静静思索。提炼核心价值观，需要从学校自身的发展历史出发，从历史的角度关注学校文化发展的脉络，挖掘学校文化的内涵。

例如，温州市第四中学自1925年建校，已有80多年的历史，有着光荣的传统和优良的校风，是一所具有较强的文化个性和文化特质的历史名校。新中国成立前，在创始阶段，学校的文化特色集中反映在反抗帝国主义侵略、保持民族气节、保我大好河山等方面。新中国成立后，则是学校蓬勃发展、日新月异的新时期，学校逐渐发挥了文学、科技、艺体等学科的优势，并在文学育人方面取得了较高的成就和丰硕的成果。

基于对历史文化的深度剖析，该学校逐渐形成"艰苦图强、尚文至真"的文化内核，以更好地传承红色精神，拓展文学新路，彰显科技魅力，展现求真诉求。其中，"艰苦图强"，旨在以奋发图强的精神成就事业，以百折不挠的精神铸就辉煌，以革命先贤为引导坚定报国之志，以开拓进取为后劲不断攀登。"尚文至真"，蕴含承文化育、探求真知的深意，鼓舞全校师生将求真之心化作向真之行。

4. 结合地域文化进行深度提炼

地域文化是指在一定区域内源远流长的、独具特色的、传承至今仍发挥作用的文化传统。它是在一定的地域范围内长期形成的历史遗存、文化形态、社会风俗、生产生活方式等，是人类在社会实践中创造的物质财富和精神财富的总和。地域文化不仅是一种历史积累，也是一种历史积淀，更是一种历史绵延，具有强大的惯性，带有鲜明的民族特征和时代特征，体现了人们在价值取向、审美取向思维方式上的共性。

一方水土养育一方文明。在进行核心价值观提炼的过程中，应该充分利用地域文化资源，把握与地域文化相关的文化现象，细致梳理地域文化在发展与变迁过程中所形成的博大精深的内涵，并借鉴地域文化的优势，从而形成独具个性和特色的学校文化体系。

例如，平凉一中的核心价值观"崇文养善"即根植于平凉地域文化。平凉是丝绸之路重镇，素有"陇上旱码头"的美誉，历史悠久，成纪文化、崆峒文化、泾河文化、皇甫谧文化在这里熠熠生辉。在这里，明代洪武四年创建学府，重教兴学之风蔚然大观，柳湖书院更被关陇士子赞誉为"人文蔚起，科第联翩"的人才渊薮，"崇文"风气自古有之。黄帝问道广成子，以求修道治国是"善"，皇甫谧行医著书，以求除人病痛是"善"。平凉境内崆峒山儒道释三教合一，集善一身，并提出了对"善"的不同见解：道家的善从人与自然的角度提出，讲求顺应天性，归根复命；儒家的善从人与社会的角度提出，讲求格致诚正，修齐治平；佛家的善从因果的角度提出，讲求善因善果，善待众生。这一切，使"养善"思想堪称平凉文化的精髓。

5. 借助事物载体进行深度提炼

每一所校园里都会留有见证历史发展的植物或其他物品，随着时间的推移，这些事物会成为学校独特的风景和标志，传承着学校的文化积淀，形成学校得以延续的文化根基，成为学校的文化气场。

例如，深圳市西乡中学校门口有两棵绿荫如盖的老榕树，它们经历了300多年的风霜雪雨，见证了学校的历史发展，也深深地融入了学校的生命历程中。大榕树成为一种意象，成为一种载体，它具有的博大、包容的气度感化着师生，它具有的常青、奉献的情怀滋润着师生。大榕树郁郁葱葱，生机勃勃，内含教育事业百年树人的深意；大榕树根系发达，生命力旺盛，象征教育人坚忍不拔的性格。

三、学校理念文化系统规划设计的原则与标准

（一）学校理念文化系统规划设计的原则

1. 确立正确价值观原则

学校理念文化在本质上是用文化唤醒和高扬学生的生命意识，它所关注的是学生真正的精神生活和内心世界。理念文化的核心是价值观，但价值观并不是理念文化的全部。如果学校片面地强调理念文化的伦理道德规范作用，忽视理念文化的其他方面，那么理念文化系统规划是难以取得好的成效的。

2. 全面构建原则

学校理念文化的建设除了开展一些能真正满足师生精神生活需要的文体活动外，还应着力在课堂里构建良好的师生关系、生生关系，通过丰富多彩的教学内容和科学的教学方式，丰富师生的精神世界。

3. 关注师生原则

学校理念文化系统规划设计首先要关注并丰富师生的精神体验。精神上的美好、体验上的丰富，还有赖于不同生命主体之间的对话和交流。教师应以"平等中的首席"的身份与学生对话、交流，走进学生的精神世界，给学生更多的理解和更多的表达机会。

4. 生活回归原则

生活世界不仅仅存在于学校之外。如果教学能紧密联系学生的生活实际和精神需求，那么学生在紧密联系生活的课程中就能够以精神主体的地位出现，他们的生命体验和精神活动、他们对于生活的喜怒哀乐都将成为学校文化生活的中心，那么学生也同样可以实现向生活世界的回归。

5. 文化陶冶原则

教育的本质是文化陶冶。"文化陶冶"的观点确立了学校文化建设的新范式，即把陶冶看作精神文化建设的基本途径。教育者在教育过程中不应停留于知识的传递，而应着力发掘知识的文化陶冶价值；知识的传授，应该伴有学生体验的不断生成，应与学生的心理发展紧密协调，使学生产生精神上的共鸣，从而发挥文化陶冶的功能。

（二）学校理念文化系统规划设计的标准

1. 简单易懂

师生在了解学校理念文化后，应当能够很快地领会它的文化含义及价值取向，并且不用十分费力就能够记住其中的主要内容。

2. 有吸引力

师生在看到学校理念文化系统后，应当会这样对自己说，"这正是对我们学校的真实写照。""这是我期待的校园文化氛围。""要是我们真像那样就好了。"理念文化如果千篇一律，缺乏吸引力，就会形同虚设。

3. 振奋人心

理念文化越令人振奋，就越能激励师生，影响他们的行为。理念文化系统规划要为师生实现梦想增添希望。

4. 系统性

理念文化是一个系统，每个子项并不是单独存在，而是在核心价值观的引导下形成一个有机整体，促使师生为一个共同的目标而努力。

5. 可操作性

理念文化系统的规划要脚踏实地、实事求是，在其指引下，学校管理者要结合学校实际，能够提出有助于实现规划的提案和计划。在执行过程中，学校管理者要能够找出理想与现实之间的差距，制定改革措施，为学校的长远发展做好规划。

第三节　学校视觉形象文化系统的规划与设计

一、学校视觉形象文化系统基本要素的设计与确定

（一）校徽的设计

校徽通常由学校名称、图形、标准字、标准色四个基本要素构成，它是学校文化物质层的核心要素，是学校文化的一张名片。

学校设计校徽时，首先要确定校徽的基本形式，这将有助于设计者提出

设计思路、明确设计要求，有助于设计者评价设计方案、做出正确选择。一般而言，校徽的基本形式分为表音形式、表形形式、音形形式、释意形式、文字形式等几大类。校徽设计，创意为王，要遵循独特性、民族化、审美性、识别性、时代性、永存性等原则，按照创意设计的基本步骤，科学进行。

1. 了解情况

在进行学校校徽设计之前，必须对学校本体做深入了解，以获得设计的客观依据。同时，启发设计意念，在一些主要的方面需要加以认识与把握，如学校的办学理念、精神文化、发展前景等。此外，尚需了解学校对校徽展开运用时的整体规划意图。

2. 行业调查

对学校原有的校徽进行讨论，对其成功与不足之处做出客观的评价。同时，对同类学校的校徽进行收集整理、分析，比较各自的优劣。还可以采用对师生测试的方法进行一定量度的调查，并将其作为设计作业的参考，以便形成正确的思路。

3. 意念开发

设计的准备工作完成后，从这个阶段开始正式进入设计作业。根据对学校情况的了解及对调查中获得的有关资料的分析，可以确定设计的创意方向，进行意念开发。从学校校徽设计的主题素材中选择适当的题材，作为校徽设计意念展开的基础。设计题材的分类主要有以下几种。

（1）以名称为题材

如鲁迅为北京大学设计的校徽，将"北大"两个字的篆体字上下排列，上部的"北"字是背对背侧立的两个人像，下部的"大"字是一个正面站立的人像，有如一人背负二人，构成了"三人成众"的意象，给人以"北大人

肩负着开启民智的重任"的想象。校徽造型是中国传统的瓦当形象，凸显着北京大学悠久的历史和深厚的文化底蕴。

（2）以名称字母为题材

如海南省澄迈中学校徽的主体图案由"澄迈"二字的首个拼音字母"C、M"构成，代表着"澄迈中学"。

（3）以学校名称的含义为题材

如山东省青岛第五十一中学校徽运用极具动感的笔调将"5"和"1"进行创意组合，形成活泼、灵动的海豚，体现着五十一中人快乐的心态、进取的精神。同时，校徽也尽显青岛的海洋特色。

（4）以学校办学理念或核心价值观为题材

如甘肃省兰州第八中学校徽从核心理念"敬、鼎"出发，以鼎的造型进行展现。

（5）以字母、图形组合为题材

如甘肃省银川六中校徽以拼音"Y、C"和阿拉伯数字"6"组成，代表了学校的名称"银川六中"；"C"同时是伊斯兰教的"新月"标识，体现了宁夏回族的地域文化。整体图形犹如"凤凰"，将银川"凤凰城"美誉、核心区金凤区、学校文化主题"雏凤文化"融入其中。

（6）以特色鲜明的学校建筑物为题材

如湖北省宣恩县民族实验小学校徽中心的主体图形，以少数民族传统民居"吊脚楼"为设计出发点，凸显民族特色，激发学生的民族自尊心。同时，也与学校的建筑风格相辅相成，个性鲜明，激发了师生的爱校情怀。校徽外侧青色环绕，恰似珠山环抱，蔚蓝色如玉带，正如贡水流淌，尽显学校"四面环山绕，水从门前过"的地域特征，将"山魂水韵"的文化特质融入其中。

4. 设计绘制

选择能表达学校精神和核心价值观的造型，确定校徽设计的造型要素和选择最佳的构成形态，反复推敲，不断修改，对多种不同表现的方案进行比较、综合，从而形成具有一定意念和内涵的最佳构成形态。

5. 精致化作业

当校徽造型正式确定后，就应该进行校徽设计的精致化作业了，以保证校徽的准确性、完整性，并根据整体传播系统的要求，展开视觉标识的其他应用要素设计。

（二）标准色的确定

标准色的确定可根据体现学校形象的需要，选择不同的确定方式。

1. 单色标准色

单色标准色色彩集中，单纯有力，能给人强烈的视觉形象，能够给观者留下牢固的记忆，这是最为常见的标准色彩方式。如可口可乐、麦当劳的装潢等都是采用单色标准色的设计方式。

2. 复色标准色

为了塑造特定的学校形象，增强色彩律动的美感，还可以在标准色的选择上采用两色以上的色彩搭配。

（三）标准字体的确定

1. 基本造型的确定

根据学校塑造学校形象的要求，首先确定字体的整体形态特征，如方正、扁长、斜置或外形自由等，以表达学校的个性风貌。

2. 基本笔画的确定

字体造型确定后，先画出必要的辅助线，在电脑上勾画出基本笔画于适当位置，注意其空间架构、字形大小及笔画粗细的配置是否均衡协调。

3. 字体形态的统一

在标准字设计时，可在确定字体的基础上进行发展、变化，力求塑造独特的字体形态。但不管怎样变化，必须注意整体的统一协调，使其保持不可分的统一要素，才能达到字体整体组合的和谐美感和完整的诉求效果。

4. 讲究排列的方向

根据不同字体的基本特征，确定文字的不同排列方向。在中外文字体比较上，中文字较之于拉丁文字富于弹性，可根据设计的需要做直排或横排的方向处理，而拉丁文字则更适合横向排列。

二、学校视觉形象文化系统规划设计的原则与标准

（一）学校视觉形象文化系统规划设计的原则

1. 实事求是原则

视觉表达与信息要协调，采用分级检索、图文并茂的形式表达，用实效美观的立体造型进行标识导向设计，以求建立布点合理、信息完整、指示明确的校园标识系统。同时，为适应国际化发展趋势，标识牌的符号文字要配以中英文。

2. 整体协调原则

视觉形象文化系统要体现对校园的整体性认知，与校园的整体形象相协调，与校园的建筑风格相统一，创建规范和谐的视觉形象文化系统。

3. 人文关怀原则

视觉形象文化系统要体现人文关怀，真正实现以人为本。在设计中，这种视觉形象要符合人体工程学、生态学、美学，充分考虑人的行为特征和心理需求；在实施过程中，要根据校园人群分布和流动的特点，合理安排标识牌的位置、尺度，人与视线的距离等，要考虑其安全性。

4. 天人合一原则

气候、阳光、植被等环境要素对视觉有一定的影响，因此对周围环境等客观因素的实地调查与模拟导入是必要的。如冬秋季节环境多为枯黄的草坪或树枝，在环境标识牌的颜色设计上应选择比较显眼的鲜艳色彩，避免黄色系列。

（二）学校视觉形象文化系统规划设计的标准

1. 校徽和标准字体使用规范

校徽与标准字体的规范组合形式，一般有横式组合规范、竖式组合规范等。不同的规范组合，以便应用时保证统一的视觉形象，如山东省桓台市第一中学校徽与标准字体的规范组合形式。

2. 标准色设计合理

标准色从校徽中选取，能塑造独特的形象，能代表学校理念文化的颜色，与学校的整体色调及文化底蕴、教学阶段相适应。

标准色

C40%,M100%,Y100%,K0%

3. 办公事务用品设计规范

办公事务用品是学校形象传播的主要载体，在设计中应融入视觉识别的因素，以将学校文化渗透到每个人、每个角落，并在使用中流传到外界，达到潜移默化的传播作用。

至真至善
惟志惟勤

4. 学校形象广告设计体现整体性

学校形象广告系统要保证视觉传达的一致性和整体性，各基本元素要严格按照规定使用，以形成独特的学校视觉形象。

第四节 学校行为文化系统的规划与设计

一、学校行为文化的主题定位

学校行为文化是学校核心价值观融入师生血液的过程和外化，是学校育人活动中最直接、最广泛也是最深刻的部分。学校的行为文化构建要明确主题，从而使整个行为文化更加系统化、个性化、有序化。行为文化的主题定位通常要考虑以下几种因素。

（一）以人为本

行为文化构建要从关注人的发展的角度出发，在各项教育实践活动中尊重人而不是忽视人，鼓励人而不是命令人，激励人而不是压制人，调动人而不是挫伤人的积极性，进而构建团结协作、积极向上、公平民主的学校行为文化系统。

（二）全面教育

行为文化的主题定位要考虑全员发展，让每个学生都能公平地享受优质教育；要考虑全面发展，让学生"德、智、体、美、劳"五育共举。学校以此作为行为文化主题的着眼点，引导教育者尊重受教育者个体的独特生命魅力，促进其社会活动能力的提高，实现健康发展、可持续发展。

（三）教育服务

随着经济全球化与教育国际化、政治文明化与教育民主化、学校经营多样化、社会文化价值多元化与学校教育教学现代化的趋向越来越明显，行为文化主题可围绕教育服务展开。教育的服务功能体现为为社会服务、为社区服务、为学生服务、为教师服务。

（四）可持续发展

受教育者在学习和成长历程中，在学校学到的知识、技能将来在工作岗位中直接应用的比例甚小，而在教育过程中形成的学习习惯、学习态度和学习能力却是其一生的宝贵财富。因此，学校教育的首要任务应该是让学生对学习产生浓厚的探究兴趣，引导其主动学习，发展自我的独特感受与体验，保持旺盛的求知欲，为终身学习打下基础，并提高可持续发展的能力。

二、学校行为形象的塑造

（一）领导行为形象

学校领导是学校文化建设的策划者、组织者、实施者，在学校文化建设中处于关键地位和核心地位，他们的行为直接关系到学校文化建设的成败。以校长为首的领导的行为形象主要表现在以下三个方面。

1. 确立正确的教育思想和价值取向

学校领导必须确立正确的教育思想，包括办学理念、学校愿景、培养目标等，以引导学校文化的发展；必须确立正确的价值取向，包括人才观、质量观、教学观、德育观、教师观、学生观等，用以引领师生员工的价值取向，使他们也树立正确的世界观和人生观、价值观。

2. 以亲和的行为文化影响师生

学校领导的行为文化具有巨大的吸引力，其以人为本的工作态度、务实创新的工作作风、民主平等的管理策略、以身作则的敬业态度都会产生巨大的亲和力。亲和的行为文化可以引导领导者尊重师生的主体地位，以亲和的形象、真诚的情感、平易的态度去感染师生，激发师生的内心力量，调动师生的积极性和创造性，为学校的长远发展而努力。

3. 以人格魅力凝聚力量

学校领导的个人风范、人格品质是领导形象的重要因素。作为一个优秀的领导者，应该具备渊博的知识、过人的智慧和能力；有清廉自律、洁身自好的高尚品质；有海纳百川、善于聆听的宽阔胸怀；有开拓进取、改革创新的长远眼光；有儒雅的仪表、待人亲善的高尚人格和团体精神。领导者以自己的人格魅力使师生对其产生信任感和追随感，为学校的发展愿景去奋斗。

（二）教师行为形象

教师是育人主体，是学校存在和发展的关键性因素。教师的行为形象将直接影响学生的行为形象。在教师行为形象塑造中应注意以下几点。

1. 调动教师主体性发展

在实施学校文化建设规划时，要依靠广大教师，依靠他们的积极性、创造性和负责精神来实施规划，这样学校文化建设才能取得实效，才能达到预期目标。要真正将教师看作学校的主人翁，发挥其主体地位，征求他们的意见，倾听他们的呼声，采纳他们的合理建议，让每一名教师都能感受到自己对学校发展的贡献力。

2. 重视教师专业化发展

教师专业化发展既是教师个人生存发展的需要，也是学校适应形势发展、提高办学效益、创新教育成果的需要，更是塑造教师行为形象的需要。只有高水平的教师专业化队伍才能迎接新世纪的各种挑战，承担起对教育高要求的重任。所以，必须十分重视教师的专业化发展，让教师以渊博的知识让学生仰视，以灵活的教学方式让学生沉迷。

3. 促进教师创新性发展

创新是一个民族生生不息的发展动力，也是学校文化不断发展的直接动力。教师作为学校文化建设的主体之一，首先要有理念上的创新，树立新的教育思想，紧跟时代发展步伐，用最新的教育思想和理念来武装头脑，并用以指导自己的教育教学行为；其次要有行为实践上的创新，积极投身教育改革实践，进行教育创新研究，探索新的教学模式、教育手段和教学方法，培养学生的创新精神和创新能力，为学校创新发展贡献才智。

（三）学生行为形象

学生是学习的主体，是学校文化建设的生力军。在学生行为形象塑造过程中需要注意以下几点。

1. 重视习惯养成，加强学生行为建设

将习惯养成教育渗透到学生的日常学习、活动、游戏中，引导学生养成良好的习惯。以小学为例，学校可通过深化与习惯养成相关的课题研究，以班级活动、少先队活动为载体，发挥少先队员的带头示范作用，促进学生养成良好的行为习惯。

2. 完善管理制度，增强学生规则意识

以制度建设为着力点，对学生实施学习能力、行为规范等方面的教育，进一步加强学生良好行为形象的自我塑造。在实施中，可根据学生守则的内容，结合学校实际情况，制定学生的日常行为规则，对学生提出具体的行为目标，保证行为规范教育落到实处。

3. 打造先进文化，提升学生人文素养

用先进的、健康的文化理念和文化风范去影响和教育学生，推动学生良好行为形象的形成。让学生明辨真善美，树立是非观，自觉抵制那些低级、庸俗、腐朽的文化现象。

三、学校行为活动的策划

各级学校的行为活动策划，主要包括学校专题活动、德育主题活动、创新实践活动、特长培养活动、生活体验活动等。学校的行为活动策划过程主要包括确立活动主题、策划活动流程、进行组织实施和效果评价等。

（一）学校专题活动

学校专题活动是根据教师的教育教学需要和学生的学习发展需要而组织的主题鲜明的各类活动，以展现师生的行为风采。学校专题活动，一般可分为大型节日专题活动（如教师节系列活动）、师生发展专题活动、才艺展示专题活动、体育健康比赛专题活动、师德培训专题活动、学生成长系列活动等。一般而言，进行专题活动策划，需要确定活动主题，选择活动口号，进行活动细节的策划，形成专题活动策划书，并进行全程的组织和效果评价等。

（二）德育主题活动

学校为强化对学生的道德行为训练而策划的系列主题活动。它遵循不同阶段学生生活的逻辑，以有目的、有计划、有系统地让学生接受思想、政治和道德方面的教育为目的，密切联系学生的生活，使其能在日常生活中践行，从而形成良好的思想道德修养。

（三）综合实践活动

综合实践活动是各级学校通过积极引导学生，让学生进行自主的社会实践活动，以使他们在实践活动中获得积极体验，丰富对自然、社会、自我的内在联系的整体认知。使学生形成对自然、对社会、对自我的责任感，提高综合运用知识和创新知识的能力，养成合作乐群、积极进取的个性品质。

学校开展此类综合实践活动，要依据学生的兴趣爱好进行主题选择，制订操作性强的方案或计划，以促进活动的顺利开展。在推进综合实践活动的过程中，要十分注意跟踪指导—关注进程—指导方法—随时调整—注意安全等环节，以保证活动的顺利开展。

（四）特长发展活动

在关注学生兴趣的基础上，开展丰富多彩的特长培养活动，以调动学生的积极性，并在活动中发展学生的特长，激励学生健康成长、全面发展。

（五）生活体验活动

生活体验活动是指教师借助现代教育理论，积极引导学生进行生活活动的体验，以引导他们积极地参与，积极地思考，积极地观察、体验、感悟生活和社会，从而获得对世界的真实感受，获得心智的和谐发展和智慧的提高。

（六）学校庆典礼仪活动

学校庆典礼仪活动是各级学校为了引起公众的关注，提高自身的知名度，最终获得更大的经济效益和社会效益，围绕重要节日或重大纪念日而举行的庆祝活动。这类庆典礼仪活动是结合纪念日、节日等举办的各种仪式、庆祝会和纪念活动的总称，包括一些节庆活动、纪念活动、典礼仪式和其他活动。成功的学校庆典礼仪活动具有较高的新闻价值和品牌价值，有利于提升学校的知名度和美誉度。

学校庆典礼仪活动的组织很重要，如要确定来宾及发放请柬，要设计庆典礼仪活动程序，要落实致辞人和剪彩人，要做好庆典礼仪活动的接待工作和宣传报道工作。

四、学校行为文化系统规划设计的原则与标准

（一）行为文化系统规划设计的原则

1. 理论联系实际原则

学校行为文化系统规划必须确定一系列的理论指导内容，以其作为行为

文化系统规划的方针和依据，从而更好地指导实践。如学校行为文化要围绕学校的核心价值观及《中华人民共和国教育法》展开，教师行为文化要围绕教风及《中小学教师职业道德规范》等展开。学生行为文化要围绕学风和《小学生日常行为规范》《中学生日常行为规范》等展开，以此作为设计原则，让师生先知后行，行中促知，进一步实现真正的知行合一。

2. 关注个体原则

学校行为文化系统规划最终体现在个体的行为表现上，所以在规划过程中必须关注个体发展，审视个体变化，为个人行为建立档案袋，明确行为的准则和要求。对个体的变化和缺失，能够有相应的调整管理措施，有的放矢地进行教育。在教育教学过程中，要全程关注个体的变化，不断总结变化的根源，采取新的教育方法，以有效指导整个行为文化的建设工作。

3. 考评激励原则

学校通过校园教学技能大赛、师德标兵评比、礼仪之星评比等对师生的行为表现进行考评，树立典范，让人人有榜样，并在榜样的带动下争做榜样。对于考评中暂时落后的教师或学生也要有针对性地进行帮扶和纠正，实现整体提高。

4. 家校互助原则

学生良好行为习惯的养成不仅依靠学校教育，更要依靠家庭教育。为此，学校在行为文化建设实施过程中，要密切联系家庭，家校携手，共建和谐。以此为原则，学校与家庭共同围绕教育目标，制订统一的教学计划，通过发放"学生日常行为标准测评表"，让家长直接参与到学生行为习惯养成的督导和管理过程中来，为学校提供真实的信息和材料，为学校教育工作提供依据，有效促进学生行为文化的形成和发展。

5. 目标定向原则

为有效指导学校行为文化建设，学校就学校的教育管理行为、教师的教育教学行为、学生的养成教育行为制定明确的发展目标。学校目标的实现与教师行为和学生行为的养成同步进行，有计划、有步骤，循序渐进，对每一个既定目标的实现都有一整套测评细则跟进。

（二）行为文化系统规划设计的标准

1. 目标明确

学校可结合学校现状及办学理念，形成领导行为形象标准、教师行为形象标准、学生行为形象标准，让师生明确发展目标，在与之相对应的活动中自主发展，为终身发展奠定坚实基础。

2. 制度完善

形成校长行政负责、教职工代表大会参与管理、家长代表监督支持的民主法制化现代学校制度；根据学校实情及教育法律法规的要求，及时修订、完善学校各项管理制度，使学校工作有法可依、有章可循、有据可查；完善学校内部管理机制，健全组织机构，使各部门职责分明，工作到位。

3. 活动多样

围绕学校核心价值观，精心设计和开展内容丰富、形式多样、吸引力强、能够调动学生主动参与意识的学校文化活动。充分利用重大节庆日、纪念日、传统节日来设计开展活动。利用入学、毕业、入队、校庆等有特殊意义的日子，开展主题教育活动。开展各种文化科技、艺术、体育、娱乐活动，组织多种类型的兴趣小组和学生社团，每年组织体育运动会和艺术节、科技节等活动，让学生在实践活动中深入体验。

第五节 学校环境文化系统的规划与设计

一、学校环境文化的主题定位

学校环境文化作为学校显性的形象工程，能从物质文化层面提升学校的品牌形象。而环境文化的主题定位关系到环境文化的整体设计效果及文化含量。在对学校环境文化进行主题定位时，要考虑以下因素。

（一）根据理念文化确定文化主题

理念文化是学校的核心与灵魂，是学校进行环境文化建设的文化依据，对校园环境文化的主题定位具有导向作用。在学校确定理念文化之后，在核心价值观、"三风一训"等元素的影响下，环境文化彰显着学校文化的内涵与特征。

（二）借鉴地域文化资源进行主题定位

充分利用地域优势资源，凝聚并形成切合学校自身特质的文化色彩，充分挖掘地域文化的价值，将地域文化有机渗透到环境文化的主题中，以彰显学校环境文化特色，让地域文化这笔精神财富在学校环境文化的具体创建中得到传承、发扬、充实和发展。在设计学校环境文化时应该在地区的传统文化中寻根，将学校环境文化根植于地域的历史文化中，发掘有益的"基因"，并与现代科技文化相结合，使学校的环境文化呈现鲜明的地域性。

(三) 汲取历史文化营养进行文化主题定位

每一所学校都有独自的文脉，"脉"指"脉络""血脉""经脉""气脉"等，指学校过去—现在—将来的过程。学校进行环境文化定位，以"寻根"意识引导环境文化建设，将历史文脉的影响通过具体的建设融入校园环境文化中，让学校的历史文脉延续到学校特有的环境和文化气质中，并在尊重校园历史的基础上，通过环境再创造，协调新旧景观，让"生长在那里的建筑物"成为学校环境文化的一大标志。

(四) 根据教育发展的要求进行主题定位

学校是教育的场所，与其他场所最大的差异，就是校园环境须具有良好的教育氛围，以及由它投射出来的那种独特的校园感染力、凝聚力和震撼力。校园环境文化的建设要紧紧围绕其教育功能进行设计，体现教育的特点，以适合育人、利于育人、科学育人为原则，为学校的教育教学目标服务。要注重探析校园的含义、教育的隐喻、场所的精神和校园的风格，因为校园空间、建筑、庭院和设施所构成的物质文化影响着师生的思想、人格、学习、态度和价值观。学校对环境文化的营造应该符合当今教育的特点和要求，要用自己特殊的语言来表达所处时代的特质，表现这个时代的科技观念，揭示自身所蕴含的思想和审美观。

二、学校环境文化的规划方法

学校环境文化规划方法分为学校环境文化整体规划方法、学校环境文化综合规划方法、学校环境文化局部规划方法。

(一) 学校环境文化整体规划方法

1. 轴线法。以道路为轴线，将各种元素连接在这条轴线上，依循常规的视觉流线，按轴线进行区域划分，并以此来组织内部空间，即以轴线作为学校环境规划的主要骨干或是结构体，学校各元素的设计依附于轴线发展。

2. 分区法。依循常规的视觉流线，按顺序进行区域规划，将一个整体划分为若干功能区域，并将各功能区不同的功能因素作为组织内部空间的着手点，使空间显得严谨而有序，体现出校园环境的秩序感与庄重感。对于学校来说，一般有办公区、教学区、生活区、体育区、休闲区五大区域。

3. 空间脉络结构法。该规划方法是点、线、面贯穿结合的有机整体。以广场、园区、园景小品等大型景观为点呈现变化，有开放式，也有围合型，将建筑形式和周围环境融为一体；以道路为轴、为线，种植行道树，意在形成宁静的校园氛围；以功能区域和成块的大型绿地为面，形成面域景观。

（二）学校环境文化综合规划方法

1. 核心放射模式法。以校园中心为核心，各功能区的规划围绕此核心呈圆周状设计，不同的功能区都在不断放射扩大的圆周内，相互联系的功能组之间由放射状的空间和道路相连。一般这样的校园建筑布局比较少，但是可以用在某一个园景小品的设计上。

2. 视觉环境法，即依据人的视觉原理来设置环境景观。如对景、衬景、框景等景观设置都会让人产生特色的视觉效果，由此可获得色彩宜人、质感亲切、比例恰当、尺度适宜、韵律优美的动态和静态观赏效果。

（三）学校环境文化局部规划方法

1. 组景法。古人总结组景有 18 种方法，即对景、借景、夹景、框景、隔景、障景、泄景、引景、分景、藏景、露景、影景、朦景、色景、香景、景眼、题景、天景，这 18 种方法可单独造景也可交叉造景。这里选取学校常用的几种方法介绍如下。

（1）借景。如借山是远借，借水是近借，借鸟是仰借，借鱼是俯借，借花草是应时而借。其借景的手法大体有以下三种。

开辟赏景透视线。对赏景的障碍物进行整理或去除，譬如修剪掉遮挡视线的树木枝叶等。在园中建轩榭亭台作为视景点，仰视或平视景物，纳烟水之悠悠，收云山之耸翠，看梵宇之凌空，赏平林之漠漠。

提升视景点的高度，使视景线突破园林的界限，达到俯视或平视远景的效果。在园中堆山，筑台，建造楼阁亭宇等，让人放眼远望。

借虚景，如朱熹的"半亩方塘"，圆明园四十景中的"上下天光"，都俯借了"天光云影"。上海豫园中的花墙下的月洞，则透露了隔院的水榭。

（2）对景。位于园林绿地轴线及风景视线端点的景物叫对景。对景常置于游览线的前方，给人的感受直接、鲜明。

对景又分正对与互对两种。正对指在景观中轴线端点布置的景点或以轴线作为对称轴布置的景点。正对追求雄伟、庄严、气魄宏大的效果，如景山万春亭、各古老城市里的钟鼓楼等都是采用正对手法。互对指在轴线或风景视线的两端设景，两景相对，互为对景。互对可以使景象增多，同时也可避免单一建筑体数量过大，江南园林里主体建筑与山池之间、北海的琼岛和团城之间都是互对的实际应用。

（3）对称。在中国美学中，一般讲究对称美，也就是在左边建了一个什么样的园子或亭子，在相应的右边就会再建一个相仿的园子或亭子，如苏州园林。此种规划可以使校园散发出中国传统的艺术美。

2. 造景法。造景是中国造园艺术的特点之一，是园林创意与工程技艺的融合，体现了造景技艺的丰富多彩。归纳起来主要包括以下几类。

（1）主景与配景（次景）。园林设计中要处理好主景与配景的关系。突出主景的方法有主景升高或降低，体量加大或增多，处于视线焦点，动势集中，轴线对应，色彩突出，占据重心等。配景是园林中主景的延伸和补充，对主景起陪衬作用，不能喧宾夺主。

（2）抑景和扬景。传统造园历来就有欲扬先抑的做法。在入口区域设障景、对景和隔景，引导人通过封闭、半封闭、明暗交替的空间转折，再通过透景引导，到达开阔空间。

（3）实景和虚景。建筑景观往往通过空间围合状况、视面虚实程度形成人们观赏视觉的清晰与模糊，并通过虚实对比、虚实交替、虚实过渡创造丰富的视觉感受。

（4）夹景和框景。在人的观景视线前，在左右设置障碍为夹景，四面围景为框景。人们常利用山石峡谷、林木树干、门窗洞口等限定视景点和赏景范围，从而达到深远层次的美感，这也是从大环境中摘取局部景点加以观赏的手法。

（5）季相造景。利用四季变化创造四时景观，在风景园林建设中被广泛应用。例如，表现季相变化的花有春桃、夏荷、秋菊、冬梅，表现季相变化的树有春柳、夏槐、秋枫、冬柏。如西湖造景春有柳浪闻莺、夏有曲院风荷、秋有平湖秋月、冬有断桥残雪。

其他造景方法还有朦胧烟景、分景、隔景、引景、导景等。

三、室外环境文化的构建

（一）校门

校门是学校的窗口，是学校外在形象的突出体现。校门所承担的责任，除了控制进出的人群之外，还有非常重要的一点，就是让来访者形成对这所学校的第一印象。为了体现自身特点，让校门与众不同，各个学校都在校门的创意和样式上下了不少功夫，力求使自己的校门显得更独特，更能体现自己的办学理念、学校的发展历史和文化脉络。

作为建筑小品的大门是位于两个区域或多个区域之间的节点性建筑，能起到通行、标识等作用。在设计校门时，应该在重视新意及独创性的同时，使其体现出学校朝气蓬勃的生机。

（二）广场

学校的广场是供师生日常生活、学习和活动的主要场所，以空间的形式与周围的建筑物和其他各种空间相结合。它以不同的姿态、功能或形式存在于校园中，如入口广场、中心广场、休闲广场等，有着不可替代的作用。校园文化广场设计应该与周围的环境在空间、比例上统一协调。广场名字可根据学校实际和理念文化进行确定。

（三）园景

园景作为学校环境文化的点睛之笔，其设置要考虑周围的生态环境，重视以人的发展和素质培养为中心，突出人性化的景观设计，达到人与自然和谐共存。为此，对学校景观进行规划设计，要展现特定的文化内涵，还要便于交通。

学校园景文化的建设应重点做好园景的主题定位、命名释义、具体配置、文化意蕴等，通过策划富有文化深意的园景名称，提升整个园区的文化氛围。在具体的规划设计中，可借助雕塑、假山、文化石、水景、四季植物、温馨提示牌等进行有机配置，通过合理的组织搭配，更好地突出环境文化主题。

（四）文化墙

学校文化墙，是通过艺术的表现形式对外展现学校的文化教育、办学理念，以提醒师生奋发向上，也让来访者对学校的理念文化印象深刻。

（五）雕塑

雕塑是校园环境中具有丰富文化内涵的立体艺术形式，以其突出的视觉艺术效应对校园空间文化的塑造产生重要影响，是文化与艺术的重要载体。雕塑装饰校园空间并形成视觉焦点，与周围的环境、建筑空间形成视觉场，通过美的形式来潜移默化地影响人的态度、情感和价值观。一般而言，校园雕塑有纪念性雕塑、寓意雕塑、装饰性雕塑等几种类型。

（六）节点景观——亭、廊

在校园内部的景观轴线上，有些比较突出的景观点，如亭、廊等，它们能够吸引周边的视线，对整个景观起到画龙点睛的作用。校园内部的亭、廊文化设计，一般重在突出其文化韵味和内涵，体现设计者的意图。

（七）道路

对校园内道路进行命名，予以其文化含义。在道路两侧进行植物季相造景，形成意趣盎然的艺术美景；同时在道路两侧点缀安置路牌、宣传栏、导视牌等指示系统。

四、室内环境文化的构建

（一）楼馆文化规划设计

1. 教学楼文化设计

教学楼的文化设计可借助不同色彩的心理调节和暗示作用，给师生带来美的享受，激发师生教与学的积极性和主动性。我们可以依据"静、敬、净""专、思、主"等要求，对教学楼进行分析设计。此外，设计还要符合教学特点，符合学生的年龄特点、生理需求和心理特征等。

2. 办公楼文化设计

学校办公楼主要突出庄重和谐、敬业奉献、导学、劝学的文化氛围，并配以与学校发展历史和相关文化有关的展板，展现学校的理念文化等相关内容。

3. 实验楼文化设计

实验楼的功能在于引发学生探究事物的兴趣和积极性，让学生们自己动手、动脑来论证一些理论知识，是培养学生动手能力和创造能力的场所。实验楼设计应着眼于激励学生去发现问题、思考问题、解决问题，并辅以浓郁的艺术气息的装饰，以提升环境的品位，丰富学生的知识，提高学生的技能与修养。

4. 艺术楼文化设计

艺术楼，作为学校艺术文化的聚集地，包含了音乐、美术、舞蹈等不同功能的教室，设计时要注意按照艺术类型的不同要求进行文化展示。其文化设计要有助于发掘学生的艺术潜力和艺术特长，培养学生的艺术修养，让他们感受到浓郁的艺术气息，并产生提高自己艺术素养的热情。

5. 图书馆文化设计

图书馆是师生查阅资料、休闲阅读的场所，在环境文化营造时应该突出舒适、休闲、放松的氛围。学校可以根据学生心理和成长规律，在图书馆内部设计书法作品、名人字画、读书名言等系列文化展板，也可以展示学生优秀的书法作品、绘画作品等，以提高学生的兴趣和注意力。

6. 体育馆文化设计

体育馆是学生运动锻炼的场所，在文化设计中应该突出其活力和生机，以突出富有运动激情的体育氛围，同时应突出全民健身的思想。

(二) 室内环境文化规划设计

1. 走廊文化设计

走廊文化是对学生进行人文关怀的突破口。"让每一面墙壁都会说话"应该成为策划的目标。设计走廊文化，可以以国学经典、读书方法、诗书画廊、文明礼仪、美育知识、励志故事等为主题，以突出走廊文化的知识性、趣味性和人文性。走廊文化要融教育性、知识性和艺术性于一体，做到文化性与装饰性的有机结合，达到润物无声的目的。

2. 教室文化设计

教室文化设计应结合学生的知识层次和年龄特点，与教风、学风、班风相适应，突出教室的文化教育功能。教室布置要风格鲜明、美观大方，标语口号要醒目、图画要精美、装饰要得体、色彩搭配要适宜。

3. 办公室文化设计

办公室文化设计要与规划、装修、室内色彩、灯光音响的设计，以及办公用品及装饰品的配备等相结合，以经济实用、美观大方、独具品格为目标，并且要符合学校实际和办公室的特点、使用要求、教学性质等，以营造干净、明亮、舒适的办公环境，反映学校特色和形象。

4. 功能室文化设计

学校功能室主要有美术室、舞蹈室、音乐室、实验室、阅览室、微机室、语音室等。对这些功能室的规划设计，要充分考虑其特殊的功能和教育作用。

五、学校环境文化系统规划设计的原则与标准

（一）环境文化系统规划设计的原则

1. 整体性原则

学校环境文化系统规划要与学校的整体风格相融合、相协调，注意整体性、实用性、艺术性、趣味性的结合。在进行景观设计时要考虑空间组织问题，以呼应校园的整体风格，必须与学校的核心理念密切结合，使硬质景观同绿化等软质景观相协调，并借助对景、轴线、节点、路径等进行文化创建。

2. 景观性原则

环境文化系统规划要符合一般意义上的审美要求，以丰富的创意内容突出文化主题，让一花一草一木都孕育着丰富的思想内涵。在环境文化创造的过程中，应该利用现有的自然环境创设人工景观，美化校园环境，使其生发出启迪感。

3. 教育性原则

强调环境文化的教育性。在具体设计环境文化的过程中要重点考虑校园的独特性，要考虑它的适用人群是广大师生，要给师生创造一个积极向上、和谐美丽的环境，让他们享受美景并接受美的教育。

（二）环境文化系统规划设计的标准

1. 主题明确，系统规范

在环境文化系统规划过程中，要有符合学校实际的主题形象定位，有固

学校文化建构与践行

定的主色调和标准色调，校园功能分区明确。

2. 全面深入，自然人文

全面深入地开展环境文化系统规划，使环境整体充满生机与活力，充分活跃师生思维。对校园环境进行充分的文化景观设计，使校园有更为自然宽敞的室外空间和更为舒适人文的室内空间。

3. 独具个性，品质卓然

以学校文化为突破口，构建学校独有的环境文化系统，使校园环境彰显学校的特有文化，进而增加校园环境的特色性。

第六节　学校课程文化系统的规划与设计

一、学校课程文化系统建设与规划

随着教育改革的不断深化，我国基础教育的许多方面都发生了巨大转变。课程设计在这一教育形势下也由单一的国家课程向国家、地方、校本结合的方向转变。

（一）国家课程

国家课程集中体现国家的意志。它是专门为培养未来的国家公民而设计的，并依据公民所需具备的共同素质而设计、开发的课程。即根据不同阶段教育的性质与基本任务，制定各个学科或领域的课程标准或教科书。它是一个国家基础教育课程的主体部分，也是衡量一个国家基础教育质量的重要标志。

（二）地方课程

地方课程是在国家规定的各个教育阶段的课程计划内，省一级的教育行政部门或其授权的教育部门依据当地的政治、经济、文化、民族等发展需要，在国家规定的课时范围内设计并开发的课程。

（三）校本课程

校本课程是学校在具体实施上述两类课程的前提下，通过对本校学生的需求进行科学评估，充分利用当地社区和学校的课程资源而开发的多样性的、可供学生选择的课程。这种校本化课程开发的主要依据是党的教育方针、国家或地方的课程计划、学校教育哲学、学生需要评估以及学校的课程资源，它强调以学校为基地（本位），并与外部力量进行合作，充分地利用学校内外的课程资源。因此，它是国家课程计划中不可或缺的组成部分，有利于全面落实党的教育方针，有利于学校办出特色，有利于满足学生的个性发展需要，也有利于教师自身的专业化发展。

二、学校课程文化系统建设与规划的保障

（一）组建领导小组，保障课题研究

1. 组建核心领导小组，优化管理机制

首先要严格组织领导，规范研究程序。成立以校长为组长，以教导处人员为主要实施人员的课题研究领导小组，对课题组成员进行分工，明确职责。

2. 确立试点学科

在仔细讨论和调查的基础上，确立试点学科，开展课程校本化的试点工作。

3. 加大奖励力度，保障课题推进

从实际出发，将课题研究工作纳入教师绩效考核中，凸显课题研究的地位，加大课题研究的分值，激励教师投身教育科研，推进课程文化建设的研究。

（二）有计划、按步骤地进行有序研究

1. 广泛宣传发动，激发教师的研究热情

在课题研究过程中，要重视宣传发动，营造浓厚的研究和实践氛围，激发广大教师参与课题研究的热情，努力形成各年级、各学科都有课题项目，教师人人参与研究的局面，确保方案的顺利实施。

2. 深入开展培训，提高教师的现代教育意识和整体素质

进行专家讲座等各种形式的培训，为教师提供学习机会，让教师在理论层面和实际操作层面进入实施课程文化的状态。

3. 重视专家引领，从茫然走向明朗

在专家多次到校交流、讨论、切磋的过程中，学校方面对课程文化建设形成明确目标、统一意见。将专家引导性的指导意见，积淀成为开展课程文化建设的宝贵精神财富。

4. 落实过程管理，扎实开展研究

抓好课题研究的过程管理是课题研究顺利开展，并取得预期成果的重要保证。在课程文化建设过程中，应完善相应制度，如建立课题研究例会制度，定期开展研讨会，提高研究实效。

三、学校课程文化系统规划设计的原则与标准

（一）课程文化系统规划设计的原则

1. 体现学校文化

课程文化系统规划设计要立足于学校文化，让学校文化成为学校课程文化系统规划的灵魂。学校要立足自身实际，结合学校核心价值观进行课程文化系统规划，以丰富课程文化内涵，并通过全方位的课程文化设计，全面突出学校文化。

2. 立足学生需求

学校进行课程开发，要实现"让学生享受课程，让课程成就学生的目的"，并以此为前提推进课程的全面规划，全方位地体现对学生需求的重视。

3. 关注课程积累

在课程开发的过程中，要重视课程资源及课程实施经验的积累，根据学生的年龄特征、兴趣特点进行操作，以开发富有研究价值的课程文化，依托学校、社区、家庭的可利用资源，努力开展具有学校特色的课程规划。

4. 重视整合观念

学校在构建课程文化时，要引入整合观念，进行课程目标的整合、课程内容的整合、课程资源的整合，并在整合的基础上突出校本课程的优势，突出课程文化的积极性、特色性和文化性特点。

（二）课程文化系统规划设计的标准

1. 能全面推进素质教育，促进学生全面发展

学校进行课程文化系统规划要突出促进学生全面而有个性的发展的目

163

的，以切实推进素质教育的实施。根据教育的普及性和发展性特点，学校的教育教学要面向全体学生，充分尊重学生的兴趣爱好，并根据学生的实际情况及时调整教学内容，改变教学方法，赋予学生进行自由选择课程的权利，让学生主动地接受教育。学校要借助多元化和发展性的评价方式，确保全体学生逐渐实现全面发展和个性发展，达到国家规定的标准。

2. 提升教师的课程意识，促进教师的专业化发展

学校课程文化要突出对教师的约束和管理，以激励教师借助课程平台实现教学能力的提高和专业化的发展。教师作为学校课程的管理者、决策者和开发者，其主体地位在教学全过程中会得到全方位的展现，并在此过程中逐渐形成开放、民主、科学的课程意识，进而促进自我与学生的共同发展。

3. 促进课程创新，形成学校办学特色

课程要具有学校特色，进而让学校因课程而更有特色。学校通过重视三级课程管理，以充分体现学校的独特性和差异性，以扩大学校在课程上的自主权和主动权，使其能够因地制宜地进行课程创新，从而体现学校办学特色。

四、校本课程的研究与开发

校本课程是学校课程体系中的重要组成部分，鲜明的特色是校本课程的灵魂。学校校本课程开发，应该将学生视为独立的人、发展中的人、有潜能的人，立足学生群体的未来角色和发展方向。

（一）校本课程开发的思路

1. 将课外活动引入校本课程开发

一些学校在多年的办学实践中，形成的一些做得较好的课外活动和活动课成为了校本课程的重要资源。学校可借助校本课程开发的理论和技术指导，将课外活动与活动课的特色与经验引入校本课程的开发中来。

2. 借助传统优势进行校本课程开发

学校如果具备自身独特的深厚的文化积淀和传统的优势项目，如绿色教育、爱心教育、诚信教育、养成教育及体操、音乐等特色教育，就可以利用这些优势的教育资源进行校本课程开发，并可以根据学生的年龄阶段和年级层次进行项目分解，以逐步形成系列课程。

3. 挖掘人文资源进行校本课程开发

学校对人文环境的营造是校本课程资源开发的重要方面，它具有潜移默化的作用。人文环境方面的主题主要包括绿色环保主题、良好的行为习惯培养主题、名人名言主题、励志故事主题等。这些内容都体现着学校的人文精神，体现了学校关爱学生的人文理念，是校本课程开发的重要主题资源。

4. 将社区资源有机融入校本课程开发

社区资源较为丰富，囊括了学校所在地域的地域文化、民俗风情、文化传统、特色产业及其特殊的人文环境。这些丰富的社区资源，为学校进行校本课程开发提供了内容来源和必要保证。如列举地域文化名人，培养学生热爱家乡的情感，加强学生对文化先贤的敬仰之情。

（二）校本课程研究与开发的途径

1. 确立校本教育的宗旨

国家对各级各类学校的培养目标和规格有着统一的要求，这种统一的要求仅是宏观层面上的原则性规定。每个学校都有自己的特殊性，所以必须立足于本校的文化资源、教育资源、历史传统，确立本校独特的发展方向，并在校本课程中开发出独具特色的教育宗旨或教育哲学。如河南省濮阳市外国语实验小学将本校的教育宗旨确定为培养"有根、有志、有识、有度的现代中国人"，有的学校的教育宗旨则是培养"全面发展，个性鲜明的高素质学生"。如此种种，既能体现国家的一般性规定，又能展现本校教育的特殊性，这些学校的课程开发必然会有一定的成果。

2. 组建校本课程开发的师资队伍

国内外各级各类学校校本课程的研究与实践都已表明，要保证校本课程开发的顺利进行，必须建立本校开发校本课程的师资队伍。这支队伍需要做好外部公关和内部协调的相关事宜。对外能够与当地教育部门的主管领导、课程专家或学科专家保持密切联系，通过与他们的交流和沟通，最大限度地优化课程开发条件，最大限度地获得课程开发理论的支持。在学校内部，抽调出的骨干教师要形成课程研究与实践的共同体，并通过建立内部反馈和激励机制，确保整个校本课程开发的顺利推进。如此，只有内外相互配合，以目标为导向，以教育为追求，才能更好地群策群力、分工合作，让校本课程开发得到贯彻落实。

3. 确立校本课程开发的主题

作为国家课程的有效补充，校本课程的开发和建设、实施都需要考虑社会、学生和知识这三方面的课程资源。在主题确定方面，校本课程开发需要考虑当地的区域发展规划，并重点从地域文化、社区服务、社区发展、社区社会性问题等方面寻找开发主题；要根据学生的内在需要确立主题，可以通过发放问卷、开座谈会等形式，明确学生感兴趣的领域和知识，以让校本课程能够符合学生的兴趣和爱好。一般而言，校本课程的主题繁多，可以是环境保护、习惯养成、科技教育、特长教育、心理健康教育、快乐学习、快乐读书、学会做人、学会做事等，也可以是依据国家课程标准对语文、数学、外语等课程内容的选择、改编、整合、补充和发展。

课程主题确定后，要大量收集资料，依据时间安排完成资料汇编。充分利用网络资源、书本资源和学校教育资源，收集一些具有科学性和前沿性的信息，把与课程有关的最新信息、最新研究成果通过课程介绍给学生。

4. 校本课程的申报与审定

申请开设校本课程的教师必须写一份简要的《课程纲要》，同时要附有课程介绍，并交给学校课程开发委员会初审。

校本课程的审定由校本课程开发领导小组负责。审定的依据是，校本课程是否具有教育性和趣味性，是否具有启发性和实践性，能否激发学生的情感、态度，能否增强学生对学习、生活的自信心，能否引导学生进行积极主动的探索研究，能否促进学生的个性发展和特长发展等。

5. 校本课程的开题与评价

校本课程的开设要改变传统的教育思想和教育观念。校本课程是否能够真正走进课堂，需要由广大学生来选择，而后才能进行开题。通过每学期一次的开题，开设校本课程的教师向全体学生介绍所开课程的主要内容、目的、授课方式等，让学生根据教师的介绍自主选择。

校本课程的评价主要从以下两个方面进行：一是对课程开发教师的评价；二是对学生学习校本课程的评价。对学生的评价主要采取学分制的形式，以对学生参与学习的学时量的考核为主，对学习过程与学习结果的考核为辅。

第七章

Chapter 7

学校文化建设方案的践行与推进

　　学校文化建设方案一经形成，便进入践行与推进阶段。实施学校文化建设的根本目的是让学校文化之气充盈整个校园，并渗透到德育、教学、管理、服务等各个环节，对学校全员进行潜移默化的影响，使其形成统一的价值取向，塑造良好的学校公共形象，提升学校文化影响力，打造学校品牌文化。

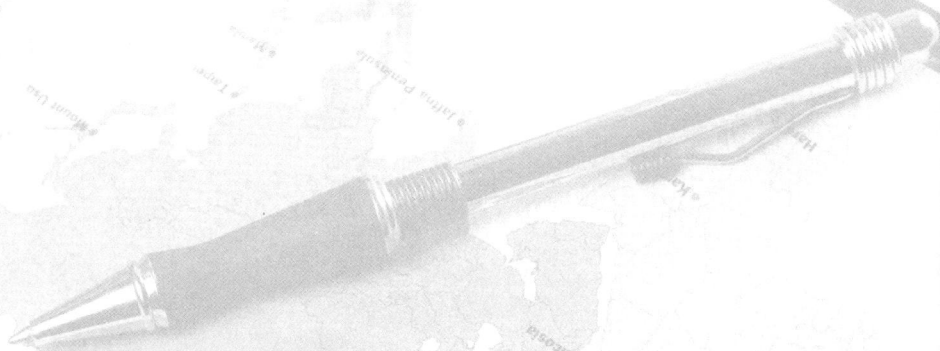

第一节　学校文化建设方案的论证与决策

一、学校文化建设方案的论证与形成

学校文化建设方案是否适合本校的具体实际，需要学校遵循个性化原则、参与性原则、文化性原则、特色性原则进行更加科学而到位的论证。一般而言，学校文化建设方案的论证主要采取以下三种方法。

一是邀请知名专家进行论证。在学校文化建设方案形成之后，学校需要对全部的文化方案进行系统论证。邀请知名教育专家和策划专家召开论证会进行论证，是各级各类学校检验学校文化建设方案是否适合本校的重要途径。学校领导班子全体成员、部分骨干教师要积极参加论证会，倾听各位专家的专业指导，科学论证学校文化是否准确定位，是否形成特色，是否有品位，是否体现了本校的历史积淀……经由专家论证，学校将继续关注学校文化建设，走内涵发展之路，谱写教育发展华章。

二是从文化传承的角度进行论证。对于学校文化，我们要怀着批判精神和创新精神进行论证，看其是否是在集成学校原有文化基础上进行的一次最集中、最抽象的概括和提炼？是否展现出了本校文化最本质的精神特征？是否汲取了传统文化中的优秀和精髓部分？是否对学校的未来发展起到积极而深远的影响？学校文化一经提炼和形成，就能影响学校文化的性质和发展方向，指导和推动师生积极参加主题实践活动和文化创造活动。对学校来讲，只有深入、充分地挖掘、概括、提炼、阐释学校文化的核心理念，才能更好地继承和发扬学校优秀的文化。

三是从德育功效的角度进行论证。学校文化建设方案是否适合本校，需要学校从文化的德育功效角度进行论证。"以文化人"与当代教育立德树人的根本任务有着连贯性和共通性。学校文化建设方案的策划与形成，是否遵循了学生的文化接受能力和成长规律？是否对教书育人起到春风化雨、润物无声的作用？是否实现了文化立魂的功能，提升了德育的人文内涵？是否增强了德育的针对性与实效性？是否让学生从中获取了知识、信仰、道德传统

169

中所蕴含的精神？是否让德育感召力与影响力得以增强？这些问题都是学校需要思考的。

经过多元化的论证之后，学校便能逐渐形成具有本校风格和特色的文化建设方案。这一方案主要囊括学校理念文化、学校视觉文化、学校行为文化、学校环境文化四大子系统。

二、学校文化建设方案的决策与确立

学校文化建设方案形成之后，便进入决策与确立阶段。为进一步规范学校文化决策行为，完善文化决策机制，强化决策责任，减少决策失误，提高学校文化建设能力，学校需要坚持科学决策、民主决策的原则进行决策。这就要求学校尊重办学实际，运用科学的决策方法，做到教育性、文化性和前瞻性相结合，使决策更符合教育规律和学校文化建设规律。同时，还要求学校必须坚持集体领导、民主集中、会议决定的原则，让学校文化建设方案的最终决策得以形成。

学校文化建设方案的决策是学校进行文化管理的中心环节，需要学校重视决策的过程，明确决策的要求。这也就需要学校积极推进民主决策、科学决策，认真探讨该文化建设方案是否符合本校特色。

一般来说，一切学校文化活动的开展都有赖于决策确定方向和方法。对学校文化建设方案的决策，学校可采取以下三种形式展开：一是召开校长办公会，由行政集体进行决策；二是召开"圆桌会议"，由各部门领导和教职员工进行决策；三是召开学校文化建设讨论会，由大家激烈讨论、民主表决进行决定。不论学校采取哪种决策形式，在学校文化建设方案进入决策阶段时，必须按下列程序进行：一是确定议题。会议议题由分管学校文化建设的校长和相关部门的提议确定，原则上不得临时改变。二是准备材料。由协助学校文化建设的办公室主任收集整理好会议所需的各类文件、审议需要决策的学校文化建设方案及相关的文字说明等资料。三是酝酿意见。参会人员认真学习会议材料，熟悉并掌握材料，酝酿好与学校文化建设相关的意见，做好发言准备。四是充分讨论。会议由办公室主任主持，由分管副校长对议题作简要说明，号召全体与会人员充分讨论，并提出个人意见。会议主持人应在听取其他与会人员的意见后再表明自己的意见。五是逐项表决。会议议题经充分讨论后，方可逐项进行表决。六是作出决定。主持人根据会议讨论、表决情况，对审议的学校文化建设方案的决策事项作出通过、不予通过、修改或者再次审议的决定。学校文化建设方案形成最终决策，由分管副校长审定签发。七是会议纪要。学校要安排专人负责会议记录和整理会议纪要，详尽地记录学校文化建设方案的决策事项。

对学校文化建设方案做出最终决策，对学校势必会提出更高的要求：一是决策的方法要更科学，确保整套方案的科学性、文化性、特色性与可操作性；二是决策时要讲求参与性，要求学校校级领导及骨干教师能积极参加讨论，为学校文化建设方案提出意见、建议。经过认真而科学的决策，学校文化建设方案才能最终得以确立，才能让学校拥有更加符合展现本校特色的学校理念文化建设方案、学校视觉文化建设方案、学校行为文化建设方案、学校环境文化建设方案。

第二节　学校文化建设方案的共识、宣传与执行

一、学校文化建设方案的共识

如何让全校师生对已确立的学校文化建设方案达成共识，已经成为各级各类学校面临的重要问题，需要学校采取以下三种方式。

一是通过召开各种会议，强化师生对学校文化的认同。学校可以通过民主生活会、教职工代表会、政治学习例会、学校文化学习交流会，号召师生在认真学习本校学校文化建设方案的基础上，在核心理念、校训、校风、教风、学风、校旗、校徽、校歌、师生誓词等方面畅所欲言，让师生在共同参与的过程中形成对方案的共识。

二是借助载体进行宣传，让师生增强对文化的认知。学校可以充分发挥国旗下的讲话、黑板报、广播站和宣传橱窗的主阵地作用，对本校的文化建设方案进行宣传，在全校范围内形成宣传学校文化的风气。

三是通过多元化的宣传活动，让学校文化不断深入师生的内心。通过做好"学校文化宣传周"教育活动，制作学校文化宣传展板，开展"学校文化润我心"专题讲座，让广大师生了解和认识学校文化的重要地位和作用，进

而让本校的特色文化内化为师生自觉的思想与行为。

二、学校文化建设方案的宣传

（一）组织内宣传

学校进行组织内宣传，一般借助校报、校刊、文件、报告、网页、传真、留言板、便条、图片、环境指示标牌、文化展板、宣传栏、电子显示屏等视觉媒介进行文化建设方案的传播，还可以借助视听媒介进行传播，如利用校园广播进行学校信息的听觉传播，利用校内网传递文字、图形、声音、静画和动画，让网络传播成为学校进行组织内传播的主导性媒介。

（二）广告宣传

在学校以文化立校的过程中，需要对学校文化建设方案进行宣传，以扩大学校的文化影响，提高学校的知名度、注意度、认知度和美誉度。

1. 制作专题片、宣传片。专题片或宣传片不同于纯粹的广告片，却比广告更为有效。学校以学校文化建设方案为蓝本，对其建设的具体情况进行报道，让社会大众了解学校的文化建设成果。

2. 利用新闻发布会。教育新闻发布会是一种很有效的传播方式。通过召开新闻发布会，学校可邀请尽可能多的媒体到场，对学校文化建设方案进行宣传、报道。

3. 印制文化建设宣传资料。每学期印制一定数量的学校宣传手册，向社会公众推介学校，让更多人了解学校的文化系统，了解学校文化的组成。

（三）公关宣传

公关，是公共关系的简称。学校的公共关系，是指学校在品牌推广中正确处理学校与社会公众的关系，以便树立品牌及学校的良好形象的一种活动。

1. 家校互动。家长是学校文化的第一感知者，是学校文化传播的首要对象。搞好学校文化在家长群体中的有效传播，对于抢占教育市场份额有举足轻重的作用。因此，学校应定期召开家长会、各种座谈会，向广大家长和社会各界宣传学校的文化建设方案及办学目标、改革措施、办学成效等，以共享教育成果。

2. 策划专题活动。学校可通过策划周年庆典、校友联谊、学校开放日等特定的专题活动，在活动过程中向社会公众推介本校的文化建设方案，以扩大学校的文化辐射效应。

（四）网站宣传

互联网的普遍应用，使许多学生和家长都将网络作为了解学校的重要手段。学校网站是最直接的宣传学校文化建设方案的手段，学校网站的形象往往决定了家长们对学校的信心。建立具有高水准的网站能够极大地提升学校的形象，它可以将学校文化建设的理念文化识别系统、视觉文化识别系统、行为文化识别系统、环境文化识别系统进行有效的宣传推广。

（五）大众宣传

学校可利用报纸、杂志、书籍、广播、电视等大众媒介向社会公众传达学校文化建设方案。学校利用发行量大、读者众多、传播面广的报纸，如《中国教育报》《教育导报》《教育时报》《德育报》《现代教育报》等相关教育类报纸进行学校文化建设方案的传播。

三、学校文化建设方案的贯彻执行

（一）成立学校文化建设领导小组

学校组成以校长为组长，以书记、副校长、中层管理者及骨干教师为成员的学校文化建设领导小组，全面领导学校文化建设方案的具体实施。明确学校各个部门的职责和任务，让办公室、德育处、总务处、财务保障处、教科信息处等科室有明确具体的职责和分工，以便能更好地确保整个学校文化建设的顺利推进。定期召开学校文化建设方案贯彻、执行、推进的会议，对学校文化建设方案的具体实施情况进行讨论、总结，并形成书面的文字报告。

（二）学校文化建设方案的贯彻执行

学校文化必须让学校全员亲身体验到，让他们感觉文化就在身边，跟自己的学习、工作、生活息息相关。在学校文化建设方案的贯彻执行过程中，学校可以采取"三步"走的策略：学校文化要能够"看得见"——学校文化要让人"感受到"——学校文化要让人"自己做"。尤其是在"自己做"这一阶段，领导管理层、教师群体、学生群体都需要在工作、学习中贯彻学校文化建设方案。

对领导管理层来讲，要具体负责全校的校园文化建设任务，为全面实施素质教育服务；推进理念文化建设，通过广播站宣传、课堂讲解、宣传条幅的悬挂、文化展板的设置等方式，让核心文化、"三风一训"等理念文化慢慢深入人心；创设各种文化设施，搞好阅报栏、宣传栏、黑板报、图书室、阅览室的建设；举办校园文化艺术节，结合学生需要和学校实际设计主体活动，让师生都能成为博学多才的现代人；精心设计系列德育活动和主题文化活动，月月有主题，周周有评比，天天有活动。

对教师群体来讲，要打造高效课堂，推进课堂文化建设。有思想的课堂才是有文化的课堂，为了使学校理念文化真正落地生根，使学生做到"内化于心"和"外化于行"，教师要编辑并教授校本文化读本，让学生了解本教材中的学校文化要素，让形式灵活、图文并茂的读本发挥"明理与导行并举"的作用；开展文化交流活动，与学生共同探讨学校文化的教育熏陶作用。

对学生群体来讲，要积极参加各种健康有意义的课外文化活动，如"科技节""体育节""艺术节""读书节"，既能从中加深对学校文化的认识，又能收获丰富多彩的校园文化生活；开展校园文化教育，让学生在喜闻乐见的活动形式中接受教育，从中受到直观熏陶和潜移默化的教育。学生通过参加各种课内外活动，如"学校文化手抄报比赛""爱我校园书画大赛"等课外活动，"节约从我做起""创建安全文明校园""树立社会主义荣辱观"等专题活动，让自己成为学校文化的践行者。

第三节　学校文化践行与推进的基本原则

学校文化的践行与推进要有计划、有特色、有成效，就必须遵循一定的原则。

一、主体性原则

主体性原则是指学校领导和师生群体是践行与推进学校文化的主体。坚持主体性原则，能激发学校全员的积极性和主动性，使其为学校文化建设的顺利推进贡献力量。

那么，对于校长和师生来讲，他们是如何推动学校文化建设顺利进行的呢？

对校长来讲，作为学校的带头人，要在每一个细节上展示学校对真善美的文化追求，要在每一个方面展现对学校文化的重视。校长要具备领导、管理学校的智慧与能力，要在学校文化的实施过程中用智、用仁、用心，能够与人为善、以诚待人，凝聚人心、赢得人心，让学校文化的影响力传播得更为深远。例如，在广西壮族自治区北海市第三中学，杨惠萍校长作为学校文化建设、践行与推进的领导者，高度重视以"阳光·绿色"为核心的学校文化的全面实施，精心编撰《北海三中——学校文化践行读本》，对学校文化各个元素进行分级讲解，让师生在参与各项活动的过程中得到锻炼和成长。

人是文化的承载者。对于学校来说，师生就是学校文化的主要承载者。教师和学生既是学校文化最好的代言人，又是学校文化践行的最好实施者。教师在学校文化践行与推进中起着承上启下的主体作用。作为有文化的教师，一般都具有较好的责任意识、传承意识、吸纳意识和创新意识，能认真学习学校文化，传播学校文化，并能在课堂教学中向学生们进行解读，让学生学习和了解本校的特色文化。在浓郁的文化氛围里，学生们积极参加以学校文化为指导的各类主题活动，并对本校文化及核心价值观产生认同感和归属感。随着"校徽设计创意大赛""校训相伴我们成长""学风建设大家谈"等系列活动的开展，学生们的责任感、爱国心、诚信意识也得到不同程度的提高。

二、教育性原则

学校是专业的教育机构，育人是其重要目标和责任。学校文化策划和建设的目的在于为学校管理和教育教学服务。学校文化的践行与推进要符合教育性原则，教育性是指教育行业自身的特点和对学生产生的教育意义。

教育有自身的特性，需要向学生传授知识，并对其进行道德行为的规范和引导。学校文化践行与推进的教育性，能指导学校在文化实施的过程中确保自身教育质量和教学水平的提高。这一教育性表明，学校文化践行与推进的出发点和落脚点在于培养高素质的学生，其过程也是促进教师发展的过程。

学校需要在尊重教育特性的前提下，运用教育规律和其特性进行学校文化的践行与推进，让学校文化更好地发挥文化育人的重要作用。学校文化践行与推进的各项措施都不能脱离学校教育实际，要努力做到贴近学校实际，贴近师生思想实际、生活实际和学习实际，提高教育的灵活性、针对性和实效性。

三、可行性原则

学校文化的践行与推进实际上是一个做的过程，学校要充分考虑其在全过程中的实践性与可行性。下面主要分析一下学校文化践行与推进的可行性原则。可行性原则是指任何一个学校文化建设方案实施所需的时间、人力、物力、财力要为学校的客观环境条件所允许，能使学校文化建设方案得到有序的落实。

学校文化践行与推进必然要有明确的内容。这就需要学校在文化的主题上进行思考，在文化的内容上进行选择，在具体的实施上进行策划。同时，开展符合学生特点、能引导学生全面成才的，学生喜闻乐见、参与性强、喜爱和支持的学校文化活动，要注意发挥学校、班级、学生、家长及社区各方面的积极性。在整个活动开展的过程中，学校要以学生为主体，注重全体学生的参与，注重活动的知识性、科学性，突出趣味性、娱乐性，让学校文化更加深入人心，让学生从中得到陶冶和熏陶。

四、过程性原则

学校文化的践行与推进不是一朝一夕的事，而是一个漫长的过程。过程性原则是指学校文化践行与推进的过程是学校完善自我办学行为，提高办学质量水平，提高学校文化水平的过程。同时，它也是践行办学理念、办学宗旨、"三风一训"的过程。

坚持过程性原则，能使学校从文化的层面来实现发展，促进提升。学校文化的践行与推进，既重视过程，又重视结果，更重要的是要看学校文化的作用是否得到发挥。这就要求学校在坚持过程性原则的基础上，将学校文化内化于心，真正对师生起到激励和导向作用。同时，在学校文化践行与推进中，教师要加深对学生的了解，只有了解学生的兴趣爱好，才能更好地将学校文化落实到每一个人的身上。

五、创新性原则

学校文化的践行与推进从来就离不开思想和创新。创新性原则是指学校文化本身独具个性，需要学校创新文化践行与推进的途径与方法，并在此过程中发展出学校文化新的内涵。

"思路决定出路，创新引领发展。"学校文化的践行与推进是思想与创新并进的过程，这就需要学校领导既要做出周密的推进计划，又要进行创意的思考，创造性地思考新方法、新途径，以更好地推进学校文化的顺利实施。由此来看，对学校文化的践行与推进要坚持创新性原则，以创新为基点，探索适合学校实际的方法策略，以更好地展现学校文化的先进性，形成独有的学校办学特色；要积极建立和巩固学校师生良好的行为模式，让学校文化和行为规范于无形中内化为师生自觉的行动；要创意性地进行学校文化的实施，促进学生德智体美劳的全面发展。

六、整体性原则

整体性原则，是指学校文化的践行与推进是一个系统工程，具有层次性、具体性、全面性等特点，持续进行的过程要统筹兼顾、有序实施、全员参与、全程推进、持之以恒。

在践行与推进学校文化的过程中坚持整体性原则，有助于学校将自身的理念文化、精神文化等通过各种载体进行彰显，进而让学校文化发挥整体育人的效应。那么，应该如何坚持整体性原则呢？这就需要学校基于各校实际，立足各校原有文化形态，引导学生继承和弘扬优秀的民族文化、地域文化和学校的优良传统，培养他们的整体意识，并融合时代精神，发展国际视野。同时，还要促进学校文化与社会文化的互动，并让学校文化在互动中实现新的发展。

第四节 学校核心价值观的认同与实践

一、学校核心价值观的解读与认同

（一）学校核心价值观的解读

学校的核心价值观，即深植于学校所有成员心灵深处的精神诉求，是所有成员对学校一切人、事、物等各方面进行判断的价值标准，它是一所学校教育哲学的根本，也是凝聚学校全体成员的根本。学校核心价值观从性质上说是一种组织文化的核心，是实现诸多学校目标必须遵循的若干价值原则，是一所学校所有成员于内心深处达成的"共识价值"。

学校的核心价值观，是学校精神文化的核心组成部分，是学校最重要、最根本、最有影响、最持久的信仰与追求，是融入学校每个成员血液中决定其言行的"DNA"。唤醒和重构学校的核心价值观，是一个复杂、细致而漫长的过程。一般而言，它是经由"自上而下""自下而上"的和谐相融而生成的。校长对学校核心价值观的形成起着积极的促进作用，许多学校的核心价值观就是校长在任期内及学校发展的关键时期内所确定的。校长作为学校的灵魂人物和领军人物，必须肩负起提出并阐释学校核心价值观的重任。在学校文化策划与构建的过程中，学校管理者需要组织"圆桌会议"，进行办学理念、文化主题、核心价值观、教育思想的讨论，动员每一位教职员工畅所欲言、献计献策。学校全体成员在总结本校发展经验、教训的基础上，对学校文化的各个元素进行讨论，并对核心价值观提出自己的看法。学校领导者在整理和吸纳学校成员不同意见的基础上，提炼出"核心价值观征集意见荟萃"，然后再组织教职员工进行学校核心价值观的最终确定。

（二）学校核心价值观的认同

学校核心价值观影响着人们的行为方式和思维方式，决定着学校的基本特性，规定着学校的发展方向。那么，如何让全校师生认同本校的核心价值观呢？

一是通过调查分析，引导教职员工认同本校的核心价值观。学校通过组织教师学习学校文化建设方案的形式，让教师结合自己的工作写一些关于学校核心价值观的文章，激发他们对核心价值观的认可。同时，也可以通过与教师交流、座谈，对其进行问卷调查，并通过观察他们的工作实际等途径，在了解教师的价值取向的基础上，鞭策其将自身的价值观与学校核心价值观统一起来。

二是采取多元途径，对师生进行核心价值观的强化灌输。为了让全校师生认同学校的核心价值观，让每个人都能做与学校核心价值观相符的事情，学校可以通过教师大会、全校集会、内部刊物、学校网站、座谈交流等方式，让核心价值观得到更好的宣传，让核心价值观更能深入人心。

三是通过观点碰撞，让师生都能增强对核心价值观的认同。学校要重视核心价值观对师生思想的引领，通过在学校范围内对践行核心价值观的优秀教师和优秀学生进行表彰，让核心价值观对师生的思想形成冲击，让更多的师生对其产生思想上的共鸣。

二、学校核心价值观的实践原则

（一）坚持分级分类指导的原则

针对学校领导干部、教师团队、学生群体的不同情况，学校要找准各个群体在贯彻与实践学校核心价值观方面需要解决的突出问题，提出适合各自特点的目标要求和办法措施，鼓励师生探索、创新实践的新形式和新途径，把学校核心价值观与自我价值观紧密地结合起来。

（二）坚持学校领导带头的原则

在学习贯彻核心价值观的过程中，学校领导班子成员、党员干部要走在前、做表率，上级带下级、主要领导带班子成员、领导干部带一般人员，一级抓一级，层层抓落实，从而让学校核心价值观得到有效的落实与实践，发挥其应有的作用。

（三）坚持全员育人、全方位育人的原则

将学校核心价值观的实践覆盖所有教职员工和学生，形成课堂教学、社会实践、管理服务多维一体的育人格局。根据不同年龄段学生的身心特点，积极构建学校、班主任、各科教师、家庭、社会密切配合的育人环境。

（四）坚持以人为本、知行合一的原则

"纸上得来终觉浅，绝知此事要躬行。"不同阶段的学生有不同的身心特点和成长规律，因此要推动学校核心价值观进教材、进课堂、进学生头脑，让学生能在情感上主动认同，在思想行为上自觉遵守。这就需要学校根据青少年的身心发展特点，构建德育课程体系和教材体系，创新教育方式和教学方法，多用生动的形式、感人的事例深入浅出地讲解学校核心价值观。

（五）坚持理性认知和实践体验相结合的原则

只有把理性认知和实践体验相结合，才能在实践中体会价值观的正确性。学校要坚持把核心价值观教育融入实践育人工作的全过程，高度关注学校核心价值观的教育，让学生在实践育人中实现自我教育、自我管理、自我服务，让学生在实践活动中体会学校核心价值观的重要性。

三、学校核心价值观的实践方式

学校核心价值观如何才能成为全校师生的共同追求和自觉行动，这需要学校利用一切可以利用的场合去阐释它的含义和精神，并通过一些方式途径去实践，从而让核心价值观更加深入人心。这也就需要学校采取形式多样、多措并举的方式，在落细、落小、落实上下功夫，使学校核心价值观在全校师生中生根发芽、落地开花。

（一）开展"中国梦·学校梦·个人梦"主题教育活动

培育和践行学校核心价值观，是各级各类学校的时代主题，是广大师生实现"中国梦·学校梦·个人梦"的具体行动。学校核心价值观是实现学校梦的价值支撑，是助力国民实现中国梦的重要组成部分。中国梦归根到底是人民的梦，是每一位师生的梦。全体师生要想人生出彩、梦想成真，就要把个人理想与学校的发展和华夏民族复兴的中国梦联系起来。学校要引导全体师生爱国荣校，励志发展，将中国梦、学校梦、个人梦结合起来，以切实增强学校核心价值观在广大师生中的影响力、凝聚力、感召力，使之无时不在、无处不在。

（二）加强对校园文化活动的建设和管理

学校按照"大型活动精品化，中型活动特色化，小型活动经常化"的思

路，加强对校园文化活动的建设和管理，让核心价值观通过各类文化活动得以贯彻落实。精心设计和组织开展内容丰富、形式新颖、吸引力强的文化艺术、文化学术、文化实践、文化宣传等活动，把德育、智育、体育、美育渗透到校园文化活动之中，使更多学生在活动参与中受到潜移默化的影响，思想感情得到熏陶、精神生活得到充实、道德境界得到升华。

（三）加强学校教职工素质建设

在教职工中实践学校核心价值观，要充分发挥团组织的正向引导作用。加强教职工素质建设就是学校通过团委、团组织使广大教职工能够学文化、学知识、学本领，并且接受学校文化及社会主义核心价值观的教育。在教职工中实践学校核心价值观对于推进教职工能力素质的提升起着决定性作用。要把深化教职工素质建设作为培育学校核心价值观的具体实践，以先进理论影响教职工，以优秀文化熏陶教职工，以精神文化引领教职工，推进知识型、学研型、智慧型、专家型教职工队伍建设，鼓励支持教职工学习新知识、掌握新本领，拓展发展空间。

（四）开展系列学生素质发展工程

在学生中实践学校核心价值观，需要与学生素质发展工程紧密结合起来。主要是抓好学生养成教育，一是利用升旗仪式和集会时间，对学生进行学校核心价值观的教育；二是密切关注各班学困生在纪律、学习等方面的表现，发现问题及时处理，加大对学困生的教育引导；三是加强心理健康教育，成立心理辅导室，为全校师生提供心理咨询；四是开展以"感恩"为主题的教育活动，通过主题班会、演讲、出板报等形式对学生进行感恩教育。

第五节　学校文化在德育中的践行与推进

一、学校文化与德育的关系

学校文化与德育相互依存、相互影响、相互制约、相互促进。学校文化是一个特定性的区域性文化，是学校长期形成并为全体师生员工所认同的校园精神、校园制度和校园文化氛围，以及承载这些精神、制度、文化氛围的活动形式和物质形态。学校文化作为学校教育中的隐性课程，具有暗示性和渗透性的特点，有着强大的德育功能，对学生品德形成具有潜移默化的影响。它与显性课程相配合，是学校对学生进行思想品德教育的重要渠道和有效手段，对学生成长和发展有着重要的影响。

学校文化让学校更有内涵和灵性，让教育更有激情和活力。学校德育是学校的根，需要受到文化的润泽。文化对德育之根具有浇灌滋养作用，能让学生接受到真正的、良好的教育，让学生能受到全方位的德育。这主要表现在以下四个方面。

一是学校文化能加强对学生的引导。学校文化是一种特殊的精神文化，具有鲜明的精神文明特性和德育特性。学生置身于这样的文化氛围中，既能让社会主义先进文化武装思想，又能让学校文化中的时代精神对自己起到积极的指导作用，还能深刻地认识真、善、美，辨别假、恶、丑。

二是学校文化有助于对师生的德育规范。学校文化是由校内师生自发组织创造和享有的精神文明、物质文明和文化氛围。它在一定程度上反映了校内师生的道德风尚、精神面貌、行为方式以及文娱活动的水平。全校师生在校园文化当中生活，必然受到其有形或无形的影响，也会受到各种规范的要求和制约。不论是学校的规章制度，还是师生的行为准则，抑或是各种社团的规章制度，各种活动的基本要求，都对师生的行为起着规范和制约的作用，让师生都能规范自我的行为，并逐步形成良好的道德行为习惯。

三是学校文化有助于推进德育实践。学生是学校文化的主体，也是学校德育的主体。学生在校园中接受学校德育的同时，亲身参与到学校文化活动的实践中，也发挥了自我教育、自我锻炼的功能。学校是学生实践锻炼的大舞台，.让学生积极参与学校文化活动，能让学生找准自己的角色和位置，培养学生自我组织管理、与人交往合作的能力，以及独立自主、自我调控的能力，能够更好地发掘学生的潜能，从而使其优良的方面得到肯定、强化、巩固和发展。

二、在德育中践行与推进学校文化的原则

德育工作是一项长期的、艰巨的、不懈的育人工程，这就需要学校以文化为引领，富有创新思维，批判地吸取、借鉴中华民族优秀传统文化中的思

想道德观念，全方位提高学校德育实践的实效性。

（一）以人为本原则

以人为本，是学校文化建设的基点，是德育开展的核心，是教书育人的根本要求。德育工作是学校工作的灵魂，做好学校德育工作是保证党的教育方针落实，保证教学质量，保证实施素质教育的关键所在。学校在德育的践行与推进中，需要坚持"以人为本"的原则，重视学生的主体地位，一切以学生的发展为本，并借助有效的手段将学校文化、道德知识、行为规范传递给学生，让他们在学习中生发自我教育的主动性和积极性。这就要求教师投入爱心，用热情、关爱去感染学生，与学生沟通，以言、行、情去激励学生，并注重"导引"，采取寓教于乐、寓教于趣的形式，让学生成为主动的学习者和自我教育者。

（二）求真务实原则

求真务实的原则，指学校坚持一切从实际出发，从学校的德育现状出发，将学校文化与德育有机结合起来。加强学生思想道德建设，学校是主渠道、主阵地、主课堂。如何让学校文化在德育中进行有效的践行与推进？这已经成为教育工作者思考的重要问题之一。为了更好地让学校文化发挥正向的激励引导作用，学校应该重视学校文化建设的系统性、长期性，让理念文化、环境文化、行为文化、视觉文化得到落实，以让德育能更好地塑造人、改造人，让学生能接受到序列化、经常化的教育。同时，还要重视学校文化的渗透性和穿透性，让其与智育、美育、体育、劳动教育等相互联系、相互制约、相互渗透、相互促进，使学生培养起正确的人生观、价值观和世界观。

（三）综合协调原则

综合协调就是将各种因素合理搭配，将全体师生的发展要求综合平衡，将各种资源和力量综合调配，共同去实现一个目标。德育工作是一项复杂的整体工程，涉及家庭、学校和社会的各个方面。这就要求，不论是学校还是家庭，都应该在学校文化的统一指导下，让学校文化的精髓成为德育的重要内容。对学校来讲，应该将学校文化各系统、各元素有机地渗透到教书育人、管理育人、服务育人的各个环节中，让全体师生都具有"文化落地、人人有责"的意识，把学校文化的践行与推进纳入教育内容的体系，充分发挥德育的合力作用。对家庭来讲，也应该了解并深入学习学校文化，让家庭教育的方法、手段、措施都能展现出学校文化的魅力，让孩子增强文化自觉意识。如此，在学校和家庭的共同努力下，学校文化能更有效地在综合的、协调的、开放的、灵活多样的大德育模式中进行积极渗透，从而形成德育工作的良性循环，让德育工作再上一个新台阶。

（四）知行统一原则

贯彻知行统一原则符合文化与德育相融的客观规律，是在德育工作中践行与推进学校文化应当坚持的一项基本原则。知行统一原则是指在德育的践行与推进过程中，既要对学生晓之以理，为他们提供学校文化的内容及思想道德知识，又要对学生导之以行，培养他们爱国荣校的意识，使其能真正把学校文化与德育实践相结合，形成知行统一、言行一致的品格。人的思想品德是由知情意行四个因素构成的。其中，知是基础，行是关键。学校文化在德育中的践行与推进，能引导学生在知和行方面实现和谐一致的发展。

三、在德育中践行与推进学校文化的方法

胡锦涛同志曾指出："全面实施素质教育，核心是要解决好培养什么人，怎样培养人的重大问题，这应该成为教育工作的主题。"学校在进行德育工作时，如何找到学校文化与德育的结合点呢？这需要学校领导者和教育工作者进行深刻的反思，并深刻地认识到：德育要靠文化进行精神洗礼。

（一）以学校文化为指导，明确德育文化的目标定位

一所学校需要培育什么样的德育文化，需要充分考虑学校的文化传统与现实条件、时代背景与发展趋向。各级各类学校要以学校文化为指导，确立德育文化发展目标，让德育文化具有继承性、现代性，让德育文化成为学校整个校园文化中最亮丽的一朵奇葩。

（二）以学校文化为导向，找准德育文化的突破点

一所学校要想形成德育特色文化，可在学校文化的指导下充分认识自身的优势、缺陷以及传统等，根据学校的德育目标定位选择突破点，并通过主题突出的系列活动引起学生的道德认知和情感认同，让学校德育更有针对性和实效性。

（三）以学校文化为基础，选择适合的德育文化载体

学校文化需要借助一定的文化载体来展现，并在逐步的深入中形成特有的文化现象。如南昌师范附属实验小学（以下简称"南师附小"）"五红"阵地德育品牌的形成。南师附小，毗邻南昌市军分区，具有良好的社会声誉和知名度。1979 年，正值南昌军分区政治部与学校联合共建文化站，向学校赠送了一套电影设备和器材。借此契机，学校便成立了江西省第一家"红领巾电影院"，并在此基础上，陆续建立了"红领巾艺术画廊""红领巾阅览室""红领巾电视台"等，逐渐形成了广大师生所喜爱的"五红"阵地。

（四）以学校文化为主线，加强行为文化建设

行为文化是学校文化的形体，是学生文明素质的最终体现。学校须以学校文化为主线，积极策划各类主题活动，培养学生良好的性格和行为习惯，提高学生的人际关系能力，为其逐步走向社会夯实基础。为更好地彰显学校文化的特色，学校可通过开展主题班队活动，让班级规章制度得以落实，让学生每天每周每月均有进步，让班级目标能够实现；开展心理咨询活动，组建学校心理咨询室，对学生进行心理健康教育和辅导，让学生拥有健康的心理；采取边编写、边试用、边完善的方式，编写系列校本教材，让学生能够学习学校文化，深化对学校的认识。

第六节　学校文化在教学中的践行与推进

一、学校文化与教学的关系

学校文化建设的目的是落实育人为本、德育为先、立德树人这一根本任务，实现文化育人的目标。学校文化建设是一个系统工程，既要坚持文化引领与创新发展的统一，又要坚持以学生为主体与以教师为主导。以此为基，学校更应重视学校文化在教学中的践行与推进，以更好地达到文化育人的目的。

教育教学工作是学校一切工作的基础与中心，教学的组织形式、教学过

程中的师生关系、教学方式方法、课堂氛围、教学空间的仪器设备等教学全过程的所有因素和细节，都蕴含着丰富的文化信息。教学是学校文化建设的着力点，是学校文化推进的基本活动和过程。

学校文化与教学关系密切，与教学相互影响，并能从文化的高度促进教学模式的改变，教学方法的革新，教学质量的提高。从整体上而言，学校文化与教学是相互促进、相互制约的。学校文化依赖于教学，教学能促进学校文化的提升，并且为学校文化提供践行效果的反馈信息；学校文化能促进教学的优化发展，能让教师在教学中坚持"发展性教学"原则，提高学生认识世界、改造世界的能力，促进学生的身心健康发展。同时，学校文化能让学生获得文化上的熏陶和智慧上的成长。

一般来说，科学设计的教学能有效地促进学校文化的落地。学生群体对学校文化的学习和认同，能提高学校文化的影响力。同时，在不同学生不同性质的心理机能上，学校文化的影响力也是不同的。如学生的文化感知、道德情操、言行举止等方面就容易受到学校文化环境和教学的影响。因此，为了更好地促进教学质量和效能的提高，我们必须从整体上建设并优化学校文化，让学校文化能更好地为教学服务。

学校文化与教学的关系不是固定不变的。在不同的发展阶段、不同的水平上，两者的作用关系和程度都会有所不同。如不同层次的学校，打造的学校文化主题便有所不同，塑造的文化品牌也不同，这极大地影响了学校文化对教学的促进作用。正因如此，密切相关的学校文化与教学，必须重视彼此的影响和作用，以便能在最大限度上促进学生的发展，使教学相长的状态得以形成。

二、在教学中践行与推进学校文化的原则

(一)文化渗透原则

学校文化本质上是精神性的文化存在，渗透和体现在学校的环境、设施、制度、管理、人际关系、教育教学等所有方面。尤其是在教学中，它倡导、阐释、传播、实施以核心文化为主导的理念文化体系和学校文化建设方案，让全校师生认真地去实践、体验、追求与积淀，并最终唤醒、建构师生的生命。学校文化之于教学的作用非常突出，能最大限度地改善教学组织形

式、师生关系、教学思想、价值观念、教学方式方法等，并使其中的每个过程都蕴含着丰富的文化因素。比如，平等的师生关系是教学相长的师生文化的外在体现，赏识激励是教师教书育人风格的体现，等等。

（二）教学育人原则

从哲学基础看，马克思主义的世界观奠定了教学活动中建构学校文化的内在依据。学校文化不可能离开学校的人、事、物及其活动而单独存在。学校文化建构必须依托一定的物质形式和活动，例如，学校建筑、物质设施、管理制度、管理服务、学校活动等相关因素。其中，师生的因素是最有活力的因素，他们的价值观念、伦理道德、思想意识、情感态度、行为倾向对学校文化的构建与推进起着非常重要的作用。

（三）师生共进原则

教学是推进学校文化的基本活动和过程，这就需要师生成为自觉的学校文化的建构者、追求者，在推进学校文化的过程中同心共进。可以说，备受学校文化滋润的教学，无论是对教师来说还是对学生来说，都是对身心的一种激励和引导，富有灵性和活力。学校文化推进需要师生的共同合作，师生首先应是在学校长相厮守的生活者，而后才是工作者和学习者，这是学校文化的推进对师生最基本的要求。教师不仅要从理论上自觉提升对学校文化的认识，还要从批判反思的视角时刻对教学进行文化高度的价值思考，从教学伦理上重新认识教学的重要性，以及学校文化推进的必要性。

三、在教学中践行与推进学校文化的方法

（一）在学校文化引领下实现教育教学创新

和谐校园文化建设既要继承传统，实现文化引领的作用；又要方向正确，实现创新性的发展。没有继承就没有基础，没有文化传承就缺少文化之根，没有创新发展就没有生命力。学校核心文化是学校的内在精神和生命之魂，在整个文化体系中居于统摄和支配的地位。没有核心文化的正确引导，整个学校文化建设就会迷失方向、失去根本。同样，对于教育教学来讲，更需要加强学校文化的引导作用。只有在先进的学校文化的引领下，实现教育教学的创新才能成为可能。

（二）引导师生学习学校文化元素

学校文化是由教育者和被教育者以校园为空间背景，围绕教学活动和学校生活而创造并共享的。在学校文化建设中，教师是学校文化的主导者，学生是学校文化的主体。教师作为教育者，在学校文化建设中处于主导地位，在文化的生产和教育引导上起着示范作用。教师通过教学活动不断加强学生对学校文化的学习，使其将能力发展、人格完善、道德品质培养等内容融入学校文化建设当中。

（三）以学校文化活动推进良好学风的建设

开展学校文化活动与培育良好学风密切相关。学风建设关键在于调动学生学习积极性，帮助其养成良好的学习习惯，不断提高思想道德素质和科学文化素质。学风建设既要关注第一课堂的主渠道作用，又要发挥第二课堂的促进作用。学校文化活动是第一课堂的有益补充，对良好学风的建设具有助推作用。学校文化活动依照学风建设的要求来策划和开展，学风建设通过学校文化活动来巩固和加强。在开展校园文化活动时，既要追求活动内容的时代性、实践性和综合性，又要体现高雅性、益智性和趣味性，还要突出学生的主体性和创造性。

（四）以特色课堂和活动的形式在教学中渗透文化

建设学校文化是为了满足学生健康成长、全面发展的文化生活需要。因此，在教育教学过程中，教师应为学生提供丰富而有益的精神食粮，并鼓励学生创作出更多具有本校特色的作品，积极参加丰富多彩的文化活动。随着学校文化的不断发展，其健康的导向、格调的高雅、积极的作用也会在教育教学中展现，使学生们实现自我教育、自我塑造和自我愉悦。

（五）以学生的和谐发展促进学校文化建设

学校文化建设的根本落脚点在于育人，最终目的在于促进学生的和谐发展。随着学校文化在教育教学中的推进，让学生实现自我与学校的和谐，自我与群体的和谐，以及个体内部的和谐。教师更加重视提高学生的综合素质，既要让学生努力学习科学知识，又要积极陶冶学生的道德情操；既要让学生努力锻炼身体，又要积极培养其良好的心理素质，使其实现身心的和谐发展与全面发展。

（六）以教与学为根基实现学校文化的渗透

赞科夫认为，学生在教学过程中的发展分为两个水平：一个是现有水平，表现为学生已经完成的发展程序（儿童能够独立地解决一定的智力任务），另一个是最近发展区水平，它介于学生潜在发展水平和现有发展水平之间。他认为教学结构是学生一般发展的一定过程发生的原因：教学的结构是"因"，学生的发展进程是"果"。在学校文化的滋养下，在课程文化的引导下，教师要积极思考这种因果关系，力争让教学能促进学生的发展。教师还应以文化为指导，以学生的发展为目标，关注教育教学研究，精心组织教材，改进教学模式和方法，采用正确的教学结构，积极促进学生向最近发展区迈进，让学生的发展更具持续性。

第七节　学校文化在管理服务中的践行与推进

一、学校文化与管理服务的关系

学校文化是对学校传统、办学理念、办学目标、办学方式的文化整合，是学校师生共有和共享的精神、信念及优良的教育环境。学校文化既能对整个学校文化体系的构建起到指导作用，又能对学校的管理服务行为起到规范引导作用。

学校文化与管理服务在以人为本性质上是相通的。学校文化能体现出浓郁的人本关怀，高度重视师生的身心发展与智慧发展，管理服务也是如此。学校文化是管理服务的文化基础，管理服务则能使学校文化贯彻得更为深入。随着学校文化影响的深入，学校领导者更加增强了对管理的理性认识，秉持科学的管理思想，积极探索人的行为规律，善于用人并激励人，维护人的尊严，实行民主管理，激发职工的创新、自主精神，能为职工排忧解难，为职工谋福利求发展。

学校文化对管理服务具有指引作用。各级各类学校视学校文化为管理服务的灵魂，不断努力对其强化和实践。学校文化是纲，管理服务是目；学校文化是灵魂，管理服务是躯体；学校发展靠管理，管理关键在文化。学校文化反映了学校的教育思想和管理理念，具有提升学校核心竞争力的强大力量，对师生具有广泛深刻而稳定持久的影响力。对学校来讲，应该更加注重文化管理，发挥学校文化在学校教育管理中的作用。

学校文化引导管理服务不断追求创新。在学校管理中，随着学校文化的不断融入，学校管理中文化所起的作用越来越大，最终达到文化管理的境界。学校文化，能够突显教育的价值追求，体现出文化的传承与创新。在学校管理中，文化无时不有、无处不在，它以一种看不见的精神力量引导学校管理机制的建设和完善，并渗透着管理者的教育理念和价值追求。

二、在管理服务中践行与推进学校文化的原则

（一）以人为本的原则

以人为本是文化管理的本质。文化管理就是以人为出发点，并以人的价值实现为最终管理目的的尊重人性的管理。点亮人性的光辉，即激发人对真善美的追求，是管理的首要使命。在管理服务中践行与推进学校文化，须尊重师生的主体地位，贴近师生的学习生活实际，关注学生的成长发展需求，解决师生的现实问题，促进学生德智体美全面发展。

（二）管理评价与育人成效相结合的原则

随着学校文化在管理中的渗透，学校在教学管理中要进行管理评价机制的调整。对学生的评价不能单单以学习成绩为主，而应采取将学习成绩与主题实践活动相结合评价的方式。如此，学校既能做好对各类学校文化主题活动的策划与管理，又能让学生积极参加学校文化建设活动，进而使其为推进学校文化的落实贡献力量。

（三）导向性与发展性相结合的原则

坚持文化的导向性与学校的发展性相结合，重在以文化的导向性为指引，力争追求学校的新发展。同时，还应以实施素质教育为核心，坚持质量优先、育人为本，全面管理学校，以学校文化为引领，促进学校的全面、和谐发展。

三、在管理服务中践行与推进学校文化的方法

在学校管理服务中如何发挥学校文化内在动力的作用，是推进学校文化的难点。学校领导重视、各项措施到位、组织宣传与贯彻有力是加强和推进学校文化建设的首要前提。

（一）建立领导体制、机制，确保学校文化的落地生根

学校各级党组织要充分认识到学校文化对管理服务的重要性，把这项任务摆到重要位置；建立和完善党委统一领导、党政齐抓共管、专兼职队伍相结合、各方面紧密配合的领导体制和工作机制；统筹协调各项工作，务求文化富有指导性，管理服务能够出效果。

（二）加强学校领导者的引导，让学校文化融入管理行为

学校文化的深化与学校管理的推进一样是一个渐进的过程。在这个过程中，学校领导者需要适时对各级管理者和全体师生的认知过程施加影响。

校长及其他学校领导是学校文化的倡导者、维护者和管理者，他们的思想意识、个人品行和道德准则、思维方式和习惯、价值观和教育哲学，直接决定着学校文化的走向和实质性内容。学校领导者必须身体力行、不遗余力地将学校文化理念贯彻到校园内部的每一个层面，贯彻到学校管理服务中的每一个环节。因此，学校领导必须创新思考，让学校文化的建设与推进成为管理层的共识，并鼓励各级领导扮演好学校文化的传承与执行的角色，从而让学校管理更有成效。

（三）优化组织架构和管理服务方式，促进学校文化的深化

以学校发展愿景为导向调整组织架构和教育管理服务方式，促使领导团队对现行的管理服务方式进行再思考和再设计，并以创新管理服务方式来推进学校文化在发展和变革中的深化。

管理服务方式能体现学校基本的价值取向和理念，能传递学校的个性和特色，能直接影响学校的发展方向和领导管理团队的行为方式，能让学校文化更加深化、细化地落实到管理实务中去，能使学校切实提高管理服务能力和工作绩效。因此，学校文化在管理服务中的渗透和深植比文化体系构建本身更重要。

（四）学习学校文化，提升领导管理品质

行政领导要带头学习学校文化及相关管理文化，提高个人修养和管理水平，提倡"善学、务实、合作、廉正"的作风；要发挥主观能动性，在规范的基础上富有创造性地开展工作；要强化执行力，实行精细化管理；要身体力行，善于发现并能够及时解决问题；要有服务意识，要对教师真心呵护，诚心关怀，耐心扶助，细心体察，全心依靠。

（五）召开"圆桌会议"，加强民主管理

坚持以校长负责制为核心的领导体制与教职工代表大会制度，定期召开"圆桌会议"，进行学校文化及其他重要议题的审议和讨论。发挥各职能部门的作用，学校的重大问题必须经教职工代表大会通过。通过教代会、校务公开、党支部建设等，引导教师参与学校文化的建设及实施，让教师对学校管理提出意见和建议。

（六）以学校文化为指导，做好后勤保障工作

学校工会要坚持在学校文化的指导下进行工作，开展丰富多彩的有利于缓解教职工心理压力的文体活动，完善教职工暑期学习培训方案，让教师发展更有保障；要求食堂重视环境文化建设，让学校文化与饮食文化、质量卫生紧密结合起来，坚持不懈地为广大师生提供健康、优质的营养饮食，使学校服务师生的功能得到最大限度的体现。

第八节　学校文化的不断优化及与时俱进

一、学校文化为什么要不断优化

学校文化需要不断优化，如此方能更好地应对学校间的激烈竞争，满足社会公众的多元化需求，适应社会公众对教育的高要求。

优化学校文化能应对学校间的激烈竞争。伴随社会主义市场经济的建立和逐渐完善，特别是我国加入 WTO 之后，教育环境发生了重大变化，使得学校之间的竞争由有形资源的竞争转为有形资源和无形资源相结合的竞争。

学校只有充分认识到优化文化对塑名校、立品牌的重要性，才能真正发挥学校文化的价值和作用，才能让学校在教育市场中立于不败之地。

优化学校文化能满足社会公众的多元化需求。在当前市场经济条件下，社会公众的需求趋向多元化，人们根据自己的个性特点和实际情况，选择不同的教育形式。他们或选择进入公立学校，或选择进入私立学校，或选择国外留学……而学校文化正是社会公众选择学校重要的衡量标准之一。因此，学校要创建教育品牌，提升自身形象，就必然需要进行学校文化的优化。

优化学校文化能适应社会公众对教育的高要求。随着人民群众生活水平的不断提高，广大群众对教育的要求越来越高，对学校选择的自主权和自由度也越来越大。家长们已经不再满足于有学可上，他们都希望自己的子女能够享受优质教育，能够进入富有文化底蕴的名牌学校。基于此，学校更需要优化学校文化，以满足社会对优质教育资源及品牌学校的强烈需求，以满足家长和学子们对文化品位和教育服务的追求。

对学校来讲，优化学校文化对自身发展具有重要作用，能为学校提供发展动力，能提升学校"名气"，能增强学校文化的影响力。

优化学校文化能为学校提供发展动力。学校文化只有与时俱进才能成为学校发展的强大动力。学校文化与时俱进对提升学校核心竞争力和文化软实力具有重要的影响，能促进学校的可持续发展与和谐发展。随着学校文化建设的推进，更多学校认识到：关注学校文化建设，能让学校实现奇迹般的发展；与时俱进地优化学校文化，能让学校重新具有竞争优势。随着教育竞争的加剧，更多的学校领导认识到教育竞争的实质就是学校文化的竞争。各级各类学校的发展证明：优秀的学校文化一旦与学校的管理与策划活动结合起来，就必将成为推动学校发展的强大动力。但如果学校文化不与时俱进，缺少创新，就不但起不到预期作用，相反会成为学校进一步发展的桎梏。

优化学校文化能提升学校"名气"。优化学校文化能有效整合学校品牌形象，提升学校在社会大众中的影响力。文化影响力是无形的竞争力，是面向社会塑造学校良好形象的有效手段，能展现学校的精神和灵魂。优化学校文化是为了让社会和家长更加深入的了解和认识学校的核心文化、办学理念、办学宗旨、"三风一训"等文化特色，有利于提升学校的知名度和美誉度。

优化学校文化能增强文化影响力。学校最有价值的资产往往不是有形的资产，而是学校文化形象的无形资产。这种无形资产作为一种文化或精神影响学校师生和社会大众，具有无尽的增值空间，能使学校在竞争中获得更加有利的地位。

二、学校文化如何做到与时俱进

（一）调整办学策略，优化学校文化

学校生存的外部环境无时无刻不在发生着变化，特别是出现教育竞争时，更需要学校领导调整办学策略，全方位推进学校文化建设，让文化铸就品牌成为引领学校发展的重要保证。

一所学校无论有多久的历史，文化积淀有多么深厚，其文化建设一旦停止不前，就失去了创新，这样就会使学校的发展受到限制和制约，也必将让学校的发展成为强弩之末。越来越多的学校发展现实告诉我们，任何学校如果不能敏锐地洞察教育发展环境及教育竞争中的变化，及时创新并优化学校文化，该学校的办学质量和教育业绩必然下降，甚至危及学校的生存。

（二）明确发展愿景，科学进行规划

在文化名校重建过程中，学校领导要具有与时俱进的观念，将学校文化建设纳入学校管理工作中，让学校文化的建设和优化渗透到学校管理的整个运作过程中，并制定科学的学校愿景和发展规划，为学校描绘美好的发展蓝图。这就需要学校在文化规划与建设的过程中，能在科学分析原有文化积淀、文化传统、地域文化的基础上，批判性地汲取其中先进的、合理的文化成分，为学校文化的不断优化带来更多的保障。

（三）坚持文化创新，因时而变塑造品牌

学校要有文化创新的意识和理念，让学校文化突出特色，展现个性，满足先进文化发展的要求。对于学校文化，绝对不能有一劳永逸地解决所有问题的思想，更不能敝帚自珍，拒绝革新与变化。在激烈的教育竞争中，没有恒久不变的学校，也没有恒久不变的学校文化。学校文化必须随着学校的发展和外部环境的变化而不断进行创新和变革，因时而变，因势而变，与时俱进，在变化中推动学校不断塑造品牌，不断发展壮大。

三、学校文化与时俱进的意义

（一）促进学校形成文化优势

在一个教育新旧观念冲突剧烈的时代里，学校要立得住脚，要保持不断前进的动力，就必须与时俱进地构建与变革学校文化，以形成强大的文化优势。它能够影响每一位师生的思想和行为，渗透在学校办学、管理、服务的各个方面，体现在学校一切管理活动、服务行为和学习生活中。

（二）促进学校发展创新

与时俱进的学校文化是学校发展创新的不竭动力与保障。学校发展客观要求学校文化与时俱进，这样的学校文化才能成为学校发展的动力。一个好的学校文化氛围所带来的是师生群体的智慧、团结协作的精神、新鲜活泼的活力，这就相当于在学校核心处装上了一台大功率的发动机，可为学校的创新和发展提供源源不断的精神动力。

（三）提高学校的文化软实力

学校文化是学校核心竞争力中各种要素有机、合理组合在一起的黏合剂，是学校各类优势资源整合的无形保障。学校文化创新是将一种全新的文化理念，转变为对提高学校竞争力有决定作用的文化管理模式，优秀、灵活且有创新力的学校文化是学校生存和发展的"元气"，是提高学校文化软实力的不竭动力。优秀的、创新的学校文化以其特有的内在导向作用、规范作用、激励作用、辐射作用和凝聚作用，使全校师生积极主动地为学校的发展贡献自己的智慧。

（四）提升学校的核心竞争力

学校的竞争归根结底是学校文化品牌的竞争，是学校的生源和师资的竞争，是资金投放和政策优惠的竞争。提升学校的品牌形象就是提升学校的核心竞争力，提升学校的综合竞争实力。在竞争中，品牌学校和具有优秀学校文化的学校将更有机会获得更多的生源、更好的师资。在优化学校文化的过程中，学校品牌形象得以塑造，教育质量得以提升，竞争优势得以彰显。

第八章

Chapter 8

学校文化的展示与传播

学校文化的展示与传播是学校品牌创建的主要内容之一，对打造学校文化品牌、塑造学校形象具有重要推动作用。学校应遵循文化建设规律，探寻文化归宿，展示独特文化，汇聚文化效应，成就一校一品。学校借鉴传播学、营销学、策划学等理论，构建独具特色的学校文化传播体系，激发社会公众对学校教育的文化自觉和文化认同。

第一节　学校文化形象的定位

一、学校文化形象概述

学校形象是指校外公众以及校内师生员工对学校的总体印象和总体评价，是学校内在精神和外在风格的统一。一所学校的形象是一个完整而统一的有机整体，它主要包括学生形象、教工形象、校长形象、管理者形象、设施形象、环境形象、文化形象七大形象系统，能向社会公众展示出学校教育教学、办学质量、学校文化等的整体情况，能吸引更多社会公众对学校作出评价。

学校文化形象也叫学校精神形象，是学校形象的重要组成部分。这一文化形象体现了学校的核心理念、文化主题、办学宗旨、管理理念、学校精神、信念追求等，能指引全校师生的行为展现出学校独有的内在素质和精神。其中，核心理念、文化主题是构建文化形象的核心，学校精神是每所学校教育教学的执行准则和精神动力，能折射出师生员工的精神风貌，能映射出学校的办学宗旨、发展愿景、学生培养、师生关系等各个方面，能最大限度地展现出学校独有的校风、校纪、校容、校貌和校誉。

学校文化形象的核心是真善美的统一，是理念文化、视觉文化、环境文化、行为文化的高度统一。一所学校要有独具魅力的文化形象，必须在以提高办学品位为根本目的，以正确的价值观为核心的基础上，进行正确而科学的学校文化形象定位。必须以新课程理念为指导，坚持学校硬件建设与软件建设相结合，注重继承与创新相结合、科学精神与人文精神相结合、发展共性与突出个性相结合，让学校文化进行多元化的展示。必须按照一定的原则和方法进行组织化、系统化、形象化的综合设计，进而让学校文化形象更加独特而鲜明。

二、学校文化形象定位是学校文化展示的基点

（一）学校文化与学校形象的关系

随着学校文化建设热潮如海啸般到来，越来越多的教育工作者、学校负责人都在深刻反思学校文化与学校形象的关系。怎样让学校文化更能展现学校特色？如何才能体现学校的文化品位？如何进行理念文化建设？如何让环境文化发挥潜在的育人效能？如何让物质文化、制度文化、精神文化等能更好地发挥作用？这些都成为教育反思者和文化自省者的重要发问。

学校文化犹如一棵大树，理念文化、环境文化、视觉文化、行为文化四大文化系统犹如它的枝干，共同带来了学校文化树的枝繁叶茂和青翠翁郁。理念文化是学校文化的核心，环境文化是学校文化的外显形态，视觉文化是学校文化的平面表现，行为文化是学校文化的动态之美。对任何一所学校来讲，这四大文化系统是一个有机整体，对形成学校文化形象有着重要作用。学校领导者应深入地探讨：学校应该具有什么样的学校文化？学校应该打造哪种类型的文化形象？学校的文化形象能否符合学校的发展趋势？

随着学校文化得到真正的贯彻与落实，它将逐渐由文化表象向文化形象发展，能最大限度地展现学校的文化特征，让教育的繁荣、师生精神的丰富和行为的自觉、管理的和美成为现实。

（二）学校文化展示需要以学校文化形象定位为基础

学校是一个整体，应有统一的标准、统一的形象。随着学校文化形象的确立与形成，学校文化展示就成为提升学校形象的重要渠道，成为提高学校影响力和知名度的必要途径。

学校文化构建完成之后，势必会面临着学校文化的具体展示。这就要求校长对学校文化展示有着理性的思考，让文化的建设、展示、传承成为现实，让文化自觉成为学校师生不可缺少的品质。同时，这也要求学校要以做好学校文化形象定位为前提，做好周密的计划安排，让学校文化展示能够有条不紊地顺利进行。此外，不论是在室外环境中展示学校文化，还是在室内环境中展示学校文化，均需要学校在学校文化形象定位的指导下积极推进，方能让内外环境和谐统一，共同为育人发挥作用。

三、学校文化形象定位的原则和方法

(一) 学校文化形象定位的原则

文化形象是学校发展的必要保障。一个特色鲜明的形象定位可以让学校保持较长时间的竞争优势。学校文化形象定位有其自身的规律，必须遵循教育主导性、文化导向性、师生取向性、战略长期性四大原则。

1. 教育主导性原则

教育和人发展的关系的问题是教育学的基本理论问题。学校教育在人的发展中起主导作用。学校文化形象定位要综合考虑教育的主导作用，让文化主题保持相对稳定性，使学校教育在推进人的发展中发挥更大的作用。

2. 文化导向性原则

文化是学校的核心要素，是构成学校文化力和吸引力的重要源泉。学校文化形象的树立必然要注重对文化内涵深层次的挖掘，既需要从当地历史文化中获得支持，又需要对学校原有的文化积淀进行传承。

3. 师生取向性原则

文化形象终究是为了教育服务的。学校文化形象的定位必须基于对教育领域现状和师生教育需求的调查研究，从师生的角度去透视和设计学校文化的整体形象，这样才能做到定位客观、形象得体，从而获得成功。

4. 战略长期性原则

学校文化形象定位是一项长期的战略性任务。要完成这一任务，学校全员必须经过长期的努力。学校在开展文化形象竞争的过程中，为适应社会公众不断变化的评价标准，必须借助传播手段改进和更新学校文化形象，并在传播中不断补充新的文化营养。

(二) 学校文化形象定位的方法

学校文化形象的提炼和其意象毕竟是抽象的，其定位必须能让师生易于接受，能让学校进行宣传。在进行学校文化形象定位的过程中，一般可采用以下几种方法。

1. 文化特征定位法

文化建设是一个动态过程，学校文化形象也呈现动态发展的状态。在进行学校文化形象定位的过程中，学校要重视发展的文化和文化的发展，采取

文化特征定位法进行文化形象定位；要形成畅通的信息传递系统、敏感的信息收集系统、快速的信息处理系统；要了解谁是学校故事的讲述者，谁是教化新教师的教师领袖等，以更全面地获得学校文化形象内部的信息，为文化形象的定位打下坚实基础。

比如，湖南省岳阳市第十五中学。学校在团结和谐、追求卓越的过程中，以"仁""雅"为追求，筑起学校的精神脊梁，逐渐形成了"崇仁尚雅"的内在精神品质和文化形象定位。这一定位别具特色，能体现"仁德立心，雅正修身"的德育观，体现"仁雅兼善，内外兼修"的素质教育观，体现"仁者爱人，雅行相伴"的雅行教育观，体现"仁雅铸品，文化立校"的持续发展观，进而让学校以独特的文化基因成就学校文化品质，铸就知名特色品牌。

2. 鲜明个性定位法

鲜明个性是学校在文化形象定位中需要突出渲染的独特的文化气氛，其目的是使师生能自然而然地为其所吸引。它需要展示一种个性的期盼、一种独特的精神、一种鲜明的形象。这种定位方法能让学校的文化形象进行最大限度地彰显，能让文化主题及学校形象更深入地打动人心，能让全校师生真切地领会它所表达的内涵，能让社会公众加深对学校的直观印象，从而为学校赢得良好的口碑。

比如，广西壮族自治区北海市第三中学。学校立于阳光教育，兴于绿色教育，以"阳光·绿色"为灵魂进行学校文化形象定位，让校园内部洋溢着阳光温暖之美，充盈着生机勃勃的气韵，让师生拥有和乐发展的情怀，让校园飘荡着盈盈的绿意。学校以阳光教育和绿色教育作为个性标签，在办学模式、课程设置、教学方法、社团活动、管理方法等方面展现出本校的亮点和特色，将现代化的教育理念与学生素质的全面发展有机结合起来，带动了学校的可持续发展。阳光教育、绿色教育是学校的特色，有利于提高学校的品牌辨识度，有助于学校靠特色提高知名度，靠特色赢得美誉度，靠特色打造品牌。

第二节　学校文化品牌的塑造

一、学校文化品牌塑造概述

品牌，是一种文化符号、一种无形资产、一种核心竞争力，是在社会大众或一定群体中具有较高知名度、美誉度和忠诚度的人们的首选目标消费品。

品牌是对学校的一种定位。品牌学校的实质是品牌文化，优秀的学校文化就等于卓越的品牌。学校文化品牌是一种无形资产，具有特定的名称和标志、特定的质量水准和文化内涵，是在被校内师生员工和社会各界人士认可的基础上形成的。作为一所品牌学校，在教育均衡发展的大潮中如何保持自己的地位和优势，走内涵发展之路，是摆在学校面前的重大课题。这就需要学校重视学校文化品牌塑造，逐渐形成深厚的文化底蕴、鲜明的品牌个性和特色的教育模式，逐渐形成独特的核心文化力和竞争力，从而为学校汇聚可持续发展的原动力和支持力。

应该看到，并不是所有的学校文化品牌塑造都一定能产生预期的、理想的力量，并不是进行了学校文化品牌塑造就会自然而然地形成学校文化力，并不是有了良好的文化要素就一定会有良好的文化力。那么，如何进行学校文化品牌塑造呢？学校文化品牌塑造需要全校师生员工共同参与。在文化品牌塑造过程中，学校需要重点突出"品"字，正确认识"品质、品行、品性、品格、品德"等含义。学校文化品牌塑造，要让文化与品牌融为一体，形成学校特有的"标识"和"烙印"，让学校的文化积淀、文化氛围、办学理念、学风、教风等都能成为文化品牌形成的根基与要素。

二、学校文化品牌塑造的原则

学校塑造文化品牌形象要从创建文化品牌开始。学校要塑造良好的文化品牌形象，首先应在学校全员中树立文化铸造品牌意识，不断强化文化品牌优势。在学校文化品牌塑造的过程中，需要坚持以下几大原则。

（一）独特性原则

一校一品，方可展现独特魅力。一个优秀的学校文化品牌并非朝夕之间便可形成，一般需要经过几代教职员工含辛茹苦的努力才能树立起来。对任何学校来讲，均需要遵循独特性原则进行文化品牌的塑造。只有学校的知名度和信誉、知识与管理得到全方位的积累，才能让文化品牌更具独特性和影响力。

比如，吉林省长春市希望高中。长春市希望高中是全国第二个以专门招收家庭贫困、品学兼优学生著称的大型公益性学校。它的办学宗旨是让品学兼优的贫困学生都能享受到优质的教育教学资源，提倡博爱、公平、自然、诚信、反哺，塑造了"希望教育"文化品牌，并赋予其独特的文化内涵。"希望教育"文化品牌，囊括博爱思想、公平思想、创新思想、生命主体思想。这一特色文化品牌，建构了该校独特的课程文化体系、希望教育模式和一系列的具体文化建设工程，并对各种资源进行有效整合，形成学校独特的"文化育人氛围"，使师生在这一氛围中得到全面的陶冶，也使得办学效益受到全国人民的关注。

（二）引领性原则

引领性体现了品牌学校的存在价值。引领性主要是指办学思想、办学目标、办学行为、办学实力以及学校在社会和公众中具有的知名度、美誉度等，在一定范围内产生的重大积极的影响作用和导向作用。

比如，上海市建平中学。作为上海市重点中学和上海市首批实验性、示范性高中之一，建平中学以其先进的教育思想、科学的教育模式、卓越的教育成绩、优雅的教育环境，享誉海内外。学校以培育学校文化个性为构建品牌学校的切入点，从文化历史中寻找文化核心、价值思想，构建独具特色的学校课程，开发适合学生发展的课程系统，以形成个性化的办学个性，并在全国范围内具备引领性和指引性。

（三）创新性原则

"创新是一个民族进步的灵魂，是一个国家兴旺发达的不竭动力。"同理，文化创新也是学校教育的生命力所在，是提升学校核心竞争力的不竭动力。文化创新主要包括文化观念的创新、设计观念的创新、教育体制的创新、教育内容的创新、文化塑造方法和手段的创新。学校持续发展的根本在创新，没有创新就没有发展。因此，各级各类学校必须解放思想，在发展中求创新，在创新中求特色，在特色中求卓越。

比如，上海市育才中学。上海市育才中学以学校文化培育与塑造为基础，全方位提高学校核心竞争力。上海市育才中学的学校文化建设与文化品牌塑造，是从核心价值观的确立开始的，发展学校文化，也主要是在重申学校核心价值观的同时，不断丰富其内涵。在长期的办学实践中，上海市育才中学拥有自己的核心价值观——教育改革"敢为天下先"，并赋予其"天下己任、育人使命，与时俱进、勇于创新，科学发展、以人为本，追求真理、锐意改革，荣辱与共、团队协作，陶铸群英、奉献社会、服务学生"的内涵。随着时代的发展，学校也以创新的精神进行发展，让"敢为天下先"的价值追求得以贯彻始终，让学校文化品牌得以形成。

三、学校文化品牌塑造的过程

学校文化品牌塑造是一个系统长期的工程。品牌知名度、美誉度和忠诚度是文化品牌塑造的核心内容。各级各类学校循序渐进地进行品牌塑造，让学校教育更具吸引力。

（一）做好前期的调查分析

应该对学校文化品牌的立意进行调查与分析，包括对学校内外环境的调查和分析。外部环境主要指国家教育政策大环境、学校所处的地域环境等。它既要求学校人员，特别是校长了解党和国家的方针、政策和法规，也要把握所处地区的经济发展情况、人口资源情况和地域文化情况，还要获取公众对学校评价与期望的信息。对内部环境的调查与分析则包括对学校历史文化、典范人物事迹的深入发掘，对学校教学、管理、服务等环节的全面了解，对学校管理人员、师资队伍、学生构成的客观评价等。环境调查和分析的目的在于识读本校文化（包括理解学校文化的基本样式，如教师之间的文化是以合作为主，还是以分离为主）、对学校文化重新评估（利用文化评价工具或访谈等进行文化考察），以及寻找学校文化建设的抓手。也就是说，对环境的调查和分析是要解决学校文化品牌定位以及从何处着手建设的问题。

（二）做好系统的规划设计

在调查的基础上，进行学校文化品牌的规划与设计，主要包括提炼学校的核心文化、文化主题、"三风一训"等理念元素问题；解决如何将办学理念与学校的特色定位结合起来的问题；如何培育学校共享的愿景，形成独特的学校理念文化问题；如何形成特有的学校制度文化，如课程制度、教学制度、评价制度的规划设计等问题；如何形成个性化的行为文化问题；如何进行室内室外环境文化建设问题。

（三）做好科学的推广传播

学校文化品牌的推广与传播是学校文化形象对内对外的传递过程，也是学校文化实施过程中的重要环节。学校文化品牌要想实现科学高效的传播，必须形成特定的传播内容，明确特定的目标受众，选择合适高效的传媒，以形成各大要素的良性互动，让传播收到良好的效果。品牌学校通过多元化的传播途径，让学校自身的品牌价值、独特个性、良好形象和文化力能深入人心，能让文化品牌形象凸显亮点，让文化品牌效应更加强大。

（四）做好文化品牌调适

学校文化品牌设计的调整必须根据内外环境的变化、计划执行的实际情况，不断调适、修正，并不断加入现代优秀的文化元素。因为学校文化品牌建设是一个动态过程，文化品牌本身也越来越被认为是一个动词，发展的文化品牌和文化品牌的发展都需要学校文化品牌形象保持动态，并实现可持续发展的目的。实现学校文化品牌形象的成功调适必须借助专业的文化策划机构来进行，在校内外建立畅通的信息传递系统、敏感的信息收集系统、快速的信息处理系统，以更好地解决好外在设计和内在生成的矛盾。

四、学校文化品牌塑造的方法

学校文化品牌是学校形象的集中体现，它反映了一所品牌学校的特色和内涵。学校文化品牌旨在通过塑造学校的文化品牌特色，彰显独特的学校文化和基本形象。学校文化品牌作为一种文化现象，在具体塑造时需要掌握一定的方法，以全面提高文化品牌的丰富度、知名度、美誉度和辐射力。

（一）以突出文化整体性为指导进行塑造

学校文化品牌的塑造是整合树立学校形象的关键，它是在对学校形象进

学校文化建构与践行

行选择的基础上，运用各种行之有效的方法和技巧进行整体而系统的文化形象的塑造与提升，进而形成本校独具特色的文化品牌，完成学校文化品牌在社会公众心目中的注册。

（二）以突出形象竞争性为追求进行塑造

学校在塑造文化品牌的过程中，将竞争机制引入品牌形象的构建，往往能形成独一无二的品牌形象，在文化形象与品牌形象上更胜竞争对手一筹。拥有这样的文化品牌的学校在推出自身形象的过程中，能够突出本校特色，彰显学校品牌形象的优势。

（三）以践行长期性为保障进行塑造

学校文化品牌塑造是一项长期的战略性任务。要完成这一任务，必须经过学校全员的长期践行与努力。学校在开展文化品牌竞争的过程中，为适应社会公众不断变化的评价标准，必须改进和更新学校形象，以塑造和整合品牌学校的良好形象，并在传播中不断充实新的形象内容。

（四）以办学独特性为诉求进行塑造

学校以培育学校文化个性为构建品牌学校的切入点，从文化历史中寻找文化核心、价值思想，构建独具特色的学校课程，开发适合学生发展的课程系统，以形成个性化的办学个性。如此，学校才能形成自己的文化品牌塑造，才能将品牌学校推向社会，以吸引更多的学生、家长，并促进品牌学校的和谐发展。

第三节　学校文化的氛围营造与展示

一、学校文化的氛围营造与展示的意义与作用

学校是人类文化的传播中心，是培养 21 世纪社会主义事业的建设者和接班人的神圣殿堂。学校文化是一所学校的灵魂所在，是其内在底蕴的反映，是办学理念的载体，是精神内核的体现，是办学品位的标志。学校文化的氛围营造与展示，对学校文化品牌的塑造具有举足轻重的作用。

一是有助于全面提高学校的精神影响。随着对学校文化整体规划的导入，学校逐渐形成以核心理念为主线的理念文化体系，以其高度的哲学性、适应性、差异性、统领性与前瞻性为指导，不断营造和展示出浓郁的学校文化氛围，展现学校的特色文化力和精神力，从而让学校建立起独具特色的品牌形象。

二是有助于塑造良好的学校形象。形象能浓缩学校成员与社会公众对学校的感性认识。学校以文化的氛围营造与展示作为形象力建设的基点，努力健全和完善物质环境、人文环境、视觉形象等，让学校更加富有文化之美，对外树立良好的品牌形象。

三是有助于提高学校核心竞争力。学校文化的氛围营造与展示有助于让学校汇聚强大的教育生产力、教育文化力、教育经营力，进而让学校做好战略定位，逐渐形成支撑学校过去、现在和未来发展的竞争优势。正是基于独特的文化内涵的形成，学校才能更加具备全局的和长远的眼光，才能让整个校园内部的文化更具创新性、差异性和相对稳定性。

四是有助于对师生进行激励。学校文化氛围最能体现出学校独特的文化气质，最能反映师生的精神风貌与追求。积极健康的学校文化氛围对师生员工有强大的导向作用和激励作用。对学生的培养不仅需要教育灌输，而且更多地需要积极向上、良好健康的学校文化氛围的感染、熏陶与暗示。对于师生来讲，理想的学校能成为无声的教育者，能让每个角落都散发出浓郁的优秀的文化气息，能让师生从中感受真善美的熏染，及时克服不良的行为习惯，逐步养成良好的素养。

二、学校文化主题氛围的构思

（一）以地域性为基础进行构思

地域文化是中华文化的重要组成部分，以自身特色丰富着学校文化建设。研究、挖掘地域文化的深刻内涵和思想精华，能为学校文化主题氛围的构思提供丰富素材，能逐步实现地域文化传承与学校文化创新的有机结合。这就需要学校在构思文化主题的过程中，要融入地域文化的深厚积淀与特色，让学校文化更具独特性。

比如，四川省眉山市有一位令世人敬仰的文化名人——苏东坡。眉山市东坡中学便在综合借鉴地域名人文化资源的基础上进行文化主题的构思,并在梳理、提炼、传承和弘扬苏东坡精神、智慧和各种成果的过程中,逐渐形成了"卓绝千古,芳流百代"的文化主题,进而让东坡先生的人格追求、勤奋治学、政治信仰与卓绝才华对师生产生影响。

(二) 以教育性为导向进行构思

学校是教育的场所,与其他场所最大的差异就是校园环境具有良好的教育氛围,以及由它透射出来的独特的感染力、凝聚力和震撼力。这就需要学校文化主题氛围的构思要紧紧围绕教育功能而进行,以更好地体现教育的特点,让场域的精神影响师生的思想、人格、学习态度和价值观。

比如,海南省澄迈中学为突出学校文化的教育功能和导向功能,逐渐提炼出"崇文养正"的文化主题,并在环境文化建设中崇尚艺术性与功能性的有机结合,让校园环境真正起到陶冶情操、无声育人的作用。

(三) 以传承性为要求进行构思

文化具有继承性、传承性和创新性。学校教育在文化传承中发挥着越来越重要的作用。这就需要学校以传承性为要求进行文化主题氛围的构思,真正理解文化传承与文化发展的辩证统一性。这就需要学校将文化主题氛围的构思看做学校文化建设的重要工程,将其作为展示学校文化的重要载体和传播窗口。

比如,山东省枣庄市东方国际学校是一所低收费、大众化、高质量的全寄宿制学校,自 2001 年建校至今,一直坚持走内涵发展之路,致力于从传统文化中提炼学校文化主题。学校以高起点、高品位为追求,传承古典精髓,从民族文化的宝库中汲取精神动力,从古典文化精髓的熏陶中获得成长,逐步形成了"厚积学校底蕴,传承古典精髓,弘扬现代科技"的校园文化主题与特色。

三、学校文化氛围营造的方法

(一) 关注思想引领,让学校文化发挥思想引领作用

教育的真谛是把学生塑造成为未来社会的栋梁之才和中流砥柱。理想的教育首先要培养志存高远、品行端正、具有健康人格的现代公民,因而学校文化氛围的营造始终要重视思想的引领。以文化育人为引领,以思想教育为

主线，以优美的环境、丰富的活动、健康的舆论引导并教育广大师生树立正确的世界观、人生观和价值观。

（二）凸显时代特点，因时而变营造学校文化氛围

学生是祖国的未来、民族的希望、未来社会的建设者。理想的教育要引导广大学生广开视野，认清国际国内形势，坚定爱国心，关注国家的前途与命运，关注整个社会发展的形势，并明确自身肩负的责任和历史使命。因此，学校文化氛围的营造需要学校紧紧把握住时代发展的脉搏，反映时代发展的新形势、新要求和新面貌，让文化教育更加富有时代气息。

（三）彰显特色，营造独特的学校文化氛围

学校文化氛围不能千篇一律，万校同面，而应各具特色，尽展不同，能不同程度地反映不同地域、不同民族、不同专业、不同层次学校的鲜明特色。在学校文化氛围营造中，绝对不能搞一个模式，相互照搬。比如，幼儿园和小学应更多地体现童真、童趣和体验性，中学应该侧重展现文化性、知识性和教育性。

（四）关注师生主体性，营造浓郁的学校文化氛围

学校文化本质上是师生文化，学生和教师是学校文化的主体，是最主要的参与者。只有调动全体师生在学校文化营造中的积极性，学校文化才能富有长久而有效的生命力。因此，从学校文化的规划设计到具体实施，都应该坚持以师生为主体的原则，让人文关怀在学校文化建设的各个环节得以呈现，让学校文化氛围"润物细无声"的感染作用得以发挥。

四、学校文化氛围展示的途径

（一）以校园环境为载体，展示学校文化元素

室内文化展示主要有办公区文化展示，包括门厅文化、走廊文化、楼梯文化、办公室文化、会议室文化等；教学区文化展示，包括走廊文化、教室文化、实验室文化等；图书馆文化展示，包括大厅文化、各楼层文化和楼梯文化等；体育馆文化展示，包括门厅文化、乒乓球室文化、室内场馆文化等；功能楼文化展示，包括大厅文化、走廊文化、楼梯文化、各功能室文化等；餐厅、学生公寓文化等。室外环境文化展示主要有广场文化、园区文

化、文化墙的展示；办公楼、教学楼群、图书馆、体育馆、艺术楼、餐厅、公寓楼和学校各道路命名的展示。

（二）布置系列文化标志，让学校文化精神得到充分展示

学校精神是学校在长期的办学实践中自觉提炼的、被学校全体成员认同的精神支柱，它对学校师生具有导向和激励的作用。每个学校都有各具特色的学校精神，它通常使用简洁而富有哲理的语言加以概括，并常常通过校徽、校歌、校旗、校服等文化标志加以形象的表达。这些文化标志是学校精神的外在体现，体现着校园文化的价值观，体现着办学的历史、方向、办学特色和办学理念，体现着学校管理者和教育者的思想观念。

（三）组织校园文化活动，让学生文化生活丰富多彩

校园文化活动是校园文化的重要组成部分，它的主体是学生，在开展活动时，应充分考虑学生的个性需要和主体地位，充分发挥学生的主观能动性，努力实现学生的自我教育、自我完善。校园文化活动主要包括常规活动、社团活动、纪念日活动、主题活动、艺术节等。这些行为都需要用文化的眼光来审视，都需要体现思想性、教育性和科学性。

第四节　学校文化的影响力与传播推广

一、学校文化的影响力及其传播效应

（一）学校文化的影响力

学校是以既定的发展目标将师生个体的人统一起来的组织。自然而然地，学校这个人文群体理应具备一定的气质和风格。这种气质和风格是经过碰撞、激荡、磨合、调谐和优化过的，是代表学校集体个性的。它虽然不是由个人意识主导的，但却需要用个人言行和意识来传递和表达这种集体的、组织的个性和风格，这就是学校文化。

学校文化能发挥文化育人的作用，能让学生感受到一种品质、一种习惯的逐渐渗透，并逐步内化在学校教育教学实践的方方面面。

学校文化能助力师生精神发展。学校文化建设是学校凝聚力和办学活力的源泉，也是推动学校发展的无形力量。学校文化的影响力表现在，一方面，在价值、思想层面上调节师生的精神状态；另一方面，培育和激发师生的内在信念、理想、情感，使师生获得源源不断的精神力量，进而有效地参与学校的管理和发展。

（二）学校文化的传播效应

学校文化是学校重要的无形资产，对学校的发展有极大的影响力。"学校文化形象是人们对学校的主观印象，是通过大众传媒、个人经历、人际传播、记忆以及环境等因素的共同作用而形成的。"

各级各类学校重视文化传播，走高效传播之路，让学校文化品牌得到最大化的提升。要明确"传播主体"——我是谁，关注"传播对象"——对谁说，开拓"传播渠道"——怎么说，策划"传播内容"——说什么，如此，才能通过各种形式的传播，让社会公众心目中的学校文化形象得以形成，让学校的形象传播更加顺利。学校文化传播的目的是为了实现传播效果的最优化和效率的最大化。学校只有在传播过程中关注学校文化传播效果，才能让学校内在的和潜在的特质得到推广。

学校文化传播是指学校的理念文化、行为文化、视觉文化从校园内传到社会上的过程，这一过程又称为文化扩散。随着学校文化传播推广计划的实施，学校将会借助一定的媒介或载体将学校的教育理念、特色品牌等相关元素有计划地与公众进行交流，借助广告、公共关系、口碑相传、学术品牌等方式，进行学校文化思想和品牌信息的传播，进而更好地传播学校形象。

学校文化传播对各级各类学校有着十分广泛的影响，其中包括教育影响、文化影响以及人们对学校认知的影响。文化传播对各级各类学校的影响是很大的，它能够代表一个学校的品质和品位，能够让更多的家长和学生了解学校。重视文化传播，就是重视各级各类学校的教育影响力和文化传播力。

二、学校文化传播推广的原则

（一）同心铸品原则

"心"，即学校文化的核心，是学校文化进行传播的重要核心，也是传播的一个"主峰"。同心铸品原则需要突出"核心引导，文化铸品"，要求学校在传播过程中，每个环节都要保持一致的讯息，向社会公众传达学校文化的统一形象，以努力提高公众对学校的认知度和学校影响力。在进行学校文化传播的过程中，首要问题是通过对学校自身文化的深度挖掘和对目标受众的深入研究，以确定直接、潜在的教育需求者。学校文化形象的核心，是学校进行传播工作的中心，集中反映了学校的核心价值观、学校文化特色和教育特色。因此，学校在文化传播过程中要站在"文化核心"的战略制高点以统领全局，促进传播目标快速而有效地实现。

比如，北京市十一学校。在校长李金初的带领下，北京市十一学校进行了成功的学校文化传播。通过学校校长的专业写作进行传播，李金初校长在学校文化专著——《校长的思路，学校的出路——我在北京市十一学校的办学思想与实践》一书中，融入了他对办学基本理念、办学完整思路、学校发展项目、国有民办体制改革、民主管理和效率管理、师资队伍建设、德育、优质课堂、素质教育、文化建设、文化价值的深度思考。该书自 2009 年 9 月出版发行以来，一直热卖，北京市十一学校也因此在教育界享有了盛名。同时，该校采取创建和改版网站，组织教师建立教育博客、积极撰写文章并发表，在教育媒体上宣传等多种方式，围绕校长提出的教育理念广泛进行传播。北京市十一学校坚持同心铸品原则，进行广泛的传播，在社会公众心目中建立起统一而深刻的学校文化品牌形象，取得了良好的效果。

（二）求高求新原则

若想使学校文化传播在较短的时间内达到预期的传播速度和预期的传播高度，各级各类学校必须遵循求高求新的原则，并在此基础上借助相关的传播策略、传播手段、传播技术进行形象推广。求高求新原则的目的在于"持续发展，升华品牌"，它主要运用多种形式发挥学校文化传播的叠加效应，以达到不断垒高的效果，让更多的社会公众了解本校的文化品牌。

比如，江苏省溧水县第一初级中学。溧水县第一初级中学，具有 75 年的办学历史，文化底蕴深厚。在求高求新原则的引导下，学校逐渐打造了"滋润身心、读书成长"的学校文化，并力争通过网络传播和媒体推广让文化达到品牌高度，让老牌初中的品牌效应更加深远，逐渐成为溧水县和南京地区公认的品牌初中。随着该校文化品牌影响力的不断扩大，上海市中山中学等华东地区的许多名校慕名前来观摩交流，南京市在该校举办首次新课程改革千人现场会。学校把握住这一机会向兄弟学校进行学校文化风采展示，全面提升学校文化品牌价值，扩大了文化品牌效应。

（三）教育需求原则

教育需求原则要求学校重视教育需求，提高文化影响力，致力于让学校文化的传播推广更有针对性、实效性和目的性。学校以教育需求为导向进行文化传播，努力探索以需求为导向的传播机制，立足目标受众的教育需求进行系统性的传播，以增强学校文化传播的影响力。在传播的过程中，要坚持把目标受众对学校教育的需求作为品牌推广的重要导向，要始终把社会公众的教育需求作为学校文化传播的基础和前提。以需求为指导，规范传播流程，探索有效途径，创新学校文化传播理念，逐渐形成有特色的系统化的文化传播体系。

比如，北京市东城区特殊教育学校。北京市东城区特殊教育学校，是由具有67年历史的北京市第一聋人学校和有20年历史的东城培智中心学校合并而成的。学校以全国3岁以上智障和听障学生为主要招生对象。学校在进行传播推广时重点考虑了家长和孩子的特殊要求，考虑了受众家长对孩子成长的需要，以及受众孩子未来发展的需要。比如，学校为庆祝第21个"全国助残日"，精心策划并举办了"放飞心灵文化——东城区特殊教育学校学生艺术科技制作展示及义卖活动"。通过这一活动，学生进行了舞蹈、器乐演出，现场书画、科技展示，缝纫、烹饪制作等多种艺术及技能的展现，向社会公众展现了学校全面育人的成效。同时，电视台的直播和媒体的报道宣传，让学校"有爱无碍、教育康复、和谐发展"的办学理念得到广泛传播，让"为残障学生一生成长和生活奠基"的办学宗旨更加深入人心，让学校文化的传播更加久远。

（四）文化聚焦原则

文化聚焦原则是指进行学校文化传播时必须重视学校文化的聚焦，站在文化的平台上进行各种形式的传播，以展现学校自身的文化风格、文化体系、文化脉络与核心精神文化，让学校文化在传播中青春常在，让学校文化之魂经年不朽。这一原则的主要目的在于让学校文化获得文化聚焦、品质认同，扩大学校文化的知名度。在学校文化聚焦的基础上，社会公众通过学校网站、学校内刊、媒体报道、活动展示等丰富多彩的传播形式，更好地了解学校文化建设及教育教学的情况，以实现对学校文化品质的认同，并进行口碑传播。

比如，天津市津南区咸水沽第三小学。天津市津南区咸水沽第三小学在长期的办学实践中，逐渐形成"塑儒雅教师、育文雅学生、创高雅学校"的"三雅"文化，旨在用生命润泽生命，用心灵塑造心灵，用智慧启迪智慧，用人格影响人格，用 6 年时间为学生的幸福人生涂抹厚重的生命底色。时任校长卢纯苓在办学实践中，始终认为学校文化决定学校教育品质，"三雅"文化熔铸品牌。在品牌文化的传播中，首先要进行文化聚焦，聚焦"三雅"文化进行品牌学校的传播推广。通过新闻报道、网站宣传等方式，"三雅"文化已经成为学校吸引社会公众的焦点所在。

（五）文化增值原则

文化增值原则，指各级各类学校以自身的学校文化为基点，制定并实施学校文化传播战略，以进行多渠道的传播，将学校文化形象和教育功能结合在一起，进而实现学校的品牌增值、价值增值和文化魅力增值。这一原则的主要目的在于"文化增值，品牌恒在"，让学校文化逐渐成为独一无二的知名品牌。随着传播，学校文化品牌将成为学校文化与教育增值功能的结合体，以无形资产的优势发挥巨大的增值效应，形成学校自身的核心竞争力，进而扩大学校文化品牌的影响力。

比如，河南省济源市坡头二小少年军校。济源市坡头二小少年军校已有几十年的光荣历史，并于 2007 年荣获"全国少年军警校示范校"。随着市教育局"规范化学校"创建工程的开展，学校重视对学生进行"准军事化"管理，让学生在军训中增强了自理、自学、自律、自护、自强的能力。在对外传播的过程中，郑杰校长通过《学校发展与办学思路》《教师发展与人生幸福》两场报告，使"以军养德、以军促教、以军促体、以军塑形、以军睿智"的教育理念得到有效推广，让少年军校成为当地教育界独树一帜的文化品牌，从中实现了学校文化品牌的持续增值。

三、学校文化传播推广的方法

（一）召开会议进行文化传播

会议的过程是工作交流的过程、学习的过程，尤其是教职员工学习的过程。它传播着学校的价值观、核心文化、文化主题、规章制度及行为规范，更传播着对学校物质文化与精神文化的判断，这正是学校文化进入师生心灵的过程。随着这种活动的反复开展，学校的文化理念逐步渗入了教职员工及莘莘学子的血液之中。学校会议的类型很多，如党务工作会议、行政工作会议、"圆桌会议"、座谈会、各科室工作会议等。

(二) 通过日常管理进行文化传播

若学校文化与学校管理存在"两张嘴皮"现象，则学校文化理念就无法落地，学校管理品质就难以实现提升，甚至会使劣质的学校文化蔓延。唯有两者紧密结合，才能提升学校管理的水平与品质。

在日常管理过程中，学校的领导团队、教职员工、学生群体看到学校的文化体系和行为规范，都会提醒自己需要与学校要求同行，这些都是学校文化传播的过程。因此，学校管理应运用学校价值观与核心文化来指导师生的日常工作与学习，运用学校制度来管理师生的日常工作与学习。

(三) 通过教育培训进行文化传播

教育培训是一种组织传播和人际传播。培训内容、培训讲师、培训质量及培训环境，都会直接或间接地影响教职员工的思想与行为。为此，通过学校文化的系统培训，可以不断把文化理念植入教职员工的头脑，改变教师团队的心智模式，促使教职员工依着学校文化理念去执行任务与完成工作，形成良好的工作氛围。

诚然，学校应该根据教师团队和学生群体的不同进行文化培训，而具体培训的内容须有轻重之别。一般而言，对新进教职员工进行学校文化培训时，只要求受训者知其然，并要求他们随着教育教学的推进知其所以然；对学校中层领导干部进行学校文化培训时，既要求受训者知其然，又要求知其所以然，还要求他们了解兄弟学校是如何成功进行学校文化实践的。

(四) 借助媒介进行文化传播

媒介之所以成为媒介，是由于存在一定的受众和潜在受众。学校文化不断地通过理念系统媒介、视觉系统媒介、听觉系统媒介，向全校师生进行传播。学校文化通过媒介反复呈现，就会促使学校全员形成思维定式、习惯。一旦习惯得以养成，学校文化也就真正落地了。

媒介可分为对内传播媒介与对外传播媒介。对内传播媒介涵盖了学校的校园网、校园广播、文化展板、文化长廊、宣传条幅、学校文化手册、校园文化读本等；对外传播媒介涵盖了地域性、教育性、全国性的大众传播媒介，如教育网、教育信息网、《中国教育报》《中小学校长》杂志等。它们一部分内容直接反映了学校文化，一部分内容则间接体现了学校文化。为此，这些媒介都是学校文化推广的途径。

（五）通过主题活动进行文化传播

学校文化也可以通过学校举办的各种文化活动进行传播、渗透。这种推广途径，往往会间接地、潜移默化地促使学校全员接受学校文化的熏陶。也可以说，这种途径，最容易把意识的学校文化转化为行动，最终实现学校文化自觉。

为此，学校在采取以上各种学校文化宣传推广的途径外，还可以举办"德艺双馨教师的评比与表彰"活动、"教学技术比武"活动、学校文化主题征文比赛、设计班徽评比活动、班级名片设计活动、校园文化宣传语征集活动、班歌歌词征集活动等。

（六）通过招生活动进行文化传播

各级各类学校可借助每年的招生活动进行学校文化的传播。可前期做好招生活动的系列策划案和应急方案，以顺利实施学校文化的系统传播。从目前的招生传播活动来看，各级各类中小学都逐渐开始关注该活动的传播形式与传播效果。尤其是一些在全国知名的高中，他们在招生过程中往往会在重要传播媒介上推出招生广告，宣传学校文化及优惠政策，吸引更多的学子前来报名。还可以举办招生见面会、咨询会等，让更多的学生和家长关注学校，或者发放学校形象片，以直观的形式展现学校的文化优势和教育实力等，以吸引家长与学生的注意力，提升学校的影响力。

第九章

Chapter 9

学校文化的管理与评价

学校文化管理是以师生共同的价值观为核心，通过形成具有自身特色的学校文化，激励和规范师生的行为，从而实现师生的全面发展和学校的整体提升的学校管理模式。以师生为本是学校文化管理的核心，学校文化是学校文化管理的基础，重视"软"要素是学校文化管理的途径，优秀管理文化是学校文化管理的保障。实施学校文化管理要突出校长责任领导、教师能动管理、学生自主创建"三位一体"的主体作用，也要坚持教育导向、与时俱进、严谨科学、灵活变通、有机联系、以人为本的指导原则。学校文化评价是伴随着学校文化建设而出现的旨在对学校文化的价值做出判断的活动，是在一定的学校文化价值观的指导下，运用科学手段，系统而全面地收集、整理和分析学校文化相关信息，对学校文化做出价值判断的过程，在学校文化建设中发挥着重要的促进作用，对全面系统地诠释并呈现学校文化的发展，展现文化立校的时代价值有着重要的现实意义和实践意义。

第一节　学校文化管理的内涵与策略

一、学校文化管理概述

管理学认为"管理"是指"在社会活动中，一定的人或组织依据所拥有的权力，通过一系列的职能活动，对人力、物力、财力及其他资源进行协调或处理，以达到预期目标的活动过程"。作为管理的下位概念，学校管理则是学校管理者通过决策、组织、领导、控制等系统性的工作方式和手段，有效地利用各种教育要素，以实现教书育人的目的的活动。

陶然在《学校文化管理新思维》一书中认为，学校文化管理是以学校文化理论为基础，把学校管理的"软"要素作为学校管理中心环节的一种现代学校管理方式。它以学校既定的价值观为核心，将学校文化贯穿于学校的规章制度、道德规范、行为准则、审美教育等方方面面，明确办事的条件和程序，做到有章可循、制度面前人人平等、制度之上没有权威，保证各项工作不因个人的好恶而改变，避免管理工作的随意性、功利性，促进学校发展的连续性，使常规工作细致化、科学化、规范化。从某种程度来说，学校文化管理本身就是一种文化，一种责任感与使命感。

有人说，一所学校新的一天的开始，不是校门的打开而是文化的开启。学校管理在经历了经验管理、制度管理、科学管理等阶段后，已经进入了文化管理的时代。一流的学校靠文化，文化管理已成为教育改革新的生长点，成为学校未来发展的新趋势、新阶段与新境界。而对学校管理者来讲，只有从客观实际出发，在综合考虑各种因素的基础上，确立适合本学校管理的目标与原则，采取合理的管理方法，建构起与自己的学校文化相匹配的管理模式，才能够保障学校和学校文化蓬勃发展。

二、学校文化管理特征

（一）以师生为本是学校文化管理的核心

文化管理也可以称为"人化管理"，师生是学校的功能主体，文化管理必然要以师生为根本出发点，以实现师生的价值为最终目的，因此，学校文化管理的核心是以师生为本。具体来讲，学校文化管理就是要遵循重视人、尊重人、依靠人、激励人、发展人的管理理念，突出师生在管理中的主导地位，尊重师生的价值，调动师生的主动性、积极性和创造性，通过管理活动和管理行为，使学校各项事业的发展与师生的主体性有机结合，通过满足师生的不同需求，和谐有序地进行不同层次的管理，激发师生的积极性和创造性，使每名师生都获得超越生存需要的更为全面自由的发展。

学校文化管理要做到以师生为本，就要以学校文化建构为主要手段，将学校的各种精神要素同学校的制度和组织机构有机地结合起来，达到内在的平衡、和谐，让师生感受到自己已和学校融为一体，学校正是他们真正愿意和喜欢的工作、学习与生活的地方。可以说，以文化管理凝聚和吸引师生的是学校文化，提升师生素质、改善学校面貌的也是学校文化。大量的事实也充分证明，任何一所学校得以发展，无不在管理中渗透着"以师生为本"的文化管理思想。

（二）学校文化是学校文化管理的基础

顾名思义，学校文化管理必然要以学校文化为基础，注重学校文化建设，并利用文化要素和文化资源实施学校管理。其实，学校本身就是一种文化的存在，是一个文化实体，是以传承和创造文化为己任，以文化为中介培养人、塑造人的机构。学校文化是继人、财、物、时间、信息和空间之后的第七大教育资源和管理资源。学校文化管理要以学校文化这种管理资源去影响、引导师生员工和学校的发展，因此，高品位的学校文化是学校文化管理的基础。学校文化的形成很困难，但它才真正是学校发展的内在动力。

学校文化在学校文化管理中具有基础性作用。首先，学校文化是学校的第一营销力。学校要形成自己的核心竞争力，学校文化将是滋养其形成的沃土。其次，学校的发展战略与学校文化息息相关。学校的首要任务是教书育人。学校文化管理就是要保证师生在学校发展过程中形成良好的品德、素质和能力，而学校文化对这一目标的实现有着重要的促进作用。

（三）重视"软"要素是学校文化管理的途径

传统意义上的学校管理靠的是制度、结构、物质等"硬"要素，管理效果是直接的、显性的、刚性的，而文化管理重视人以及与人相关的价值观、品德规范、团队精神、组织氛围、管理艺术等"软"要素，以道德和精神引领师生员工和学校的发展，管理是间接的、隐性的、柔性的。重视"软"要素的文化管理其实也是一种强调非理性因素或主张理性因素与非理性因素相统一的管理模式。传统管理模式强调科学与逻辑等理性因素，在学校管理中把一切都规范化、标准化、程序化，容易导致管理的强制性，妨碍教职工创造性的发挥。学校管理的核心要素是人，而人是具有复杂性和丰富性的主体。人并非完全是理性的，还有非理性的一面。学校文化管理考虑到人的复杂性，既主张尊重人格，适应人性，强调情感、意识、性格等非理性要素对管理的作用，也弘扬人的理性精神，把管理中的理性与非理性有机统一起来。因此，学校文化管理是一个管理系统，它既强调管理的"软"要素，也关注管理的"硬"要素，它只是把学校管理"软"要素放到中心位置的管理模式和管理系统。

（四）优秀管理文化是学校文化管理的保障

学校文化管理是一种学校管理模式，学校管理文化则是学校文化的重要内容。学校管理文化主要是指学校管理者的管理思想、管理哲学和管理风貌，其核心是管理的价值理念。学校管理文化是学校文化在学校管理过程中的渗透和反映。学校管理模式的不同实质上是学校管理文化的差异。经验管理时代有经验管理时代的管理文化，科学管理时代有科学管理时代的管理文化，而文化管理则必然需要有相应的管理文化作保障。对一所学校来讲，优秀的管理文化是基于学校管理而形成的核心价值观、行为准则、精神和理念，包含三个方面的内容，即完善的管理规章制度（制度文化）、高效的执行力和行政效率（执行文化）、融洽的团队管理队伍（团队文化）。在这三者中，完善的管理规章制度是形成管理文化的前提和基础，高效的执行力和行政效率是形成管理文化的关键，融洽的团队管理队伍是形成管理文化的保证。如果学校在管理中抓好了这三个方面的内容，就能形成优秀的管理文化，就会为学校文化管理水平的不断提高提供可靠保障。

三、学校文化管理策略

（一）目标管理

目标管理策略在我国各级各类学校的管理中使用非常广泛。目标管理就是学校管理者以师生和学校的发展目标为导向，根据学校的使命确定一定时期内学校的总目标，由此决定上、下级的责任和分目标，并把这些目标作为学校评估和奖励的标准。实施目标管理，对实现易于度量分解的目标会带来良好的促进作用，有助于改进学校管理组织的职责分工，能够调动教职员工的主动性、积极性和创造性，还可以促进人员相互之间的意见交流和相互了解，改善人际关系。

实施目标管理，首先要建立一套完备的目标体系，这就要求学校管理者在使用目标管理方法时，要秉承科学发展观，立足本校的实际情况，制定出学校发展总体目标和学校各部门的分目标，以形成一个完备的系统性的目标体系。其次要明确责任，使学校所建立的目标体系应与组织结构相符合，从而使每个部门都有明确的目标，每个目标都有明确的人负责。只有这样，学校的目标才能真正落到实处，并最终实现。再次要强化检查和评价。对学校各级目标的完成情况，管理者要事先规定出期限，定期进行检查。学校管理者可灵活地采用自检、互检和责成专门的部门进行检查等多种方法。考核评估必须执行到位，考核、评估、验收工作必须严格按照目标管理方案或项目管理目标进行考核并作出结论。

（二）行政管理

所谓行政管理是指学校行政机关及其工作人员为实现管理目标而采取的措施、手段、办法、技巧的总和，具体表现为计划、指令、规定、要求等，是一种自上而下的垂直性的管理方式，具有权威性、稳定性和强制性的特点。学校管理者运用行政方法，能够有效地提高管理的效率，迅速地统一学校成员的行动，比较果断地、有针对性地解决问题，有助于充分发挥学校行政的管理职能，特别是计划和决策的作用。

要正确有效地使用行政方法，学校管理者首先要潜心学习，提高自己的综合素质和人格魅力。行政管理所依托的基础是管理者的水平，管理效果与管理者的水平有密切关系。行政指令的执行效果、管理好坏，在很大程度上取决于行政领导人的知识水平、领导艺术、道德修养、人格魅力等。其次要科学地运用行政方法和策略。行政策略的运用，必须建立在尊重客观规律、实事求是的基础上。管理者要建立一套符合学校实情、职责权相统一的规章制度，使之对师生员工和学校管理者都有一定的约束力。再次是要建立高效运行的行政系统。要根据管理目标的要求，按照学校管理的现实需要，合理选择和配备各层次、各部门的管理人员，使各级管理人员的能力与所担任的职务基本相符，保证行政命令产生有令则行、有禁则止的效用。要能够充分发挥各级组织机构及其成员的积极性。

（三）民主管理

民主管理是指学校管理者坚持民主原则，科学地传播管理思想，协调管理行为，以达到管理目的的一种管理方法。民主管理要求管理者信任并积极吸取全体师生参与管理活动，在发挥师生聪明才智的基础上群策群力、集思广益，共同管校理校，以求取得最佳的管理效益。

实施民主管理，要以对个体价值的尊重为前提，树立以人为本的管理理念，充分肯定个体价值，信任广大教职员工的能力，相信他们是教育、管理的主体，充分发挥教职员工的聪明才智。广大师生也要不断提高自身的文化修养、品德素质、业务能力，使自己具备参与民主教育管理活动的能力和素质，并积极参与学校的各项管理活动，行使自身的民主权利。要建立健全民主管理制度，以保障每一位教职员工的民主参与权利，使他们在学校管理的每一个方面和环节都能够参与，并使其在参与管理过程中树立主体意识、参与意识，增强责任感，发挥创造精神，为学校管理出谋划策。要建立和完善监督保障机制，切实发挥民主监督的作用，履行保障职能，督促管理者依法办事，按教育规律从事学校管理活动。要使广大教职员工能够通过各种途径反映自己对学校管理的意见及合理化建议，积极为学校管理献计献策。

第二节　学校文化管理的主体与原则

一、学校管理模式的发展沿革

（一）经验型管理

我国学校的经验型管理阶段是从改革开放到 1990 年前后。这一阶段学校管理的特征，用一句话来概括，就是经验型管理。也就是说，在这一阶段，学校管理并未形成一个完整的体系。学校领导者对学校的管理主要是凭个人经验，起决定作用的主要是管理者的主观意志及其人格魅力。在教学管理上，如果校长是业务能手、教学专家，他就办法多、措施多，学校教学质量也就提高较快。在学生管理方面，如果校长有经验、有办法，管理就井然有序，校风、学风就好。特别是对教职员工的管理，调动教师的积极性，都依靠学校领导者。因此，在这个时期，校与校之间的差别很大，学校总体的管理水平不高。这一影响延续至今，现在的一些名校和非名校，究其形成原因，如若追溯，那个时候的印记无法抹去。

（二）制度型管理

我国学校的制度型管理阶段是从 1990 年前后到新世纪初。这一阶段学校管理的特征，也可用一句话来概括，就是制度型管理。这一阶段的标志是"校长负责制，教师聘任制，结构工资制"，即所谓"三制改革"的提出和实施。其宏观背景是《中华人民共和国教育法》《中华人民共和国教师法》等一系列教育法律、法规的颁布与实施，学校开始注意加强制度层面的建设，促使学校管理从经验型向制度化、规范化转化。不同学校的管理水平在这个阶段也还是有差别的，但相对于第一阶段，学校领导者的影响力降低了许多。这是由于制度作为一种相对稳定的形态，不会因人事之变而变。一所学校，一种比较完善而可行的管理制度一旦形成，就不会轻易随着校长的变动而变动，也不会因校长注意力的改变而改变。

（三）文化型管理

我国学校的文化型管理阶段由新世纪初至今。它伴随着学校对文化建设的重视与品牌学校的崛起而出现，是近几年兴起的学校管理方式。学校文化管理是学校管理发展的产物。学校文化建设作为一个新生事物，在我国发展的历史并不长，真正拥有自己的独特的学校文化的学校数量也比较少。

学校管理发展的前两个阶段的划分是相对的。在第一阶段，学校管理不是完全没有制度保障，也不是说制度一点不起作用。在第二阶段，不能说学校管理中管理者的经验和个人魅力不重要，不起作用。二者的划分，主要是就其主导方面而言，在第一阶段，在学校管理中起主导作用的相对更多的是管理者的经验、意志和个人魅力，而在第二阶段，起主导作用的相对更多的则是制度。通过以上的对比会发现，在学校管理工作中，制度比学校领导者的经验、意志和人格魅力更重要，更带有普遍性，起着举足轻重的作用。当今社会，很多组织都在量化考核指标，细化考核内容，尽可能地完善制度，教育机构也不外乎如此。但是不管怎么量化、细化，制度怎么创新，总还是有一些很重要的内容是无法考核的，无法与教师的工作量、与其报酬挂钩的。而以文化管理为切入点则可以很好地规避以上两种方式的弊端，学校文化管理作为学校管理发展的新理念、新策略，是价值、理念的管理，是教育思想、办学理念的管理，具有价值性、思想性的特征。学校文化管理是知识、信息的管理，具有知识性、信息性特征；学校文化管理是以人为本的管理，把人的发展放在中心位置，具有人性化、个性化的特征。下面的表格可以更直观地表现学校管理的发展沿革。

学校管理阶段	时间	特征	具体描述
经验型管理阶段	从改革开放到1990年前后	学校领导作用起主导	校长个人的经验、意志和人格魅力起作用
制度型管理阶段	从1990年前后到新世纪初	制度作用起主导	制度化、规范化管理
文化型管理阶段	从新世纪初至今	文化引领	以人为本，形成集体信念和价值观，具备学校核心精神和核心能力

二、学校文化管理的主体

（一）校长责任领导

校长是一所学校的核心，是学校教育的决策者和组织者，更是学校文化的代表。校长的教育理念、思维方式、行为方式，往往决定了学校文化的整体风格。校长的行为方式主要指其领导方式及领导风格，包括校长领导自我、领导他人和领导团队的方式。其责任领导行为与学校管理目标和发展目标相联系，和学校的管理活动与管理特色结合在一起。以校长责任制进行学校文化管理，意味着校长要带头实践学校价值观，要为师生做出榜样，以自己的行动对全体师生产生潜移默化的影响，使师生树立起必胜的信心。校长责任领导还在于对师生的影响和引导，要重视人的需要、情感、兴趣、人际关系的社会属性，确定学校发展方向，构建愿景，制定战略，以促进学校发展。校长责任领导在务实的同时必须"务虚",对原有文化的批判、继承和进行新的阐述都需要有足够的洞察力和说服力;要有能力不断推出新的文化参考概念和框架;要抓住学校的强势项目或传统特色彰显学校文化,如对艺体活动、读书活动、社团组织等项目,在学校文化意义上挖掘和设计新的特色或形式。

(二)教师能动管理

教师是学校文化建设的主体之一,对学校文化建设起着积极的推动作用或者相反。其行为方式主要指围绕其业务发展所建构的行为规范与活动等,包括教学行为、研究行为、课程文化等,都与学校的发展目标、管理制度、管理方式、管理活动等密切相连。教师对学校文化的正面态度表现在信念、态度和行为规范上,其作用的发挥方向与程度取决于教师权威的发挥方式和师生关系。学校让教职工参与规章制度的制定,更能满足教职工的心理需要,从而使其变被动接受为主动约束,并让规章制度制定的过程成为自我教育、自我提升的过程。教师执行制度的过程也是制度文化的一部分。学校管理者要站在教师的立场看待问题,帮助教师分析利弊得失,使之真正认识到不足,从而改正缺点,发扬优点,获得更好的发展。此外,学校可抓住教师的教学模式、教学风格、教研特色、教学关键事件等,努力帮助他们打造有特色的活动或项目,如校本课程的开发、特色课程的开展等。只有这样,教师才能真正信服学校的管理,才能变压力为动力,把规范要求、文化诉求变成自己的行动习惯和行动指南。

(三)学生自主创建

学生是学校文化重要的创建者之一。哈格里夫斯把学生文化分为学术型文化与反学校文化。前者通常指那些具有一心一意支持学校立场的学生的文化,而后者通常指那些喜欢嬉戏和瞎闹的学生表现出来的反抗学校的态度的文化。学生在文化管理中的自主意识主要表现为三点。一是责任意识。作为学校群体中的一员,每个学生都有建设、维系学校文化的责任,强化爱校情感,为学校而自豪,为老师而自豪。二是传承意识。一所学校的文化需要一届届学生的传承,全体学生要以自己的言行、价值观、信念、气质和精神延续着学校文化。三是参与意识。作为学校中的成员,要为学校的管理积极建言献策,自觉参与到学校管理中来。

作为学校管理者也要广开言路，集百家之长，创一家之新，积极引导学生健康成长与发展，把最能够体现学校价值观和学校精神的学生树立为楷模，并进行宣传和表彰，这样有利于学校优秀文化的形成和积淀。要善于发现学生楷模的原型，并注意培养和激励。

三、学校文化管理的原则

管理原则是组织活动的一般规律的体现，是人们在管理活动中为达到组织的基本目标而在处理人、财、物、信息等管理基本要素及其相互关系时所遵循和依据的准绳。一方面，管理原则是对管理活动的科学抽象，是对管理规律的总结和概括，是管理理论的重要组成部分；另一方面，管理原则是以客观事实为依据并在管理实践中逐步产生和发展起来的。作为学校管理的方式，学校文化管理应遵循如下原则。

（一）教育导向的原则

党和国家的教育方针是"坚持教育为社会主义现代化建设服务，为人民服务，与生产劳动和社会实践相结合，培养德智体美全面发展的社会主义建设者和接班人"。这是社会主义教育的本质特征。从计划经济到市场经济，教育的外部环境相应发生了许多变化，但是，教育方针的内容却丝毫不能改变，这也是学校文化管理的根本依据。党和政府及地方教育部门所颁布的教育政策、法规，是学校文化管理的重要依据。不论任何时候，学校文化管理必须以这些方针、政策为导向，遵循不动摇。

（二）与时俱进的原则

"教育要面向现代化，面向世界，面向未来。"学校文化管理要做到与时俱进，适应社会变化发展的状况，努力培养社会和国家需要的人才。学校文化管理者要认清形势、把握趋势，在每一项决策之前，都要对当前的形势进行认真的分析，对事态的发展趋势作出准确的判断。只有把这些条件和因素分析透彻，才能制定出切实可行、具有较高水平的方案和决策。

（三）严谨科学的原则

当今世界形势复杂多变、科技日新月异，管理的科学化已成为共识。学校作为培养下一代的摇篮，必须实施严谨、科学的文化管理。学校文化管理者要坚持严谨科学的原则，将科学发展观贯彻到管理工作的每一个环节中。

学校文化管理者必须认真学习最新的教育思想和办学理念，并了解现代管理学的方法，用最先进的理论武装自己，结合学校自身发展状况和区域教育发展现状，制定出科学的管理模式和方法，引导学校科学发展。

（四）灵活变通的原则

管理是一门科学，也是一门艺术。学校文化管理要依据管理的规律来进行，但是在具体的管理中则要灵活变通应对。学校管理活动中的各项因素，总是在变化着，学校领导者看问题要因情况变化而变化，这样才能永远立于不败之地。作为学校的领导者，要善于抓住有利时机，根据客观条件的变化而迅速地改变自己的管理策略。学校的领导者在进行敏锐观察、周密思考的基础上，还必须要有丰富的想象力，具有创新精神和果敢决断的魄力，提出有创新性的决策。学校文化管理者要善于倾听各方面的意见，从善择流，实现决策创新。

（五）以人为本的原则

以人为本已是我国党和政府的执政理念，也是学校文化管理应遵循的原则。学校管理工作的核心是人而不是物，只有把对人的管理视为全部管理工作的根本，学校的发展才有根基。学校是一个知识密集、文化层次较高的社会系统，这个系统中的人员对于精神理念、尊重理解、人格关爱等情感上的需求，较之其他社会群体更加强烈。学校文化管理者要确立以人为本的管理观念，尊重广大师生，发现他们的优势、特长，激励他们不断自我发展，这样才能调动全体教师的工作热情，激发他们的主人翁意识，发挥他们的智力资源优势，使他们由被动接受管理转为主动参与管理，从而促进学校的可持续发展。

（六）有机联系的原则

学校的每项管理工作之间都有着密切的内在联系，而管理者采取的每一种管理方法也都有其内在的系统特征，包括明确的目标、一定的约束条件、达到目标的程序和方法、良好的信息反馈等。学校每一个职能部门的管理工作都有其自身的发展过程，学校文化管理全过程各环节中存在的问题，都需要进行预测、决策、计划、组织、控制和总结，因而学校文化管理者要有全局观。

第三节　学校文化评价的意义与作用

一、学校文化评价概述

学校文化作为一种无形的存在，不易看见、难以触摸，但它却在一定程度上引领学校的发展和变革。要全面地认识并了解一所学校，就需要了解该校文化的发展状况，探寻和摸索该校文化的发展脉络。学校文化评价正是伴随着学校文化建设而出现的一种针对学校文化的价值做出判断的活动，它是在一定的学校文化价值观的指导下，运用科学的手段，系统、全面地收集、整理、处理和分析学校文化相关信息，对学校文化做出价值判断的过程。

作为以促进学校的发展为目的的活动，学校文化评价对于处在迅速发展阶段的学校文化研究和学校文化建设具有重要的积极意义。学校文化评价的内容包括存在于学校领域中多元的文化因素，既包括物质文化、制度文化、精神文化，也包括教师文化、学生文化、课程文化、网络文化，以及建立在SIS系统上的理念文化、视觉文化、环境文化、行为文化等不同层面的文化。简而言之，从宏观到微观，学校文化的方方面面都可以作为学校文化评价的内容。

学校文化评价的本质是对学校文化的价值做出判断，是评价者的主体需要与被评价对象的客观属性的一种特殊的效用关系运动。它始终以对评价对象的功能、作用状态给予价值判断为核心，运用一定的价值观念对各种文化元素进行判定，并做出选择。同时，在评价过程中评价者与被评价者两者是统一的，而非人们所理解的两者是相互对立的。大多时候，评价活动的顺利进行需要评价者和被评价者的相互协作、通力合作，有时两者还可以相互转化，评价者在这一评价活动中是评价者，在另外的评价活动中就有可能成为被评价者，并且在自我评价中，评价者就是被评价者，被评价者就是评价者自身。

二、学校文化评价的意义

提及"评价""评定",人们会很自然地联想到评分、分等级、排名次等诸如此类的词汇,这是人们对评价的认识存在着一定误区的缘故。其实,随着评价理论的不断发展,评价的目的已从选拔、鉴别走向促进发展,学校文化评价的目的也是如此,最根本的目的不是为了简单地区分出学校文化的好与坏,而是为了改善学校文化氛围,促进学校内涵发展。因而进行学校文化评价对于学校文化的发展具有重要的积极意义。

(一)学校文化评价的理论意义

目前,学校文化的研究主要集中在对学校文化概念、特点、功能、分类以及学校文化的生成与建设等几个方面,对这几方面的研究虽然取得了一定的成绩,但进展不大。研究者往往对存在的问题认识清晰,但在解决问题的方法和策略的研究上却显得力不从心,致使学校文化的发展较为缓慢。认真分析后发现,部分原因是由于人们对学校文化缺乏理性的认识,对所谓"专家"的观点盲从多于思考,这时加强学校文化评价的理论研究不仅可以促使人们理性地思考学校文化,提高人们对学校文化价值判断的认识,也可以在理论上进一步健全学校文化理论研究,使学校文化评价的研究更加全面化。

(二)学校文化评价的现实意义

在实践中,学校文化评价具有诊断、改进、激励、导向、调控和服务等功能。一方面,学校文化评价可以优化学校形象,提升学校竞争力。学校文化评价可以加强学校的物质文化、精神文化、制度文化等多种文化的建设,不仅可以使学校拥有优美的环境,而且可以激发全校师生形成积极向上的精神面貌,在无形中改变学校的形象,增强学校的竞争力。另一方面,学校文化评价还可以改进学校教学工作和管理工作,提高全体成员的工作热情。学校文化评价可以使学校各方面的工作得到一定程度的提升,可以改变学校以往错误或过时的工作作风和工作思路、方法,增强学校的内在实力,进一步提高学校的管理水平,促进学校的内涵发展。

(三)学校文化评价的发展意义

现代的评价是以促进和改进事物的发展为目的的,学校文化评价的目的亦是为了改善学校文化氛围,促进学校内涵发展,这就要求学校文化评价的参与者应该处处以促进发展为核心。为了达到这一目的，评价者要不断为被评价者诊断各种问题，探索改进措施，选择行动策略，促使评价对象更好地发展。

三、学校文化评价的作用

学校文化评价对学校文化建设的实践具有重要指导作用。学校文化的改造与变革需要分析学校已有的文化，也需要勾勒学校文化变革的方向；学校文化的健康发展也需要认清现实，发现并分析问题；学校文化创建的过程与成果也需要通过评价来给予反馈与改进。

（一）有利于引起家长和社会对学校文化的重视

学校文化评价是在对学校文化的价值做出判断的基础上，以促进学校的发展为目的的活动。但在现实中，作为被评价的内容，学校文化却未得到人们足够的关注和重视。一方面，由于与日俱增的就业压力的影响，各个学校特别是中小学校，教师、学生、家长都以升学为目的，处处围着考试分数转，导致无法保障对学校文化的建设；另一方面，由于人们没有意识到学校文化评价的重要性，对评价的认识仍然局限于其选拔、甄别的功能，对学校的认识仍然停留在升学率与成绩上，因而导致一些学校虽然在进行学校文化建设，但却得不到社会与家长的认可。学校文化评价的一系列工作，对于处在迅速发展阶段的学校文化研究和学校文化建设具有重要的积极意义，需要社会各界对学校文化给予足够的重视，以推动学校文化的发展。

（二）有利于建立明确的学校文化评价系统

目前，学校文化评价理论研究比较薄弱，评价标准不明确，评价目标不清晰，尚未形成科学的评价体系。众所周知，明确的评价标准、清晰合理的评价目标和科学的评价体系是实现有效评价的基石。实施学校文化评价，可以在一定程度上推动专业的学校文化评价机构的建设和专业的学校文化评价人员的培养。学校文化评价作为一项专业性较强的活动，需要有专门的评价机构和专业人员，这是开展学校文化评价工作的重要前提。

（三）有利于提升学校的自我文化建设意识

在实际工作中，一些学校认为进行学校文化评价是上级主管部门或评价专家的事情，认为只要得到上级主管部门和专家的认可，本校的学校文化建设就是成功的。由于受这种认识的影响，在学校文化评价中，一些学校过多地依赖上级主管部门或专家，自我参与的程度和热情不高，对学校文化的自我评价意识不强，这样对于学校文化评价的进行是非常不利的。实行学校文化评价，有利于避免学校对评价的认识误区，即在改变人们把评价理解为选拔、鉴别的传统认识的基础上，树立评价是为评价对象发展服务的新观念，进一步认识到学校作为评价对象是最具有发言权和参与权的，使大部分学校参与进来，以保障学校文化评价工作的顺利进行，进而明晰学校文化体系，凸显学校文化特色。

（四）有利于学校文化的长远健康发展

作为评价学校的特定形式，文化表现于学校的人、事、物中，对学校文化的评价在某种程度上也是对学校的全面评价，有利于发现学校建设中的问题，促进学校的发展。学校文化评价对学校文化发展既有鉴定价值，即衡量学校的文化处于什么水平；又有发现价值，即通过评估梳理学校的文化发展路径，发现其亮点和特色，也发现存在的问题；还有促进价值，即通过判断与分析学校文化的建设状况，最终促进学校的发展。

第四节　学校文化评价的模式与渠道

一、学校文化评价模式

由于对学校文化的多样性、依附性与建构性的不同认识，对学校文化的评价形成了量化评价模式与质性评价模式两种不同的评价模式。

（一）量化评价模式

量化评价模式可以让人省时省力地了解学校文化现状，类似于美术的"白描"，其评价具有一定的广度，且能为做出某些结论提供定量数据支持，还可以方便将学校文化与其他领域的文化进行相互比较。但量化评价模式也存在一定的弊端，即采取该种方式进行的学校文化评价往往难以反映出学校文化的本真状态，更难以发现外显事物背后所蕴含的文化意味。此外，量化评价模式的难点在于如何依据相应的理论将学校文化分解成不同的操作变量，如何设计各维度的观测点和观测指标。

（二）质性评价模式

质性评价模式在学校文化评价中可以满足学校对深度评价的要求，能够更充分地挖掘文化表现的文化寓意，与量化评价模式相比，更加"深入"。然而，由于质性评价强调评价者对文化的解释，受评价主体的个人因素影响较大，因此在研究信度上多遭诟病。此外，质性评价模式往往需要耗费更多的时间与精力，相对成本往往较高。两种评价模式各有优势与弊端，因而，在具体操作时，往往采用二者相结合的评价模式，于量化评价中增加质性评价，为学校文化评价的严谨性提供保障。

二、学校文化评价渠道

学校文化评价的渠道因评价的对象、目的以及评价人员的素质而定。每一种评价渠道都各有利弊，学校文化评价应注意多种渠道的结合。

（一）自我评价与他人评价相结合

自我评价，是学校文化的管理者根据已经制定出的评价指标体系，对自己的文化建设进行价值判断的一种渠道。其优点在于文化主体就是评价的主体，便于自我认识、自我教育、自我激励、自我控制、自我完善，能够促使自身积极主动地提高文化建设水平。其不足是缺少外界的参照标准，很难将其与其他事物进行比较，而且自我评价的效果受评价者自身的素质限制，有很大的局限性。他人评价，即其他组织或个人对学校文化建设进行评价。他人评价要比自我评价相对客观、真实一些。但是他人评价要求比较严格，组织工作繁重，花费的人力、物力、财力也比较多。自我评价与他人评价各有优缺点，在学校文化评价实践中，应将自我评价与他人评价相结合，取二者之所长，减少其弊端，即先进行自我评价，然后再进行他人评价，综合两种评价的结果得出评价结论。

（二）绝对评价与相对评价相联系

绝对评价，是指在学校文化评价中确定一个客观标准，把评价对象与这个标准相比较，从而得出评价结果的方法。采用绝对评价，使每个评价对象都可以明确自己的工作与客观标准的差距，从而可以激励评价对象积极进取，具有较强的教育性。但是，绝对评价的标准很难做到客观准确。相对评价是在学校文化建设项目中，选择其中一个或者几个作为标准，然后把其他项目与这个标准进行比较，或者是用其他方法将所有评价对象排成先后顺序。相对评价是在某一评价对象集体的内部进行比较，其适应性强，应用面广。但是，相对评价的结果并不表示评价对象学校文化建设工作的实际水平，只表示其在集体中所处的相对位置。学校在进行文化评价时，应将绝对评价和相对评价结合使用，这样既能使评价对象明确自己的工作与指标体系间的差距，又能认清自己在所有评价对象中所处的位置，从而全面地把握自我，寻求发展。

（三）数量化评价与非数量化评价相对照

数量化评价，即用数值表示和刻画学校管理评价结果的方法，亦称定量评价法。其特点是侧重于事物的量的方面，统计分析科学、准确，具有较高的客观性和可靠性，可操作性较强。但是数量化评价也有很多局限，并非所有方面都可以量化。非数量化评价是指在学校文化评价过程中，不采用数学的方法，而是根据观察、检查和记录等，对学校文化建设及质量进行定性描述和判断，亦称定性评价法。其优点是能抓住事物的本质，起到数量化评价难以起到的作用。但是易出现主观随意性和片面性，评价结论也易受评价者自身因素的影响，评价者水平越高，评价越公正，反之则可能失实。因而，学校在实施文化评价时，应将数量化评价法与非数量化评价法相结合，力求得出准确的评价结果。

（四）分析评价与综合评价相统一

分析评价是评价者根据管理指标体系，把反映学校文化管理工作质量的指标或内容分解成为几个部分，然后对每个部分采用适当的方法分别进行评定。对每个部分进行评价时，可以采用数量化方法，也可采用非数量化方法，还可以采用其他方法。综合评价是对学校文化建设工作的评价内容或指标的整体进行评价的方法，基本思想是将多个指标转化为一个能够反映综合情况的指标来进行评价。分析评价与综合评价并不是对立的，没有分析就没有综合，综合建立在分析的基础之上；只有分析，没有综合，这样的分析也必然是片面的。在学校文化评价中，应使用分析评价和综合评价相统一的方法，即先进行分析评价，然后进行综合评价。

学校文化建构与践行

第五节 学校文化评价机制的建立与完善

一、建立学校文化评价机制是大势所趋

学校文化是学校发展的重要组成部分，然而实践证明，很多学校的学校文化建设并没有取得预期的效果。很重要的一个原因就是学校文化评价体系建设的滞后，这导致学校文化建设的效果大打折扣。因此，如何加强学校文化评价体系的建设，成为学校管理者在学校文化建设中不可回避的一个课题。

当前，国内对学校文化评价的研究基本上还处于定性分析的初级阶段，也有一些学者致力于这方面课题的定量研究。在定量方面，他们所做的努力主要体现在对学校文化的评价要素进行了分类，建立起相应的评价体系，运用模糊综合评价和灰色评价机制等进行定量评价。但截至目前，还没有一套将定性方法与定量方法完美结合的方法来评价学校文化。因此，在现行的评价模式中不可避免的存在着一些问题。

二、学校文化评价机制的构成

对学校文化建设的评价中，定性分析和定量分析之间的合理关系应是相互支持，而不是相互独立，甚至决然分裂。根据需要可以把"硬"问题软化，把"软"问题硬化，因此，这里依然采用定性分析与定量分析相结合的方法来建立新的评价机制。

有效的学校文化评价的关键首先在于对文化指标的遴选，即从众多的文化相关指标中选择有代表性的指标以满足学校文化综合分析的需要；其次是对各文化指标权重的确定，合理确定权重，确保其能够恰当地反映评价指标的重要性；再次是恰当的评价框架的建立，适合的评价框架可以较为全面地揭示学校文化状况的综合信息；最后是对评价结果的应用分析。根据综合指标得分及各指标对综合指标的贡献，评价和剖析学校文化的建设状况，对其

进行分析并提出建设对策是学校文化综合评价的出发点和归宿。

（一）严格控制指标选取

在学校文化评价中，指标的选取一方面既要有代表性，能很好地反映研究对象某方面的特性；另一方面又要有全面性，能反映对象的全部信息。若要满足全面性，势必要增加指标个数，但增加了指标个数，指标间相关的程度就会增大，反而影响了代表性。所以需要一种方法将代表性和全面性完美地结合起来，以准确地衡量指标体系的有效程度。在遵循实用性、公开性等基本原则的基础上，注重专家的经验，结合行业和学校特征，克服单独使用定性分析或定量分析的局限性，按评价标准选取若干方面联合反映研究对象的整体特征，使其代表研究对象不同方面的属性。在每个方面里选取若干候选指标，用聚类分析法将其分为若干子类。由于各指标的分布未知，需要对每个子类进行非参数检验，以检验该类中各指标有无显著性差异。对没有显著性差异的指标群，用秩相关系数法选出对其他指标偏秩相关系数平方和最大的指标来反映研究对象在该类中表现出的信息。若有显著性差异，则把该类分成更小的子类，仍按上面的方法选出代表性最强的指标；或者是将其再分成相关性更强的子类，对每个方面都做同样的指标筛选，最后就可以得到理想的综合评价指标体系。显然，"子类——显著性检验——更小的类——再检验……"这一动态筛选过程就可以确保将所分类中的各个指标归为一类，再把反映各个方面的指标联系起来，这样就基本可以保证指标体系的全面性了。另外，在选择代表性最强的指标时，传统的相关系数法只表示线性相关程度，但指标间可能存在非线性相关的因素，所以用秩相关系数法更为恰当。

（二）科学确定指标权重

依照主成分分析法计算出来的各指标的权数，是根据各项指标值的变化程度来确定的，它由原始数据所提供的信息计算得出各指标对总体方差贡献率的大小，是纯客观的。针对主成分分析法可能存在的偏差，可以采用主客观结合赋权法，对主成分赋权法予以改进，即将专家打分法与主成分分析法结合起来确定权重。具体作法如下：

（1）初始样本矩阵为 $X_{n \times p} = (x_1, x_2, \cdots, x_p)$，对原始数据进行标准化处理，得到数据矩阵 $X \times_{n \times p} = (x \times_1, x \times_2, \cdots, x \times_p)$，则 $j = 1$，

2，…，p，var（x…j）＝1。

（2）利用专家打分法，根据专家的经验判断，对指标变量 x1，x2，…，xp 在实际评价中的重要程度进行打分，分别赋予权数 α1，α2，…，αp，得到一个新的数据表为 Xn×p＝［（1＋α1）x×1，（1＋α2）x×2，…，（1＋αp）x×p］这时 j＝1，2，…，p，var［（1＋αj）x…j］＝（1＋αj）2var（x…j）＝（1＋αj）2。

（3）对 Xn×p 中的指标数据再进行主成分分析。这样，从评价本身的意义对系统中重要的变量赋予更大的权数，这些指标变量的变差被相应拉长，于是在确定指标权重时，这些指标将得到更多的重视。主客观赋权方法的有机结合使得所确定的指标权重更为合理。

（三）建立自适应的评价体系

学校所属教育事业的行业特点决定了学校文化对学校发展的影响程度。学校文化中的哪些指标会突出地影响到整个学校的发展需要具体分析。在评价体系的设计中，应该突出有关促进学校和师生发展能力的指标的地位，相应的加大其所占的权重。所以评价框架体系的建立应充分考虑学校自身情况，把目标锁定在通过评价明确自身现在所处的阶段、诊断自身的文化特质、发现影响推行效果的症结，并及时予以控制或纠正。学校自身的力量在这一过程中往往是不够的，因此需要学校外脑——管理咨询人员的介入。通过多次对学校的探访和诊断，对教职员工满意度调查的设计和分析，借鉴众多同类型学校的案例经验，管理咨询人员常常可以出色地完成对学校文化评价体系的构建任务，进而较为准确地对学校的文化现状做出评价。

（四）注重评价后的诊断分析

对综合评价结果进行分析和诊断，进而找出改善和提高学校文化运营状况及其建设成果的对策和措施，这就需要加强评价的后续工作。例如，在模糊评价的基础上，对同一类型的多个被评价对象的评价等级进行进一步区分。笔者认为，可以选用基于模糊合成的结果计算每个被评价对象的综合得分的方法，即先令每个等级对应一个数值（可称为评价尺度），如优对应 90，良对应 80，中对应 70，差对应 60，用每一个归一化后的对象的模糊合成结果对各等级的数值进行加权平均，则可得到各对象的得分。得分低的相应指标就是学校文化工作中的弱项，同时也是管理层下一步采取行动加以改进的重点所在。

三、构建学校文化评价机制的重要作用

(一) 把握学校文化现状

学校文化建设的出发点是学校文化的现状。如果对学校文化的现状没有准确的把握就贸然进行学校文化建设，极有可能的后果就是导致学校文化建设与学校文化的实际状况相脱节，这样的话，学校文化建设的有效性就会受到严重影响。而借助于学校文化评价这一机制可以对学校文化的现状进行诊断分析，从而为学校文化建设的顺利开展创造良好的基础条件。

(二) 分析学校文化现状与目标的差距

在学校文化建设中，每一个学校都有一个或者明确或者模糊的目标，学校文化建设的方向就是实现目标，而实现目标的前提之一就是要明确学校文化的现状与目标之间的差距，并通过自身在差距方面的不断努力，实现学校文化建设的目标。而这种差距的确定就需要利用学校文化评价机制这一工具。学校借助于这一工具来分析学校文化建设中存在的不足，据此进行相应的改进。

(三) 保证文化建设实效

学校文化建设涉及各种活动，如何确保学校文化建设的活动落到实处是一个颇费思量的问题。构建学校文化建设评价体系，可以对学校文化建设活动的效果进行准确评价，对学校文化建设中出现的不当行为进行纠正，这样就能够确保学校文化建设落到实处。

四、学校文化评价机制的不断完善

(一) 构建完善的评价指标体系

评价指标体系的构建是学校文化评价机制建设的首要环节，毕竟学校文化评价活动的实质就是利用各种标准来对学校文化的各个方面进行考核，没有评价指标体系的构建与完善，也就没有文化评价活动的有序进行。鉴于此，学校应注重评价指标体系的构建，在具体指标体系的构建中应做到以下几方面：一是定量的指标与定性的指标相结合。目前的学校文化评价指标多

是定性指标，定量指标的缺失意味着对学校文化的评价缺少客观性和可操作性，不利于真实地评价学校的文化状况。二是长期指标与短期指标的相结合。目前很多学校文化建设者都急于求成，结果就是评价指标集中在短期层面，忽视了长期指标的跟进，这不利于学校文化的建设，毕竟学校文化建设是一个长期的过程。三是全面指标与重点指标相搭配。学校文化评价指标应全面，在全面的基础之上还要有所侧重，这样才能保证评价的效度。

（二）注重评价结果的运用

学校文化评价不是目的，目的是通过评价来发现学校文化建设中的不足并加以改进。目前，很多学校在文化评价机制的建设中，只重视评价却忽视对评价结果的运用，由此导致评价失去意义。注重文化评价结果的运用不仅有利于学校文化的建设，同时还能反过来促进学校文化评价机制的完善。举例而言，通过制定奖惩机制，并根据评价结果对有关人员进行奖惩，能够让员工重视文化评价活动，进而反过来推动文化评价机制的完善。

（三）加强人才的培养引进

学校文化评价机制的建设离不开一支专业的能力强的人才队伍来推动，离开人才的支撑，学校文化评价活动也就失去了人力资源的基础。目前，我国在学校文化评价机制建设方面的专业人才明显不足。对于学校而言，需要加大培养并引进这方面的人才的力度，一方面注重对学校内部人才的培训，另一方面加强对相关人才的引进，从而为学校文化评价机制建设夯实人力资源层面的基础。总之，学校文化评价机制作为确保学校文化建设顺利推进的保障，在学校文化建设中应获得更多的关注，以此来保证学校文化建设朝着正确的方向不断前进。

第十章

Chapter 10

学校文化的研究与发展

　　教育是培养人的一种社会实践活动，学校则是育人的重要组织。从学校产生之日起，人们就围绕着如何使学校培养出高质量的、能够满足时代要求的人才这一问题进行了大量的研究。今天，随着教育理论研究的不断深化和教育改革的深入，人们的视角从学校教育制度、学校课程设置、教育教学方法等方面逐渐转向了包括整个学校生活在内的更加广阔的领域。于是，便有了学校文化的实践和研究。研究学校文化，首先应该厘清学校文化研究的目的和意义，从而以目的和意义为导向，分析学校文化研究的现状及不足、研究的原则和方法乃至学校文化学的发展轨迹和特征，在研究的过程中总结出学校文化发展的规律。

第一节　学校文化研究的目的与意义

一、学校文化研究的背景

作为历史发展与现实需要的必然产物，学校文化以其独特的魅力吸引着越来越多的研究人员。华东师范大学原校长、著名教育家刘佛年教授认为，学校文化建设是教育改革的重要环节。他提出，学校应有一种优化的文化环境，以利于青少年健康成长。

近几年来，随着社会改革与教育改革的不断深入，商品经济和市场经济的发展对学校教育产生了巨大的冲击，青少年学生苦学、厌学、逃学现象日益严重，新的"读书无用论"抬头，教育面临着种种危机。与此同时，我国的社会主义现代化建设又急需大批各级各类人才，《国家中长期教育改革和发展规划纲要（2010—2020）》指出，当前我国人才发展的总体水平同世界先进国家相比仍存在较大差距，与我国经济社会发展需要相比还有许多不适应的地方，主要是：高层次创新型人才匮乏，人才创新创业能力不强，人才结构和布局不尽合理，人才发展体制机制障碍尚未消除，人才资源开发投入不足，等等。……我们必须进一步增强责任感、使命感和危机感，积极应对日趋激烈的国际人才竞争，主动适应我国经济社会发展需要，坚定不移地走人才强国之路，科学规划，深化改革，重点突破，整体推进，不断开创人才辈出、人尽其才的新局面。发展教育事业，提高全民族的素质，把沉重的人口负担转化为人力资源优势，这是我国实现社会主义现代化的一条必由之路。

教育的危机感与紧迫感，迫使人们不得不给予教育这一专门培养人的活动以更多的关注。而培养现代化的人才，很显然仅仅靠课堂教学是力所不及的，因为现代化的人才，除了要有知识、有能力外，还要有较好的道德品质、良好的心理素质、健康的体魄等一切与现代社会发展相适应的身心素质。所以，学校文化便作为揭示教育规律、探索育人效应的重要课题，日趋受到人们的广泛重视。

的确，从社会发展的历史背景考察，今天的学校教育早已超出了"传道、授业、解惑"的范围。今天的学校教育不仅要使青少年学生掌握知识，而且要使他们通过社会调查和实践，学会如何运用知识解决问题，充分了解现实社会，增强社会责任感；不仅要让他们具备专门的知识和技能，而且要使他们学会做人，德修而表美。所有这些，舍学校文化建设而不能。

　　学校文化问题虽然在一定程度上已得到了人们的关注，但就总体而言，人们对学校文化建设的意义、认识还不够深入。各地区、各学校在这方面的发展上也不平衡，特别是一些农村学校，对学校文化建设的作用的认识尚处在感性阶段，仅仅把它作为活跃学生课余生活的一般活动，而没有从深层次上认识到搞好学校文化建设，对培养学生高尚的道德品质、正确的价值观等的作用，没有把这项工作真正提到议事日程上来。主要表现在人们的教育观念还比较保守，热衷于老师讲、学生听，黑板加粉笔的教学模式，不懂得人才成长的规律，不了解社会对人才的需求。尤其是在经济条件有限的情况下，在片面追求升学率的错误的教育思想的影响下，更是难以重视学校文化建设。

　　而我国处在大、中城市的学校，主要是高校，虽然在学校文化建设方面做了大量工作，为其他学校的学校文化建设提供了宝贵的经验，但是，高等学校毕竟是全国各级各类学校的一小部分，我们绝不能忽视中小学的学校文化建设。

　　然而，现实情况是中小学校对学校文化建设的认识还处在低级阶段，很少有学校把学校文化建设纳入学校工作的计划，甚至在年终总结报告中也很少提到学校文化。

　　究其原因，造成这一状况的主要是人们的认识问题。教育思想的不端正，培养目标的不明确，使得我国各级学校，尤其是中小学都以升学率作为衡量教育质量高低、人才培养规格的标准，从而导致了诸多教育和社会问题。当然，这些问题有其深刻的社会根源，但思想认识上的根源不可忽视。因此，文化部原常务副部长高占祥在全国学校文化理论研究会上强调提出，"要大力倡导校园文化，宣传和认识校园文化建设的意义和校园文化的功能"，而大力倡导校园文化则需做两步工作："一是要进一步提高思想认识，二是要树立面向全体校园的战略思想。"教育工作者应该认识到学校文化建设对于实现教育目标，全面提高青少年学生的素质，培养他们正确的伦理道

学校文化建构与践行

德观、人生价值观，以及促进其社会化与个性化的统一发展，使他们成为德、智、体、美全面发展的社会主义现代化建设人才的重要作用，从而把学校文化建设纳入教育工作的视野。

二、学校文化研究的目的

学校文化研究的主要目的是分析学校文化产生的原因、学校文化的组成及其对学校发展的意义；构建学校文化的理论模型，探究学校文化在学校发展过程中的实践模式；为各级各类不同个性特点的学校引进文化建设成功的策略，提出增强学校凝聚力的建设方案；为学校凝聚人心、推动变革、提高核心竞争力提供理论上的参考。

（一）理论创新

系统地研究学校文化建设中存在的种种问题，从而构建学校文化的理论体系，创新学校文化理论；参照组织文化理论，借鉴企业文化理论，从原来注重对表征学校文化的研究上升到对深层次的学校精神文化的研究。

（二）实践价值

分析目前学校文化建设过程中出现的问题，为不同学校找到自身文化建设急需解决的重点问题提供参考，并为学校文化建设提供周期性的动力机制；提出建设学校文化的具体策略及途径，注重可操作性，为学校管理者提高管理水平提供理论依据。

三、学校文化研究的意义

虽然学校文化与学校同时产生，但人们对二者的认识是不同步的。尤其是对学校文化的认识更是经历了一个漫长的过程，且认识的产生与深化都是建立在一定的历史条件和现实背景的基础之上的。学校文化研究的缘起既是时代发展、教育改革的前提和契机，也是先进文化、学校发展、人才培养的必然要求。

（一）时代发展的要求

学校文化的概念没有诞生在发祥地及教育文化发达的西方社会，也没有诞生于中外文化碰撞、交融的中国现代教育发育高峰期的近代社会，却恰恰产生于 20 世纪 80 年代中期的中国高校，这是时代的感召、历史的必然。正如张士军在《校园文化研究的回顾与前瞻》一文中所总结的，这主要有以下两个方面的原因。

首先是社会变革对学校的影响。中国共产党第十七次、十八次全国代表大会的相继召开，把文化建设提高到了一个新的层次。从国家层面来讲，文化是国家的一面旗帜，这面旗帜决定了中国人在今后的道路上走向何方。文化是国家的一架桥梁，决定了中国在漫长的发展历程中如何进退、成长。这种从国家到地方、各行各业加强文化建设的社会热潮首先影响到的就是传播文化的主要阵地——学校。因而，越来越多的学校意识到，学校文化就是学校的灵魂，是支撑学校发展的无形动力。

其次是青年学生社会参与意识的增强。社会变革促进了学生的社会参与，新技术革命对现代人才提出了全新的要求，青年学生不再满足于做学校文化的纯粹的消费者。同时，传统教育模式的重知识灌输，轻能力培养，重智力培养，轻人格塑造等的特征与现代化需要的人才已构成了尖锐的矛盾。青年学生参与意识的增强、参与行为的产生，既推动了学校的教育改革，也标志着青年学生由学校文化的被动消费者转变为学校文化积极、能动的创造者，从而确立了学校文化建设者的主体地位。

（二）教育改革发展的要求

近代大工业出现后，由于科学技术日新月异的发展，特别是近几十年来，社会生产力迅速提高，科学技术日益趋向社会化，知识的社会功能不断扩大，自然科学逐渐渗透进社会科学，不断为社会科学注入新鲜的血液，教育也势必要在这些科学洪流面前走向新的改革和发展方向。研究工作者开始把注意力集中到学校内外的研究上，运用其他领域的知识来探索学校教育，并发现了许多学校问题事实上是社会问题的反映，学校教育受着社会大文化系统的制约和规范。于是，人们就开始研究学校教育与社会文化的关系，研究教育与个人发展的关系以及学校师生与社会文化的关系。

19 世纪末 20 世纪初，美国著名教育家杜威提出了"教育即生活""学校即社会""教育即经验的改造""做中学"等教育思想，强调在学校里给儿童提供真实的生活情境。尤其是在道德教育思想中，更加强调通过学校生活进行道德教育。我国现代的人民教育家陶行知提出了"生活即教育""教学做合一"等教育思想，他认为"教育的性质是生活的、行动的、大众的、前进

学校文化建构与践行

的、世界的、有历史联系的，也就是和民族命运相联系的"。"教育的根本意义是生活之变化，生活无时不变，即生活无时不含有教育的意义。因此，我们可以说：生活即教育。"尽管人们对杜威、陶行知的教育思想褒贬不一，理解也不同，但有一点是可以肯定的，他们所倡导的生活教育思想，正是我们今天所要研究的学校文化的核心。

（三）先进文化发展的要求

近年来，随着经济的发展和物质生活水平的提高，文化研究正在升温。2012 年，党的十八大报告指出，"文化是民族的血脉，是人民的精神家园。全面建成小康社会，实现中华民族伟大复兴，必须推动社会主义文化大发展大繁荣，兴起社会主义文化建设新高潮，提高国家文化软实力，发挥文化引领风尚、教育人民、服务社会、推动发展的作用。"文化强国已被提升为国家层面的战略举措。因此，社会对各个领域的"亚文化"研究也越来越重视。学校作为传播文化的主要阵地，对学校文化的研究日益广泛而深刻。

（四）学校建设发展的要求

众所周知，学校历来是社会文化建设的主要阵地，在一般人的理解中，学校应该是充满了文化的地方，是培养文化人的场所。然而，在现实生活中，一方面，学校教育由于受到传统教育观念的影响，忽视了青少年学生的全面发展，出现了"智育遮百育"的局面。学生课业负担过重，精神生活匮乏，自主性和创造性得不到充分发挥，课内学习与学校文化活动两者关系失调，造成了中学校园、大学校园缺少文化氛围的严酷现实，导致了青少年学生的畸形发展。另一方面，社会对合格人才的呼声、"文化热"的兴起以及社会对整个文化环境建设的重视与此又形成了鲜明的对照。

在实际教育活动中，教育工作者发现学校文化建设对学校思想政治工作发挥着重要的辅助作用，教育"技术化""机械化""理论化"已经无法适应人的个性和谐一致的发展的需求。因此，教育要以人为出发点，强调理性与非理性的统一，不仅要重视课程（课堂教学）的效能，而且要重视各种非正式课程（学校文化）的影响，这样才能培养学生丰富的精神世界、和谐发展的个性，才能适应信息社会的挑战。在这种特定的现实背景下，学校文化研究应运而生。

（五）人才发展的需要

时代发展对人才的要求也是促使学校文化兴起的一个不可忽视的因素。

当人类进入21世纪，伴随着科学技术日新月异的发展，以及社会文明的不断进化，时代赋予了人才标准越来越多的新意。中国教育改革的根本目的就是尽快培养出顺应时代潮流、符合社会发展、能够承担祖国现代化建设大业的有用人才。究竟什么样的人才才符合社会发展的需要呢？知识型的、能力型的，还是创新型的？虽然人们对于人才标准还没有明确一致的定论，但在教育改革的实践和教育理论的探索中，人们似乎越来越清醒地认识到，仅仅掌握一些书本知识，具备单一能力的人，显然是与复杂多变的当今社会不相适应的。于是，便有了对学校文化的深入探索。

正是在以上这种大的时代背景的呼唤下，学校文化在20世纪80年代中国的高校诞生了，并迅速被人们所研究论证。30年来，其研究深度和广度不断发展，并日益科学化、内涵化。

第二节　学校文化研究的原则与方法

一、学校文化研究的原则

研究学校文化，是为了建立具有中国特色的社会主义学校文化学，填补我国教育科学研究中的空白。要达到这个目的，必须遵循正确的指导原则。

（一）以马克思主义原理为指导

所有的社会科学研究都必须以马克思主义理论为指导，学校文化学的研究也不例外。不同在于，指导各门学科研究的基本原则的内容是不一样的或不完全一样的。指导学校文化学研究的基本原则：一是辩证唯物主义和历史唯物主义原理，这是研究学校文化学必须遵循的最根本的原则，主要指唯物的、历史的、辩证的观点和方法；二是马克思主义的教育学说，这是学校文化研究的导向，是从教育本身及与内外环境的联系中准确揭示和认识学校文化的产生、发展和规律，探求学校文化研究的正确方法。

（二）理论联系实际

实践是理论的源泉，也是检验理论的唯一标准。离开了学校文化教育和文化活动的实践，学校文化学就不可能建立。许多学校在文化建设实践中积累了一定的经验，这是我们研究学校文化学的有利条件。但是学校的文化建设实践经验和校园文化理论是有区别的。经验是在一定条件下形成的，它往往反映的是学校文化教育和文化建设活动的局部或侧面，而学校文化学则是对学校文化形态这一客观对象的本质的、必然的认识，对学校的文化建设以及学生的健康成长具有普遍意义。理论联系实际的真正意义，在于以实践为基础，从实际出发，认真总结学校文化建设正反两方面的经验，深刻了解目前我国学校文化研究中存在的严重误区，研究新情况，解决新问题。

（三）继承和发扬优良的传统文化

我国具有几千年的悠久历史，我们的祖先们在这块土地上创造了灿烂的物质文明和精神文明，形成了具有民族特色的文化传统，为人类文明做出了卓越的贡献。优良的传统文化，是祖先留给后人的宝贵遗产，是我们建设具有中国特色的社会主义校园文化学的重要文化基础。研究学校文化，应正确认识自己的历史文化，区分精华与糟粕，继承和发扬中华民族优秀文化传统，树立高度的民族自尊、自信、自强精神，使学校文化学深深扎根在中国的土地之上，使传统文化在学校文化建设中获得新的生命，放出新的光彩。

二、学校文化研究的常用方法

学校文化学是一门复杂而综合的社会科学。研究它的方法较多，主要应采用社会研究方法、心理研究方法、系统分析方法、比较分析方法和综合研究方法。这几种方法，也是其他社会科学常用的基本研究方法，我们在这里把它们加以改造。

（一）社会研究方法

学校文化是一种较为复杂的社会现象，不是个人行为，而是由教师、学生及学校职员共同创造的一种群体文化。一方面，学校文化的产生、发展，离不开社会环境的影响，它在不同程度上受各种社会因素（如政治制度、社会结构、历史传统、民族心理、风俗习惯）的影响。另一方面，学校文化因社会环境的影响而生成，又反作用于社会，学校文化与社会现象相互影响。因此，研究学校文化，不能就事论事，而要在一定的社会背景条件下，从社会的角度对它进行多层次、多方面的考察。

（二）心理研究方法

作为一种群体文化现象，学校文化必然与人们活动的心理动机有关。由于人们对不同甚至相同的现象会有不同的心理反应，因此，如果我们忽视了心理内容，学校文化学的研究则是不全面、不深入的。一般而言，学校文化学研究可用的心理学方法有行为观察法、经验总结法、资料分析法、个案剖析法，等等。

（三）系统分析方法

客观事物都处于一个系统之中，我们思考问题时就要把对象放在系统的形式之中，这种思路和方法，就是系统分析方法。它是研究学校文化学的重要方法。学校文化学是一个完整的系统，既包括自然的、社会的和精神的纵向表现形态，又包括娱乐、审美、求知等横向表现形态。随着社会的发展，学校文化知识的增长，学校文化学的纵横形态还会进一步加强。在运用系统方法分析学校文化现象时，要把握系统方法的基本原则，同时遵循系统的科学程序，从而使学校文化学研究更加科学化。

（四）比较研究方法

认识事物固然需要认识事物的共同点，更重要的还需要认识事物的不同点。只要通过比较，就可以看出它们之间的本质区别。学校文化学研究中，我们应自觉地建立进行比较的思想方法，通过古今对比，中外比较，大、中、小学对比以及不同时期、不同内容的对比研究，从中受到启发，形成理性的观点，建立系统的校园文化学体系。

（五）综合研究方法

研究学校文化如果靠统一的研究方法或抓住某个研究层面进行研究，是难以揭示其本质和规律的，因此，必须对学校文化进行综合性的研究。学校文化形态作为研究客体，是一个充满生机与活力并伴随社会变迁而不断变化发展的文化现象。尤其在我国改革开放和社会主义市场经济大潮的冲击下，学校文化的特征、作用、内容、发展等要素都在发生变化或重新组合，出现了许多新情况、新问题、新特点。因此，我们必须运用多学科知识对校园文化做综合研究，才能使学校文化现出"庐山真面目"来。当然，所谓综合性的研究角度，绝不是诸学科知识的拼凑或诸学科现成结论的汇编，而是以学科知识为起点，从学校文化的实际出发，探讨学校文化的基本范畴，从而使学校文化学逐步走向成熟，并在社会科学学科群中建立门户。

　　总而言之，目前学校文化学虽然暂未形成独特的研究方法，但已借用了社会学、心理学、教育学、哲学、行为学等诸多社会科学的研究方法，这是一个良好的基础。学校文化研究就应利用这个基础，借鉴其他学科的研究方法，逐步探索适合本学科研究的科学方法。

第三节　学校文化研究的创新与发展

一、学校文化研究现状分析

　　从 1986 年开始迄今为止，在 30 年的历程中，有不少的教育理论工作者对学校文化进行了较为系统的研究。他们对学校文化的概念、性质、特征、形态、内容、功能以及其对青少年社会化和个性化发展的影响等问题进行了探讨，不仅发表了大量闪烁着对学校文化及其建设有着真知灼见的研究论文，还出版了一批学术专著。俞国良先生撰写的《校园文化导论》一书，运用心理学、教育学、社会学理论系统地考察校园文化，可以称得上是学校文化理论建设的里程碑。史华楠、周文建、张成铭主编的《校园文化学》则更是力求从理论的高度对学校文化的一系列问题进行探索，使学校文化研究趋于学科化，并使学校文化建设更加科学化。这些论文，尤其是专著的问世，标志着学校文化这个最初的实践性命题，经过理论工作者和实践工作者的共同努力，已经发生了质的飞跃，同时也预示着在我国建立具有中国特色的学校文化理论体系，已成为一个不可逆转的趋势。从目前的情况看，对学校文化的研究，从经验的描述到独立的学科建设已初具规模，且对学科本体诸要素的考察由众说纷纭，到趋于达成共识。这其中不但有教育理论工作者、教育实践工作者的参加，而且许多其他领域的研究者，也从心理学、社会学、人类学、伦理学、法学、文学等不同角度对学校文化进行了探讨。由此表明，尽管学校文化的研究涉及的内容很多，也很复杂，仍存在较大的观点分歧。但它毕竟作为一门新的教育学科，引起了广大理论工作者和实践工作者的重视和极大兴趣，并取得了丰硕的成果，使学校文化研究呈现出蓬勃发展的繁荣景象。

然而，综观这些研究成果不难看出，其中还存在着许多不足之处。总的来说：就是经验描述多，实证研究少；零碎研究多，系统研究少；条条框框多，理论概括少；纸上谈兵多，可操作性少；实践工作者关注多，理论工作者研究少。具体表现在：

其一，纠缠于个别问题的理性思辨，缺乏建构学校文化学科系统的宏观视野。以发表的文章看，多数文章就校园文化的定义、性质、结构、功能等几个问题绕圈子，少有开阔视野的理论文章，对于学科的构建缺乏整体把握。

其二，注重纯粹的理论研讨，忽视其操作研究，这是与上述情况相联系的。由于研究者将精力集中于定义、特性、功能、结构的理论研讨，对于操作研究重视不够，很少有文章系统考察学校文化的操作规律、操作程序、操作方法及学校文化的管理。

其三，过于钟情于"亚文化"的现象描述，疏于建立主旋律学校文化的导向机制。同时，一般性归因考察及对策研究文章，又显得理论准备不足，捉襟见肘。

学校文化研究的这种状况与目前我国大、中、小学教育的现状很不适应。虽然为了充分发挥学校文化的育人功能，许多学校开始了学校文化的实践活动，对校园环境、学校风气、学校规范和舆论、学校活动与组织等各方面进行了改进，把教职员工和青少年学生的言行举止都置于一定的文化氛围中，如校风、校貌、班风、学风、教风等，让教师和学生各司其职，正确扮演好自己的角色，并使他们的行为受一定的角色规范、角色期望和角色技能等约束，使师生在潜移默化中接受影响。但是，由于理论研究不充分，这些活动并未取得应有的育人效果。因此，我们必须认识到，我们的学校文化研究尚处于探索过渡的时期，有待于继续开拓和深入。

二、学校文化研究的创新

学校文化的研究是一个需要深入探讨的课题。学术界需要更多的人来理解、关注学校文化。我们描述当前学校文化研究现状的时候，总是带着或乐观或悲观、或痛苦或欢欣、或期待或焦灼的矛盾心态。这种体验恰好印证这样一种事实：学校文化正经历着一场前所未有的文化冲突。

整个社会文化的变迁加速了学校文化的社会化，正在或最终必然导致学校与社会的一体化，正是在这样的文化氛围中，学校亚文化开始萌芽并猛烈地撞击着固有的主流文化。学校亚文化荡涤着陈腐的学院气，逐渐改变了学校清教徒式的行为方式，从根本上动摇了"学而优则仕""万般皆下品，唯有读书高"的传统价值观。由于新兴的学校亚文化面对的是根深蒂固的主流文化，两种异质文化的冲突是不可避免的，这种冲突最终导致双方在相互渗透中此消彼长，从而产生新的主流文化，这自然是理想的结局。

问题的复杂性还在于，当前学校亚文化本身的行为方式与当前行为主体深层意识的冲突，是一场旷日持久的遭遇战。只有潜意识中积淀的传统价值观念、伦理准则被彻底摧毁，我们才能看到真正现代化的学校文化。所以，冲突不能以调和为终点，而应当通过辩证的摒弃，从而构成全新的学校文化。

那么，创造崭新的学校文化的理想模式是什么呢？从文化形态学上看，文化分为物态文化、方式文化（生活方式、组织方式、行为方式、消费方式等）和精神文化（如理论、观念、心理等）。物态文化又称为"硬文化"，精神文化又称为"软文化"，方式文化则是中性的。从文化史上看，社会成员对于异质的"硬文化"更易于接受。而精神文化是不自觉的同化过程，其本身并不容易接受外来文化，尤其到了近代有着顽强的排他性，从"中学为体，西学为用"到现代社会的"体用之争""亚化""复古"之争，直至现在社会上普遍的恐外、排外情绪，都证明了精神文化变革的艰巨性。然而，如果没有现代化的精神文化，物态文化和方式文化的现代化只能是情感上的一厢情愿，纸上谈兵。

当前学校文化发展的主要症结，恰恰是文化创造的主体对于物态文化强烈的占有欲以及方式文化上的超前消费，这是不利于文化的发展的。因而，创造崭新的学校文化，必须首先倡导创造崭新的精神文化，这就需要吸收学院派主流文化中的探索精神、理性精神和素朴、高雅的生活作风，融入亚文化中的主体精神、民主精神、求实精神，从而集结成多功能、多元化、多层次的学校文化。这种学校文化必须以工业文明的现代意识为最佳参照系，以创造现代化的人格为培养目标，在动态平衡中稳步发展。

三、学校文化研究的多元化发展

近些年来，我国大、中、小学各类学校的学校文化有了很大发展，一股学校文化"热"正在我国各级各类学校兴起。学校文化以不同于企业文化、农村文化和家庭文化现象的特征，引起了学校教育工作者和思想政治教育工作者的极大兴趣，为深化教育改革提供了新的思路，在学校教育中发挥着越来越重要的作用。当前，我国学校文化的研究正在向着多元化的方向发展。

（一）政治化

将学校文化的发展研究与学校思想政治工作结合起来，使其成为思想政治教育的新途径、新方法。由此，青少年学生关注的视点由学校转向社会，对上层建筑和社会意识形态格外关注。

（二）正规化

所谓学校文化发展研究的正规化，有两层含义。一是指学校文化将正式列入学校教育工作的重要议程，成为青少年学生学校生活的重要组成部分。在学校工作的开展和课堂教学设置中，学校文化的诸多要素将成为学校教育教学工作的不可缺少的内容。非专业性的美术课、音乐课、艺术课、文学作品鉴赏课以及社会科学、新兴学科的讲座将越来越多地进入学校的课堂，成为青少年学生课堂教学活动的补充和调节。二是作为学校文化主体活动者的青少年群体向正规化方向发展，学生会、团委、班委、团支部、少先队等学生正式群体由于学校领导和教师的重视，将会进一步得到发展。在学校各种群体的发展过程中，青少年的社会调查和社会实践活动、课外兴趣小组活动及勤工助学活动将会得到进一步的重视和加强。

（三）多样化

在今后一段时期里，学校文化研究的内容、形式和发展将会出现丰富多彩的景象，并向多样化的方向发展。虽然曾有一段时间学校文化受到社会大环境的影响而出现了不太正常的情况，但近几年来，经过学校教育工作者的正确引导，学校文化的发展又有了新的起色，不健康的因素又被健康的因素所取代。许多学校都开展了丰富多彩的学校文化活动，既活跃了学生的生活，又丰富了学校精神，特别是社会调查和社会实践活动的开展，对于青少年学生认识社会、认识人生、设计自我发展目标等，都起到了很好的作用。

（四）群体化

由于学校文化本身就是学校群体意识的体现，是群体意识的物化形式。因此，对在学校生活的青少年群体及其生活的群体环境的研究直接影响着学校中每个学生的成长发展。

（五）艺术化

文化艺术活动历来都是学校文化建设的重要内容，也是学校文化研究的重要内容与重要途径。"艺术不仅作用于学生的理智，而且影响到他们的情感，因此，艺术有助于培养信念。……越是以情感为基础，信念就越是坚决。"所以，艺术在道德教育中才起着这么巨大的作用。

在今后的几年内，学校文化研究将呈现出更加多元化的发展趋势，将获得更加科学、系统、全面的发展。

参考文献

1. 王德如 . 课程文化自觉论［M］. 北京：人民出版社，2007.

2. 谭伟平 . 论隐性课程与大学精神［J］. 现代大学教育，2004（6）.

3. 张宏喜 . 论潜在课程的设计［J］. 安徽农业大学学报（社会科学版），2004（4）.

4. 吴也显 . 潜在课程初探［J］. 教育研究，1987（11）.

5. 余清臣 . 学校文化学［M］. 北京：北京师范大学出版社，2010.

6. 秦岭 . 学校环境文化建设［M］. 北京：北京工业大学出版社，2009.

7. 季苹 . 学校文化自我诊断［M］. 北京：教育科学出版社，2004.

8. 顾明远 . 论学校文化建设［J］. 西南师范大学学报（人文社会科学版），2006（5）.

9. 徐书业 . 学校文化建设研究：基于生态的视角［M］. 桂林：广西师范大学出版社，2008.

10. 俞国良 . 学校文化新论［M］. 长沙：湖南教育出版社，1999.

11. 俞国良 . 学校精神与学校文化力［N］. 中国教育报，2008 年 5 月 6 日 .

12. 石中英 . 学校文化的核心：价值观建设［J］. 教育科学研究，2005（8）.

13. 郑金洲 . 教育文化学［M］. 北京：人民教育出版社，2000.

14. 赵中建 . 学校文化［M］. 上海：华东师范大学出版社，2004.

15. 王邦虎 . 校园文化论［M］. 北京：人民教育出版社，2000.

16. 葛金国，石中英 . 对校园文化基本功能的再认识［J］. 教育评论，1990（5）.

17. 贺宏志 . 大学校园文化的结构和功能［J］. 高等教育研究，1993（3）.

18. 赵建军 . 校园文化的内涵及其基本特征［J］. 石油大学学报（社会科学版），1999（2）.

19. 姜永杰．论学校物质文化［J］．南京邮电学院学报（社会科学版），2001（4）．

20. 秋实．学校制度文化建设［J］．广州教育，1991（10）．

21. 吴志宏．学校管理理论与实践［M］北京：北京师范大学出版社，2002.

22. 葛金国．校园文化：理论意蕴与实务运作［M］．合肥：安徽大学出版社，2006.

23. 葛金国．校园文化建设导论［M］．合肥：安徽大学出版社，2003.

24. 方明．陶行知全集［M］．成都：四川教育出版社，2005.

25. 张光义．品牌学校构建与传播［M］．重庆：西南师范大学出版社，2012.

26. 岳春峰．名校校园文化构建力［M］．重庆：西南师范大学出版社，2009.

27. 袁先潋．学校文化力建设策略［M］．重庆：西南师范大学出版社，2009.

28. 李献林．学校文化建设的理论与实践研究［M］．北京：人民出版社，2011.

29. 范国睿．学校管理的理论与实务［M］．上海：华东师范大学出版社，2003.

30. 罗伯特·伯恩鲍姆．大学运行模式：大学组织与领导的控制系统［M］．青岛：中国海洋大学出版社，2003.

31. 张烁．立德树人是根本［N］．人民日报，2012 年 11 月 30 日．

32. 张鹏．校园视觉文化环境设计［M］．广州：岭南美术出版社，2005.11.

33. 沈曙虹．打造学校文化的四大策略［J］．当代教育科学，2006（1）．

34. 孙绵涛．教育管理学［M］．北京：人民教育出版社，2006.

35. 刘正伟，仇建辉．学校文化建设：特色与品牌［M］．济南：山东教育出版社，2010.

36. 颜明仁，李子建．课程与教学改革：学校文化、教师转变与发展的观点［M］．北京：教育科学出版社，2010.

37. 李季，梁刚慧，贾高见. 小活动 大德育：活动体验型主题班会的设计与实施［M］. 广州：暨南大学出版社，2012.

38. 岳淑菊. 打好三张牌，树立良好的学校形象［J］. 辽宁教育，2010（21）.

39. 田汉族. 创品牌：现代教育发展的战略选择［J］. 大学教育科学，2006（3）.

40. 张东娇. 学校文化管理［M］. 北京：教育科学出版社，2013.

41. 王铁军. 学校文化管理的理性诠释与实践思考［J］. 江苏教育学院学报（社会科学版），2008（3）.

42. 张东娇，王颖. 学校文化评估：主体、模型与工具［J］. 教育科学，2012（4）.

43. 陈耀玲. 学校文化评价——一个新的研究视角［J］. 教育理论与实践，2008（7）.

44. 周之良. 多彩的校园文化［M］. 济南：山东教育出版社，1997.

45. 杨克磊，高婷. 关于企业文化评价新方法的建立［J］. 沈阳理工大学学报，2005（2）.

46. 富立友. 知识视角的组织文化［M］. 上海：上海财经大学出版社，2010.

47. 夏立明，李晓倩. 基于可持续发展理论的企业文化评价指标体系构建［J］. 科技进步与对策，2012（3）.

48. 唐汉卫. 关于学校文化建设的几点思考——兼论当前学校文化建设存在的问题［J］. 教育发展研究，2012（Z2）.

49. 李大鹏. 关于企业文化评价体系建设的思考［J］. 科学之友，2011（3）.

50. 维克多·埃尔. 文化概念［M］. 康新文，晓文译. 上海：上海人民出版社，1988.

51. 史华楠，周文建，张成铭. 校园文化学［M］. 北京：北京医科大学中国协和医科大学联合出版社，1993.

52. 高占祥. 论校园文化［M］. 北京：新华出版社，1990.

53. 吴中平，徐建华，徐跃飞. 冲突与融合：学校文化建设新视角［M］. 上海：三联书店，2006.

54. 路琳 . 校园文化与高校德育 [M] . 郑州：河南人民出版社，2000.

55. 葛金国，吴玲，周元宽 . 课程改革与学校文化重建 [M] . 合肥：安徽教育出版社，2007.

56. 袁小明 . 学校文化是什么？ [N] . 中国教育报，2004 年 9 月 21 日 .

57. 李国霖 . 社会蜕变中的台湾学校文化 [M] 福州：福建教育出版社，1995.

58. 张岱年，方克立 . 中国文化概论（修订版） [M] . 北京：北京师范大学出版社，2004.

59. 季苹 ."学校文化"的反思与再建 [J] . 人民教育，2004（2）.